ICH, DANTE

Mit Patrick Strasser

ICH, DANTE

Vorwort von JUPP HEYNCKES

Mit Patrick Strasser

AUS ARMEN VERHÄLTNISSEN IN BRASILIEN ZUM FC BAYERN MÜNCHEN

Bibliografische Information der Deutschen Nationalbibliothek:
Die Deutsche Nationalbibliothek verzeichnet diese Publikation in der Deutschen Nationalbibliografie; detaillierte bibliografische Daten sind im Internet über http://d-nb.de abrufbar.

Für Fragen und Anregungen:
dante@rivaverlag.de

Dieses Buchprojekt wurde gefördert durch International Sports & Editing, LLC.

Originalausgabe
1. Auflage 2014
© 2014 by riva Verlag, ein Imprint der Münchner Verlagsgruppe GmbH
Nymphenburger Straße 86
D-80636 München
Tel.: 089 651285-0
Fax: 089 652096

Alle Rechte, insbesondere das Recht der Vervielfältigung und Verbreitung sowie der Übersetzung, vorbehalten. Kein Teil des Werkes darf in irgendeiner Form (durch Fotokopie, Mikrofilm oder ein anderes Verfahren) ohne schriftliche Genehmigung des Verlages reproduziert oder unter Verwendung elektronischer Systeme gespeichert, verarbeitet, vervielfältigt oder verbreitet werden.

Redaktion: Caroline Kazianka
Umschlaggestaltung: Marco Slowik unter Verwendung einer Fotografie von Robert Ascroft
Layout: Pamela Machleidt
Satz: Georg Stadler
Druck: GGP Media GmbH, Pößneck
Printed in Germany

ISBN Print 978-3-86883-416-1
ISBN E-Book (PDF) 978-3-86413-568-2
ISBN E-Book (EPUB, Mobi) 978-3-86413-569-9

Weitere Informationen zum Verlag finden Sie unter

www.rivaverlag.de

Beachten Sie auch unsere weiteren Verlage unter
www.muenchner-verlagsgruppe.de

Inhaltsverzeichnis

Vorwort von Jupp Heynckes		7
Kapitel 1	»Und Pokal auch!«	11
Kapitel 2	Fonte de Nova	26
Kapitel 3	Triplesieger unter Jupp	44
Kapitel 4	Der Preis des Ruhms	65
Kapitel 5	Meine Kindheit in Salvador	79
Kapitel 6	Meine Odyssee als Teenager	98
Kapitel 7	Mein Weg durchs kühle Europa	116
Kapitel 8	Jocelina und die Geschenke Gottes	135
Kapitel 9	Vom Pechvogel zum Kultkicker	151
Kapitel 10	Klub-Weltmeister mit Pep	177
Kapitel 11	»Tudo bem« in Brasilien?	192
Kapitel 12	Meine Zukunft als Trainer	206
Bildnachweis		218

Vorwort

Widerstand zwecklos. Dieses Lachen ist ansteckend. Sollten Sie das Glück haben, Dante einmal persönlich kennenzulernen, würde ich Ihnen empfehlen: Versuchen Sie erst gar nicht, diesen Typen nicht zu mögen. Es wird Ihnen nicht gelingen. Ausgeschlossen.

Als Cheftrainer des FC Bayern München habe ich mit Dante eine Saison, das Triplejahr 2012/13, zusammenarbeiten dürfen. Ich bin mir sicher: Es gibt keinen Mitarbeiter der Geschäftsstelle, wirklich keinen, der Dante nicht leiden konnte. Wie denn auch? Kommt Dante zur Tür rein, geht die Sonne auf. Selten habe ich jemanden mit solch einer sympathischen Ausstrahlung kennengelernt. Einen Menschen, der immer freundlich, höflich und respektvoll ist, zugleich locker und entspannt. Dante ist der Sonnenschein.

Als Trainer wünscht man sich solch einen Profi. Einen aufmerksamen Zuhörer, wissbegierig, kritikfähig und lernwillig in jedem Gespräch, in jedem Training. Das ist Dante.

Was mir an ihm besonders imponiert: Dante war nie mit dem ganz großen Talent gesegnet, hat sich alles hart erarbeiten müssen. Um heutzutage im Spitzenfußball erfolgreich zu sein, ist nicht nur Talent nötig, sondern Disziplin, Ehrgeiz und Cleverness. Man muss auch Rückschläge wegstecken können, um seinen Traum zu verwirklichen.

Als kleiner Junge hat Dante davon geträumt, einmal Fußballprofi zu werden, in Europa zu spielen, das Trikot seiner Seleção, der brasilianischen Nationalmannschaft, tragen zu dürfen. Er wollte das höchste Level in seinem Sport erreichen – und das hat er geschafft. Heute spielt Dante beim besten Klub der Welt, beim FC Bayern München, und in seiner Nationalelf. Darauf kann er wahrlich stolz sein.

Ich finde es phänomenal, dass ein Mann bereits in so jungen Jahren ganz klare Ziele vor Augen haben kann. Dante ist seinen Weg konsequent gegangen. In der Politik sagt man: Du musst die Ochsentour durchlaufen, um Karriere zu machen, um von ganz unten nach ganz oben zu kommen.

Allein aus Brasilien nach Europa zu gehen ist ein großes Wagnis und ein Schritt in eine ungewisse Zukunft, vor allem für einen 20-Jährigen. Dafür muss man in diesem Alter schon sehr reif sein, eine gut ausgebildete Persönlichkeit haben und wissen, was man will. Ich kenne so viele andere Spieler aus Südamerika, die versucht haben, in Europa Fuß zu fassen, aber gescheitert sind. Die Kultur ist einfach eine ganz andere, das Klima, die Sprache, das Essen, der Umgang der Menschen untereinander. Dante ist nicht naiv an das Abenteuer Europa herangegangen und war auch intelligent genug, sich anpassen zu wollen. Er hat die Sprachen gelernt, sich mit den verschiedenen Kulturen beschäftigt.

Als er 2009 aus der belgischen Liga zu Borussia Mönchengladbach gewechselt ist, war er mir kein Begriff. Nach seiner Anfangszeit in der Bundesliga natürlich schon.

Bevor wir Dante 2012 beim FC Bayern unter Vertrag nahmen, habe ich mich bei Freunden und Bekannten in Gladbach erkundigt, um mehr über ihn zu erfahren. Alle haben von ihm geschwärmt.

Vorwort

Ich erinnere mich noch gut an die ersten Trainingstage in München: Dante hat uns allen gezeigt, dass er nicht zum FC Bayern gekommen ist, um einer zu sein, der nur den Kader auffüllt. Er hat demonstriert: Hier bin ich, und ab jetzt will ich mir einen Stammplatz sichern. Das hat uns allen imponiert. Dazu brauchst du einen starken Charakter und ein beinahe unerschütterliches Selbstvertrauen.

Dante hat auch sehr schnell gelernt. Anfangs waren ein paar leichtsinnige Aktionen in seinem Spiel, die gefährliche Momente für die Mannschaft hervorriefen. Aber er hat an sich gearbeitet, diese Spielweise abgelegt und im weiteren Verlauf der Saison fast fehlerfrei gespielt. Weil er rasch verstanden hat, dass er sich das beim FC Bayern auf diesem Niveau nicht mehr erlauben kann, dass er immer zu 100 Prozent bei der Sache sein muss.

Als sich während der Saisonvorbereitung im Sommer 2012 mein Linksverteidiger David Alaba verletzte, musste ich Holger Badstuber in der Abwehr von innen nach links ziehen. So wurde in der Mitte ein Platz frei, und für Dante ging eine Tür auf. Er nutzte seine Chance konsequent, spielte sich mit Jérôme Boateng ein und gewann mehr und mehr Sicherheit. Anfang Dezember 2012 erlitt dann Badstuber einen Kreuzbandriss. Unabhängig von Holgers schwerer Verletzung festigte Dante in dieser Zeit seinen Stammplatz. Es war zum einen Gottes Fügung, zum anderen der Lohn seiner harten Arbeit.

Nicht nur sportlich, auch charakterlich stellte Dantes Verpflichtung einen Segen für die Mannschaft dar. Nach der grausamen Saison 2011/12 mit der Vizemeisterschaft, dem verlorenen Pokalfinale und dem Elfmeterdrama im Endspiel der Champions League gegen den FC Chelsea war

Dante genau der richtige Typ für uns. Weil er Lockerheit reinbrachte, weil er immer gelacht hat. Dante war das heitere, belebende Element, das der Mannschaft sehr gutgetan hat. Zwischen Spaß und Ernst trennt er dabei vorbildlich. Wenn trainiert wird, wird trainiert. Dann ist Schluss mit lustig, dann arbeitet er sehr konzentriert und intensiv. Auf dem Platz ist er ein Deutscher, außerhalb Brasilianer.

So wurde Dante auf dem Weg zu unserem Triplegewinn 2013 zu einem wichtigen Mosaikstein. Wertet man einen Transfer nach dem Preis-Leistungs-Verhältnis, so ist Dante einer der wertvollsten Spieler, die der FC Bayern München in seiner Historie je geholt hat.

Ich bin schon mehrmals gefragt worden, ob Dante das Zeug dazu hätte, nach seiner Profikarriere ein guter Trainer zu werden. In meinen Augen ist er geradezu prädestiniert dafür, weil er die nötige Konsequenz und Zielstrebigkeit besitzt, die ein Trainer haben muss. Das Fachliche hätte er sicher drauf, keine Frage. Dazu kommt seine soziale Kompetenz. Ich habe Dante als gütigen Menschen kennengelernt, sehr bescheiden, aber nie devot. Er behandelt alle gleich – sei es den bayerischen Ministerpräsidenten bei einem Empfang oder einen Bettler auf der Straße. Dante ist tiefgründig, nicht oberflächlich. Er weiß, wie es sich anfühlt, wenn man irgendwo fremd ist, wenn man Vorurteile aushalten muss.

Dante wird seinen Weg gehen, da bin ich mir sicher. Konsequent – und immer mit einem Lächeln im Gesicht.

Alles Gute, Campión!

Jupp Heynckes

1.

»Und Pokal auch!«

Ich wache auf, schrecke hoch. Wo bin ich? Wie viel Uhr ist es? Hab ich verschlafen? Training? Abfahrt zum Spiel? Hab ich was verpasst? Hektisch greife ich zur Uhr. Ah, alles okay. Erst sechs Uhr früh. Aber dieses Hotelzimmer? Richtig. Ich bin in Rio de Janeiro. Mit meiner Nationalmannschaft, der Seleção.

Draußen wird es langsam hell. In mir auch. Die Erinnerung ist schneller als die Dämmerung. Heute steht ein ganz wichtiges Spiel an. Vielleicht das wichtigste überhaupt, weil es eine einmalige Chance ist – für den FC Bayern München, meine Mannschaft. Im DFB-Pokal-Finale von Berlin können meine Jungs den letzten Schritt zum Triple machen, am Abend heißt der Endspielgegner VfB Stuttgart.

Heute ist der 1. Juni 2013, es könnte ein historisches Datum werden. Nie zuvor in 113 Jahren Vereinsgeschichte ist es dem FC Bayern München gelungen, alle drei großen Wettbewerbe einer Saison zu gewinnen: Meisterschaft, DFB-Pokal und Champions League. Ich kann nicht mehr schlafen, bin jetzt schon nervös. Es arbeitet in mir. Was tun? Ich fühle mich so weit weg und so machtlos. Aber ich will etwas tun, helfen, irgendwie dabei sein. Eine SMS, klar. Noch besser: ein Video! Auf jeden

Fall irgendwas zur Motivation. Ich war und bin doch immer einer, der die Jungs pusht.

Meine Gedanken schweifen ab, die Augen fallen mir wieder zu. Gerade eine Woche ist es her, dass wir in London gefeiert haben. Das 2 : 1 im Champions-League-Finale gegen Dortmund im Wembley-Stadion war der größte Erfolg in der Karriere aller Spieler – doch die größte Party der Saison hatten wir uns für Berlin, für die Nacht nach dem DFB-Pokal-Finale, aufgehoben. Und ausgerechnet diese Superfeier sollte ich verpassen.

In den Tagen nach London war einiges passiert, viel Stress, viel Hektik. Für mich war es nicht einfach, die Jungs vor dem DFB-Pokal-Finale zu verlassen. Eine sehr traurige Geschichte. Dass ich nun im Hotelbett in Rio wach liege, kam so: Dass wir ein Problem hatten, erfuhren Luiz Gustavo, der damals noch mit mir beim FC Bayern spielte und ebenfalls für die brasilianische Nationalelf und den anstehenden Confederations Cup in unserer Heimat nominiert war, und ich nach dem Sieg in der Champions League am Dienstag. Sofort begannen die Gespräche und Verhandlungen zwischen München und Rio, zwischen dem brasilianischen Verband CBF und dem FC Bayern. Ein Hin und Her, ein Gefühlschaos. Wir haben auch selbst mit »Felipão«, unserem Nationaltrainer Luiz Felipe Scolari, gesprochen. Er hat mir und Luiz Gustavo gleich gesagt: »Jungs, ihr habt keine Chance, für Bayern das Pokalfinale zu spielen. Ihr seid nominiert, und die Abstellungspflicht der Vereine, die vom Fußball-Weltverband Fifa vorgeschrieben ist, beginnt 14 Tage vor einem Turnier.« Wir haben natürlich gedacht, dass das doch nicht sein kann. Also was tun? Wir haben uns zusammengesetzt und eine Lagebesprechung an der Säbener Straße, dem Trainingszentrum des FC Bayern, abgehalten: Chefcoach Jupp Heynckes, Sportvorstand Matthias Sammer, Luiz und ich. Der Termin für das Pokalfinale war in meinen Augen eine Fehlplanung des Ligaverbandes DFL und des Deutschen Fußball-Bundes DFB. Das konnte doch nicht wahr sein!

Die Verantwortlichen von Bayern hatten Angst vor den Konsequenzen, falls wir Spieler nicht wie angefordert nach Brasilien fliegen würden. Denn dann hätte es eine hohe Geldstrafe für den FC Bayern gegeben, womöglich hätte man ihnen sogar nachträglich den Sieg im Pokalfinale aberkennen können.

Und wir Spieler hatten Angst, dass wir dann schuld wären und darüber hinaus persönliche Konsequenzen tragen müssten, dass wir womöglich aus dem Kader für die Weltmeisterschaft 2014 fliegen und damit unser großer Traum, die Endrunde in unserem Heimatland zu erreichen, zerstört werden würde.

Für unseren Vizekapitän Bastian Schweinsteiger war die ganze Angelegenheit ein »absoluter Wahnsinn, ein Spieler arbeitet das ganze Jahr darauf hin, in so einem Finale zu stehen«. Was er sagte, tat mir gut: »Dante ist ein wichtiger Leistungsträger und Führungsspieler.« Bayerns Vorstandschef Karl-Heinz Rummenigge sprach in der ersten Verärgerung von »Psychoterror« und »unmenschlichem Druck« des brasilianischen Fußballverbandes, er fand dies alles »skrupellos« und »unfair«. Ganz so war es aber nun auch nicht. Vom DFB hieß es, man habe darauf vertraut, dass im Fall der Fälle immer eine Einigung mit dem betreffenden Nationalverband möglich sei. Man wundere sich nun, dass sich die Brasilianer so stur stellten. Bei Javi Martínez, unserem Spanier beim FC Bayern, war die Teilnahme am Pokalfinale zum Beispiel kein Problem, er sollte erst am Sonntag zu seinem Nationalteam reisen. Bei uns Brasilianern ging es genau um einen Tag, denn unsere Seleção eröffnete am 15. Juni in Brasilia gegen Japan diesen WM-Testlauf.

Aus unserer Sicht war es unmöglich zu bleiben! Ausgeschlossen! Leider. Natürlich wollten wir den Confed Cup spielen, Trainer Felipão und all unsere Landsleute von uns überzeugen und diesen Titel gewinnen, damit man uns genau ein Jahr vor der WM vertraute. Ich war in der Gefühlszwickmühle, denn mein Alltag, mein tägliches Leben findet in München statt, beim FC Bayern. Meinen Posten in der Innenverteidigung bekam beim DFB-Pokal-Finale schließlich Daniel Van Buyten. Und die ganze Mannschaft bekam ein Video.

Dass ich die Idee dazu schon vor dem Finale hatte und das Video dann auch gleich verschickt habe, wollten wir damals nicht verraten. Bisher habe ich behauptet, ich hätte es danach gesendet – als Gratulation. Aber das stimmt nicht. Ich sollte das vielleicht nicht zugeben, damit es nicht so aussieht, als wäre ich so überheblich gewesen, schon vor dem Anpfiff gegen Stuttgart von »Pokal auch« zu singen. Dabei war es als Motivation gedacht.

Mein 38-Sekunden-Video entstand so: Wegen der Zeitverschiebung zu Deutschland und dem Jetlag kann ich nicht gut schlafen, außerdem bin ich unruhig wegen all der Sachen, die passiert sind, wegen des heutigen Pokalfinales. Ich wache also an diesem Samstag ganz früh um sechs Uhr morgens in Rio de Janeiro auf, in Deutschland ist es schon zehn Uhr – das verdanke ich meinem Biorhythmus. Meine Gedanken sind beim Pokalfinale, beim FC Bayern. Wie kann ich trotz der Entfernung helfen? Ich muss etwas für die Jungs machen, ihnen eine Botschaft schicken.

»Und Pokal auch!«

Zuerst drehe ich ein ganz normales Video. »Hallo, Jungs!« Mit der Handykamera nehme ich die Uhrzeit auf: kurz nach sechs Uhr morgens. »Ich bin leider nicht persönlich da, aber mit meinem Herzen bin ich bei euch. Und ich bin überzeugt, dass wir es schaffen, das Triple endlich zu holen. Ich will auf jeden Fall hier in Brasilien das Triple feiern.«

So in der Art, einfach so drauflosgesprochen. Aber ganz zufrieden bin ich nicht, das reicht mir noch nicht. Mein Bauch, mein Herz sagen mir, dass ich etwas Besonderes machen muss. Plötzlich habe ich eine Melodie im Kopf, einen Rhythmus, ein Lied. Später hat man mir erzählt, dass mein Song dem Hit *Rivers of Babylon* der Gruppe Boney M ähnelt. Auch dass die Bayern-Fans ab und zu in den Stadien diese Melodie mit einem anderen Text singen, ist mir nicht bewusst. Vielleicht schwirrte mir die Melodie dadurch aber unterbewusst im Kopf herum.

Ich sitze also da, singe den Song leise vor mich hin, klopfe den Rhythmus mit und denke mir: Hey, das ist gar nicht so schlecht. Ich probiere ein paar Varianten. Ja – so. Nein – so nicht. Hm. Etwa so? Oder so? Bis es passt. Handy zur Hand, ich stelle mich hin, ziehe eines der Bayern-Trikots an, die ich dabeihabe. Selbstaufnahme. Video läuft. Mit dem ersten Versuch bin ich nicht zufrieden. Okay, noch mal, das geht sicher besser. Zweiter Versuch. Ach, ich weiß nicht. Zwischendrin muss ich immer lachen. Fünf Mal nehme ich das Ganze auf, bis ich endlich beschließe, dass es gut ist. An meine Frisur habe ich dabei allerdings nicht gedacht, auf dem Video sieht man daher meine völlig zerzausten Haare. Klar, ich war ja noch nicht wirklich aufgestanden und im Bad gewesen.

Da wir eine WhatsApp-Gruppe haben, in der alle Spieler zusammengefasst sind, kann ich meine Sachen auf einmal – zack – an alle gleichzeitig verschicken. Auf meine erste kurze Videobotschaft haben schon einige meiner Mitspieler geantwortet: »Hey, super!«, »Danke, Dante!« oder »Wir schaffen das zusammen. Keine Sorge!« Sie haben auch Smileys geschickt. Nach dem ersten nur gesprochenen Video beginne ich deshalb das zweite gesungene Video mit: »Hallo, Jungs! Servus! Wieder, bin da.«

Als ich das Video aufnehme, singe und jauchze, bin ich allein im Hotelzimmer, von meinen Nachbarn hört mich keiner. Denke ich zumindest. Aber David Luiz, mein bester Kumpel in der Nationalelf, hat etwas gehört, einen komischen spitzen Schrei, sagt er später. Nachdem ich das Video mit dem Song verschickt habe, gehe ich frühstücken. Ich kann sowieso nicht mehr einschlafen, bin auch den ganzen Tag über aufgeregt und nervös. Als ich einigen Mitspielern der Seleção meine Performance zeige, amüsieren die sich prächtig.

Ich habe auch in München immer versucht, meine Mitspieler anzuspornen, sie zu motivieren. Das hilft. Ganz sicher. Vor jedem Spiel. Du darfst eben nicht nachlassen. Es müssen immer Spieler in einer Mannschaft sein, die diese Aufgabe übernehmen, die den Rest der Truppe motivieren. Damit alle wach sind. Arjen Robben ist der Erste, der reagiert, ganz schnell. Er schreibt, er habe sich kaputtgelacht. Und auch Basti Schweinsteiger antwortet sofort, dass er sich sehr gefreut habe. Die meisten schicken Nachrichten: »Ja, super! Geile Sache!« Oder sie senden Smileys.

Basti mag diese Sachen besonders gerne, diese kleinen Filmchen, die wir uns zuschicken. Wir machen dann gerne ein bisschen Quatsch. Das bringt gute Stimmung, das motiviert.

»Und Pokal auch!«

Während meine Jungs dann am Samstagabend in Berlin gegen Stuttgart spielen und um den Pokalsieg kämpfen, muss ich – wegen der Zeitverschiebung ist es hier Nachmittag – mit der Seleção trainieren. Es ist das Abschlusstraining im Maracanã-Stadion von Rio de Janeiro vor unserem Testspiel gegen England am Tag darauf. Ausgerechnet jetzt, zeitgleich! Das gibt es doch nicht! Es ist zum Verzweifeln! Denn natürlich dürfen wir keine Handys oder Tablet-PCs mit auf den Platz nehmen. Nach dem Training renne ich daher sofort in die Kabine und schaue auf mein Handy. Als ich sehe, dass es 3 : 0 für Bayern steht, rufe ich Luiz Gustavo zu: »Hey, 3 : 0, wir packen das.« Ich dusche schnell, schaue danach sofort wieder auf den Liveticker – 3 : 1. Aha. Na gut. Da passiert doch nichts mehr. Kurz danach fällt das 3 : 2, die Stuttgarter sind bis auf einen Treffer rangekommen. Oh je, oh je. Ich bin so nervös, drücke immer wieder auf »Ticker aktualisieren«. Ich spreche sogar mit meinem Telefon, sage auf Portugiesisch: »Schluss! Aus! Fertig! Schiedsrichter, pfeif das Spiel endlich ab!« Die Kollegen in der Kabine lachen, denken wohl, der hat sie nicht mehr alle, der schreit auf sein Handy ein und ist total hibbelig. Dann die Erlösung – endlich vorbei! Triplesieger! Ich gratuliere den Jungs über die WhatsApp-Gruppe, diesmal allerdings ohne Song. Was für ein Tag! So wie Luiz Gustavo und ich ist noch keiner Triplesieger geworden: in der Kabine, und das etwas mehr als 10 000 Kilometer entfernt. Wir umarmen uns, und die anderen gratulieren. Leider können Luiz und ich nicht angemessen darauf anstoßen, auch abends im Mannschaftshotel nicht, denn es herrscht Alkoholverbot. Schließlich haben wir am nächsten Tag ein Spiel. Doch nach dieser Partie, dem Testspiel gegen England, wird uns ein brasilianisches Bier, ein Brahma, erlaubt. Ich denke aus der Ferne an meine Jungs und stoße mit ihnen in Gedanken an. Ich bin Triplesieger! Danach telefoniere ich mit Rafinha in Berlin, um von ihm zu hören, wie es da so ist, wie die Jungs feiern. Kathleen Krüger, unserer Teammanagerin, habe ich mehrmals SMS geschrieben, damit sie ja auf meine DFB-Pokal-Medaille aufpasst. Die will ich unbedingt haben. Ich habe aber Angst, dass sie meine Goldmedaille während der Feier und vor lauter Trubel vielleicht vergessen oder verlieren könnte. Doch sie hält Wort, sammelt die Medaille ein, und Rafa, so nenne ich meinen Kumpel Rafinha, gibt sie mir ein paar Wochen später.

Was mich besonders gefreut hat, war die Geste meiner Jungs in Berlin, die vor und nach der Pokalübergabe Trikots mit den Namen von Luiz Gustavo und mir in die Kamera hielten. So waren wir, obwohl zigtausend Kilometer entfernt, doch irgendwie präsent. Eine wunderbare Aktion, die auch unseren besonderen Teamgeist zeigt.

Mann, ich wäre sehr gerne mit meinen Bayern-Jungs nach Berlin gefahren und hätte das Finale erlebt. Viele Leute haben mir von der einzigartigen Stimmung erzählt, aber ich selbst war noch nie dort. Doch so saß ich plötzlich am Donnerstagnachmittag vor dem Endspiel im Flieger. Erst von München nach Frankfurt, dann von Frankfurt nach Rio de Janeiro. In der Luft meinte ich zu Luiz Gustavo: »Hey, Luiz, ist das alles nur ein Traum? Haben wir geschlafen? Das kann doch nicht wahr sein. Was für eine Geschichte!« Das war wirklich ein komisches Gefühl für uns, aber wir haben uns überlegt, dass wir das Ganze nicht mehr ändern können und daher das Beste aus der Situation machen müssen.

Besonders schwer ist mir der plötzliche Abschied von meiner Familie, von meiner Frau Jocelina und den Kindern Sophia und Diogo, gefallen. Als ich am Nachmittag vom Bayern-Training und all den Beratungen an der Säbener Straße nach Hause gekommen bin, musste ich meinen Kindern sagen: »Papa fliegt heute Abend weg.« Und eben nicht erst einen Tag

»Und Pokal auch!«

später nach Berlin wie geplant. Sie waren sehr traurig, das zerriss mir fast das Herz. Denn mir war klar, dass ich meine Familie von jenem Tag an, dem 30. Mai, womöglich bis nach dem Finale des Confed Cups in Rio de Janeiro am 30. Juni über vier Wochen kaum bis gar nicht sehen würde.

Meine Frau Jocelina blieb zunächst mit den Kindern in München, der Sommerurlaub in der Heimat sollte erst in ein paar Tagen starten. Ich habe dann nur ganz schnell ein paar Sachen gepackt und bin mit Luiz Gustavo und seinem Berater zum Münchner Flughafen gefahren. Meine Frau und die Kinder waren nicht dabei, sie waren einfach zu traurig. Die Tickets für mich und Luiz hatte der brasilianische Verband gebucht.

Besonders ärgerlich war damals, dass mein Vater João und ein Cousin gerade bei uns in München zu Besuch waren. Es war bereits alles organisiert für das Pokalfinale in Berlin. Die Flüge und das Hotel waren gebucht, und ich hatte sechs Karten besorgt. Vor allem mein Vater hatte sich sehr darauf gefreut, gerade auch weil man ihm als Kunstrestaurator von den vielen coolen Läden und all der Kunst in Berlin erzählt hatte. Doch dann ist auch er nicht geflogen. Die Situation war komisch, sie kannten ja niemanden, und mit wem hätten sie vor Ort reden sollen? Alle haben daher entschieden: Wir bleiben besser zu Hause. Alles sehr, sehr schade.

Samstags also wurde ich auf einem anderen Kontinent Triplesieger, am Sonntag war ich dann bei der Wiedereröffnung des altehrwürdigen und in Brasilien legendären Maracanã-Stadions dabei. Auch nicht schlecht, sagte ich mir, dazu ein Klassiker als Test, ein Spiel gegen England – aber ich kam gar nicht zum Einsatz, Luiz Gustavo wenigstens eine Halbzeit. Ich war sehr enttäuscht, erst die ganze Aufregung, dann durfte ich keine

Minute spielen. Aber so ist unser Job, es bleibt immer die Entscheidung des Trainers.

Freunde von mir haben erzählt, dass der FC Bayern am Sonntag das Video auf der Triplefeier am Münchner Marienplatz über eine Leinwand allen Fans gezeigt hat. Und so hat sich das Ding ganz schnell verbreitet. Mein Medienberater Leo Scheinkman rief mich in Brasilien an und meinte: »Hey, dein Song ist bei YouTube, alle schauen ihn an und amüsieren sich.« Ich habe geantwortet: »Was? Echt?« Als ich mich dann selbst gesehen habe, konnte ich nicht mehr vor Lachen. Selbst meine Familie war total überrascht, dass ich plötzlich solche Sachen mache. Nicht nur in Deutschland waren die Reaktionen nämlich Wahnsinn, auch in Brasilien. Noch heute sprechen mich Journalisten, wenn ich in Brasilien interviewt werde, darauf an. Eine unglaubliche Geschichte. Sogar als wir mit dem FC Bayern im Januar 2014 nach dem Trainingslager in Katar weitergeflogen sind nach Kuwait zu einem Testspiel, haben es die Fans dort im Stadion gesungen. Sie haben mich gerufen und aufgefordert: »Hey, Dante, sing deinen Song für uns.«

Nie im Leben hätte ich gedacht, dass das so groß werden würde, dass mein kleines Lied ein YouTube-Renner werden würde. Über zwei Millionen Menschen haben den Song angeklickt, und auf Facebook hatte ich über 10 000 Likes. Dabei wollte ich einfach nur ein kleines Motivationslied an meine Mitspieler schicken – und fertig. Nach diesem gewaltigen Echo beschlossen wir, den Song registrieren zu lassen, um das Copyright zu schützen. Ein Verkauf bei iTunes im Internet würde einiges an Geld einbringen, hieß es. Es war eigentlich nur eine spontane Idee gewesen, eine ganz simple, lustige Geschichte, und nun konnte ich sogar einigen Menschen mit dem damit verdienten Geld helfen. Was gibt es Schöneres, als im Spaß etwas zu tun, das dann auch noch einem guten Zweck dient? Mein Gesang wurde schließlich zu zwei Titeln, »Wir gewinnen die Meisterschaft« sowie »Und Pokal auch«, abgemischt, mit Beats unterlegt und als Download veröffentlicht. Die Singles erreichten Platz 88 und 79 der deutschen Charts. Wahnsinn!

Als im Juni 2013 das Hochwasser rund um Passau so viel Schaden anrichtete, sagte der FC Bayern sofort zu, mit den Einnahmen aus einem Benefizspiel zu helfen. Da überlegte ich mir, dass das auch für den Erlös aus dem Verkauf meines Songs bei iTunes eine gute Verwendung wäre. Aber dann erfuhr ich, dass man dieses Geld erst ein Jahr nach dem Veröffentlichungsdatum bekommt. Und das hätte den Menschen in Passau nichts genutzt, sie brauchten sofort Hilfe – nicht erst ein Jahr später. Daher haben wir beschlossen, die Gelder an SOS-Kinderdörfer zu spenden, für die ich mich persönlich als Botschafter seit Mai 2013 engagiere. Super, dass ich mit so einer Nummer helfen konnte.

Nach meiner kleinen Gesangseinlage oder meinem »Liedl«, wie ich es ganz bayerisch genannt hatte, kamen hier und da Leute auf mich zu und fragten, ob ich den Song nicht im Tonstudio noch mal neu aufnehmen, ein paar Dinge verändern, verbessern wolle. Aber ich habe gesagt: »Nein, lasst es so. Das Original passt genau.« Ich mache zwar Musik, aber als Sänger bin ich wirklich nicht der Beste. Anders ist das bei Instrumenten, da habe ich schon ein gewisses Talent, das habe ich von Onkel Jonílson. Der hat mir als Kind in Brasilien das Notenlesen beigebracht. Ich spiele für mich allein oder mit Rafinha, bei der Nationalelf mit David Luiz oder Dani Alves. Wir brauchen den Rhythmus, er ist einfach ein Teil unseres Lebensgefühls. Wenn wir im Flugzeug sitzen oder im Bus, spielen wir immer ein paar Melodien mit kleinen Perkussionsinstrumenten, der Pandeiro und dem Tamborim. Das

Cavaquinho, eine kleine Gitarre, eine Art Ukulele, deren Korpus aus Holz besteht und die über vier Metallseiten verfügt, ist dabei das Melodieinstrument. So entsteht Pagode, eine Samba-Form, die häufiger in kleineren Runden, in der Familie oder mit Freunden auf einer Party gespielt wird – nicht bei großen Konzerten.

Ich habe mein Cavaquinho fast immer bei mir, und in Brasilien kommt das Instrument bei jeglicher Samba-Musik zum Einsatz. Rafinha hat auch meist eine dabei, wenn wir mit dem FC Bayern auf Reisen sind. Dann treffen wir uns in einem unserer Zimmer und legen los: Samba oder Pagode. Dabei kann ich gut abschalten, es gibt uns ein gutes Gefühl, bringt Spaß, Lockerheit. Da sind übrigens nicht alle Brasilianer gleich. Die Leute aus Bahia, dem Bundesstaat mit der Hauptstadt Salvador, lieben Musik, die Samba. Das Geld, überhaupt alles Materielle ist uns nicht so wichtig. Denn über allem stehen die Familie, die Freunde und der Spaß am Leben.

Manchmal behaupten Leute: »Ihr Brasilianer hört doch den ganzen Tag nur Samba.« Klar, ein Vorurteil. Aber ich lächle dann und antworte: »Richtig! Aber nicht nur, vielleicht zu 80 Prozent. Es gibt ja auch noch Hip-Hop oder Reggae.« Gerade in Bahia, das sehr afrikanisch geprägt ist, hören wir viel Reggae. Ich habe mich immer mit meiner Heimat identifiziert. Ich liebe Samba-Künstler wie Gilberto Gil oder Yamando Costa. Musik in Brasilien ist dem Fußball sehr ähnlich. Du kommst irgendwohin, da sitzen ein paar Leute, machen Musik, du gehst zu ihnen und machst mit, einfach so.

Für mich ist die Musik ein ständiger Lebensbegleiter, ich kann nicht ohne. Wenn ich nicht auf dem Platz stehe und spiele, höre ich Musik – oder lege selbst los. Dabei finde ich Ruhe, Entspannung und Motivation. Meistens höre ich Samba, manchmal auch Hip-Hop, ein bisschen Rock oder Pop, aber nicht zu viel. Ich mag deutsche Musik, auch französische, obwohl ich nicht alles verstehe. Außerdem bin ich ein großer Fan von Bob Marley, seine Texte bewegen mich und er war ein großer Musiker. Jackson Five und Jimi Hendrix kenne ich natürlich, einige Lieder finde ich auch gut, obwohl das ja alles weit vor meiner Geburt war.

Einer meiner ganz großen Favoriten ist die Formation Grupo Revelação mit dem Song »Ta escrito«. Im Text heißt es übersetzt: »Behalte deinen Kopf oben, schick deine Traurigkeit weg. Und glaub immer daran: Dein schönster Tag wird noch kommen!« Der Text gefällt mir, passt irgendwie auch zu meinem Karriereweg. Ein anderes Lied habe ich in meinen schwierigen Situationen oft gehört, der Titel bleibt aber mein Geheimnis. Wenn ich das heute höre – und heute geht es mir gut –, dann denke ich zurück an die schweren Momente und schwierigen Zeiten, als ich gezweifelt habe, ob alles klappen wird und ob alles so richtig ist, wie ich meine Karriere plane. Wenn ich heute den Song höre, erinnere ich mich daran, wie es einmal war und woher ich komme. Und ich sage mir dann: »Siehst du, wo du jetzt bist? Also kannst und darfst du jetzt nicht nachlassen, du musst immer weiter an dir arbeiten.« Daher höre ich heute noch die alten Lieder meiner Jugend, auch welche, die ich immer zu meiner Anfangszeit in Europa, in Lille, gehört habe. Die Musik macht mich glücklich und motiviert mich: Jedes Mal, wenn etwas Negatives passiert ist, schoss mir sofort in den Sinn: Das wird schon wieder!

Rafinha, Jérôme Boateng und Bastian Schweinsteiger sind die DJs bei uns in der Bayern-Kabine. Jérôme und Basti legen meist schnelle Songs auf. Vor den Spielen hören wir zur Motivation am liebsten Hip-Hop, je nachdem, was gerade aktuell und angesagt ist. Rafa ist übrigens ein sehr, sehr guter Musiker und kann zudem richtig gut singen, mit einer tiefen

Bassstimme. Auf unserer Champions-League-Sieger-Party in London hat er Frank Sinatras »My way« angestimmt – eine Sensation! Der beste Tänzer bei uns ist Claudio Pizarro, unser Peruaner. Thomas Müller versucht auch immer mitzumachen, wenn wir nach Toren mit Rafa und Thiago feiern – aber na ja, der Müller versucht es eben. Tanzen hat bei uns in Salvador auch eine besondere Bedeutung, da die afrikanischen Sklaven den Capoeira mit nach Brasilien gebracht haben, diesen Kampftanz, der heute weltweit berühmt ist und für Salvador steht. Darauf sind wir sehr stolz.

Man muss alle Dinge mit Spaß machen. Das Leben ist meist kompliziert und schwierig genug, also sollten wir es mit schlechter Laune nicht noch komplizierter gestalten. Geht es meiner Familie, meiner Frau und meinen Kindern gut, geht es auch mir gut. Und ich übe einen Beruf aus, der mich ausfüllt, mich glücklich macht. Mehr brauche ich nicht, um happy und ausgeglichen zu sein.

Ich bin wohl generell eher ein zufriedener, glücklicher Mensch, schon als Kind war ich so. Ich hatte nie viel, aber ich habe früh gelernt, dass du es im Umgang mit Menschen meist einfacher hast, wenn du lächelst. Das ist mein Lebensmotto. Zeig den Leuten ein Lächeln – auch wenn du mal schwierige Phasen hattest im Leben. So weit Teil eins meines Geheimnisses. Teil zwei lautet: Ich begegne grundsätzlich allen Menschen mit Respekt. Ob es Freunde oder Fremde sind, Mitspieler oder Gegenspieler. Du musst immer Respekt zeigen, egal, vor wem. Und dankbar sein. Wenn ich morgens aufstehe, danke ich Gott, dass ich diese Familie habe, diesen Beruf, dass ich gesund bin – und dann gebe ich 100 Prozent bei der Arbeit, im Training oder im Spiel. Also genieße ich jeden Tag, der mir geschenkt wird, und versuche, in der Gegenwart zu leben. Für mich gilt: Nicht der

Erfolg in meinem Job hat mir Gelassenheit gebracht, nein, meine Gelassenheit hat mir den Erfolg gebracht. Und wer gelassen ist, kann Spaß haben. Jungs, die das verstehen, haben wir auch beim FC Bayern, daher sind wir so erfolgreich. Wenn man alle Trainingstage, Trainingslager, Spiele und Reisen zusammenzählt, sind wir vom FC Bayern rund 300 Tage im Jahr zusammen. Das funktioniert in einer so großen Männergruppe mit lauter ehrgeizigen Sportlern nur, wenn man sich gut versteht und auch mal Spaß machen kann. Andererseits gibt es natürlich auch die Momente, in denen wir streiten, das muss genauso sein. Wie in jeder guten Familie. Man diskutiert, auch mal laut, vielleicht streitet man sich sogar kurz, aber danach heißt es: Cool down! Alle wieder runterkommen. Denn wenn etwas zurückbleibt, etwas nicht ausgesprochen ist, kannst du keine Späße mehr machen und wirst Probleme haben, den Fehler eines Mitspielers auf dem Platz zu tolerieren.

Im Training und im Spiel muss höchste Konzentration herrschen, da muss alles seriös sein. Wir müssen genau zuhören, was der Trainer sagt. Aber später, nach den Sitzungen oder Ansprachen, können wir locker sein in der Kabine, Spaß haben, Quatsch machen, etwa wenn Franck Ribéry nach dem Training mit nassen Socken um sich wirft. Dann geht's richtig los. Wir starten eine echte Sockenschlacht – wie kleine Kinder. So was muss eben auch mal sein. Denn der Ernst des Lebens, all der Druck und die nächsten Aufgaben kommen von ganz allein. Wie sagt man in Deutschland? »Das nächste Spiel ist immer das schwerste.« So ist es.

2.

Fonte de Nova

Ich sitze nur auf der Bank, die härteste Probe für einen Fußballer, aber in diesem Fall ist das okay. Vielleicht bin ich viel zu aufgeregt, um von Beginn an zu spielen. So viel schießt mir durch den Kopf: meine Kindheit in Salvador, meine Schulfreunde, wie wir auf der Straße gekickt haben, meine ersten Profischritte, das verzweifelte Suchen nach einem Verein, all das. Heute, an diesem 22. Juni 2013, bin ich hier in meinem Stadion, im renovierten Fonte de Nova. Ich habe die Arena gar nicht wiedererkannt, so schön ist sie geworden. Das alte Stadion hatte natürlich seinen Charme, aber dieses hier ist fantastisch.

2010 wurde das alte Estádio Fonte de Nova, mit offiziellem Namen Estádio Octávio Mangabeira, abgerissen, weil es baufällig war. 60 000 Zuschauer hatten Platz gehabt und der EC Bahia, dessen Fan ich als Kind war, hatte es für Heimspiele genutzt. 1989 sollen in einem Spiel gegen Fluminense Rio de Janeiro sogar über 110 000 Fans drin gewesen sein. Im selben Jahr waren dort acht Spiele der Copa América, der Südamerikameisterschaft, ausgetragen worden. Dafür war ich leider noch zu jung, ich durfte nicht hin. Der Grund für den radikalen Umbau ab Juni 2010 war ein tragisches Ereignis am 25. November 2007: Rund 60 000 Fans des EC Bahia waren zu einem Drittligaspiel gegen Vila Nova FC gekommen und hatten am Ende den Aufstieg in die zweite Liga euphorisch gefeiert. Dabei war ein Teil der oberen Tribüne eingestürzt, sieben Menschen waren gestorben, als sie auf die unteren Ränge gefallen waren, und 85 waren verletzt worden, einige schwer. Daraufhin war das Stadion geschlossen worden.

Ich bin so froh, dass ganz Bahia, vor allem meine Heimatstadt Salvador, nun nach der Renovierung wieder stolz sein kann auf seine Arena. Und ich war an jenem Junitag mittendrin, mit Brasilien, mit der Seleção. Nicht nur als Fan, sondern als Spieler. Als einer von 23 Profis, die für den Confederations Cup berufen waren, für das Warm-up-Turnier im Land des Weltmeisterschaftsgastgebers, ein Jahr vor dem ganz großen Turnier, der Endrunde der Weltbesten. Es ist großartig, im eigenen Land dabei sein zu dürfen. Ich weiß, wie hart ich dafür gearbeitet habe in meinem Leben, und es erfüllt mich mit Stolz. Das dritte Gruppenspiel gegen Italien steht an, doch unsere Nationalhymne singe ich nur von der Bank aus mit, Arm in Arm mit den anderen Einwechselspielern.

Die ersten beiden Spiele des Confed Cups waren wirklich eine Art Warm-up. In Brasilia, der Hauptstadt, gewannen wir relativ locker 3 : 0 gegen Japan. Wir waren so erleichtert, schließlich wussten wir ja, dass jeder als Minimum den Turniersieg erwartete. Trotz all dieser hochkarätigen Gegner – trotz der Spanier, trotz der Italiener, trotz unseres ewigen Rivalen und Nachbarn, der Himmelblauen aus Uruguay. Größer konnte der Druck auf uns nicht sein.

Zum Auftakt gegen die Japaner traf Neymar schon nach drei Minuten: unverwechselbar, mit einem sagenhaften Rechtsschuss in den Winkel – als wäre es eine Inszenierung gewesen. Neymar sollte der Star des Turniers werden, auf ihm lastete daher ein gewaltiger Druck, alle in Brasilien erwarteten von ihm nichts weniger als Wunderdinge. Später erhöhten Paulinho und Jô in der Nachspielzeit. 3 : 0, der erste Schritt war getan. Ich habe das Spiel von der Bank aus erlebt, den Moment und die Stimmung aufgesogen.

Thiago Silva, unser Kapitän von Paris St.-Germain, ist der Boss der Abwehr, an seiner Seite David Luiz vom FC Chelsea, der andere Wuschelkopf mit hellen Locken. Beides Superspieler, David ist auch mein bester Freund in der Seleção. Unser Trainer Felipe Scolari setzt auf die beiden, sie bilden die Stamminnenverteidigung. Für mich hieß das: warten. Aber ich wusste, dass meine Chance kommen würde. Im zweiten Gruppenspiel jedoch noch nicht. Ich hoffte wenigstens auf einen Kurzeinsatz. Als wir nach Fortaleza kamen, in den tropischen Norden, wo auch die deutsche Elf bei der WM spielen wird, war es richtig heiß, 29 Grad im Schatten. Für unseren Gegner, die Mexikaner, war das kein Problem. Sie verloren aber nicht gegen die Hitze und die Luftfeuchtigkeit von 72 Prozent, sie verloren gegen unseren Orkan. Gegen Wonderboy Neymar, nach neun Minuten sorgte er für das 1 : 0 – mit einem fantastischen Volleyschuss mit links. In der Nachspielzeit traf wieder Jô nach einer zirkusreifen Vorbereitung von Neymar. Jô hatte seine Einwechslungen immer gerechtfertigt, also musste ich mich auf der Bank weiter gedulden. Es gab auch keinen Grund für Scolari, in der Abwehr zu wechseln, denn Thiago Silva und David Luiz standen sicher, ließen nichts anbrennen. Doch ich wurde von Tag zu Tag nervöser und aufgeregter. Denn im dritten Spiel ging es wie erwähnt nach Salvador, in meine Heimatstadt, und das mit der Mannschaft meiner Träume, der Seleção, dem Sehnsuchtsziel aller Fußballer in Brasilien. Alle Kinder und Jugendlichen, die am Strand, auf der Straße, auf Bolzplätzen, mit Gummiknäuel, mit Plastikbällen, mit alten Lederkugeln oder Hightechspielbällen kicken, zu jeder Tages- und Nachtzeit, alle träumen sich in das gelb-grüne Trikot. Für einen Moment, ein Spiel, einen Tag ihres Lebens.

Ich war schon immer ein glühender Fan der Seleção: Wenn ich die Spiele der brasilianischen Nationalelf angeschaut habe, sogar ein richtiger Fan. So erging es mir auch bei den ersten beiden Gruppenspielen im Juni 2013. Ich konnte es auf der Bank kaum aushalten, war unruhig und hibbelig. Viel lieber stehe ich auf dem Platz. Da bin ich ruhig, gelassen, da kann ich die Dinge beeinflussen.

Es hat 27 Grad an jenem Tag, 67 Prozent Luftfeuchtigkeit. Ich kenne dieses Klima gut, es ist angenehm in Bahia, nicht so heiß wie im tropischen Norden. Und man darf nicht vergessen: Es ist unser sogenannter Winter.

Ich habe 60 Karten für meine ganze Familie und für Freunde gekauft und dann verteilt, das war ganz schön teuer. Dabei habe ich sogar noch fünf Stück gratis bekommen, da mir Mitspieler welche aus ihrem Kontingent geschenkt haben. Dennoch: Pro Stück habe ich rund 220 Reais bezahlt, insgesamt 13 200 Reais, das sind umgerechnet rund 4000 Euro. Meine Frau Jocelina hat die Kinder dabei, Sophia und Diogo, der zu dem Zeitpunkt erst zwei Jahre alt ist. Bei der Einlasskontrolle am Stadion passiert etwas, von dem ich natürlich erst später erfahren habe. Was wir alle nicht wussten: Auch für Kinder in diesem Alter braucht man schon ein Ticket, die Kleinen können also nicht einfach so auf dem Arm der Mama mit rein. Was tun? Es fehlt eine Karte. Stress, Hektik. Meine Frau wird unruhig, nervös. Mich kann sie jetzt nicht mehr erreichen, ich bin in der Kabine, da herrscht für uns Spieler natürlich Handyverbot. Es ist auch ausgeschlossen, auf die Schnelle noch eine Karte aufzutreiben, denn dieses Spiel will jeder sehen. Und mit dem Kleinen auf dem Arm kann man schlecht auf dem Schwarzmarkt verhandeln. Jocelina ist verzweifelt, sie fürchtet, nach Hause gehen zu müssen, schließlich kann sie Diogo ja nicht allein lassen. Eine meiner Tanten will gerade aufs Spiel verzichten und ihr Ticket herschenken, da findet plötzlich einer aus unserer Gruppe, mein Cousin Thiago, auf den Treppenstufen eine Eintrittskarte. Diese ist personalisiert, aber der Besitzer taucht nicht auf. Das Seltsame: Es handelt sich um eine Karte im selben Bereich des Stadions, wenn auch nicht im selben Block. Egal. Denn das kümmert die Ordner nicht. Keiner kontrolliert beim Einlass auch den Namen auf dem Ticket, als Jocelina mit Diogo und Sophia reingeht – Hauptsache, sie hat drei Karten. Das Ganze scheint, als hätte Gott diese Karte dort abgelegt. Für Jocelina. Für uns. Damit alle meinen einmaligen Moment in diesem Spiel erleben können. In den Tagen vor dem Spiel hatte mich meine Familie im Mannschaftshotel besucht. Papa, Mama, viele Freunde. Das hat mich sehr gefreut und ich dachte immer wieder: Was würden diese Leute erst empfinden, wenn ich ein Tor machen würde? Sie waren ja alle schon so froh und stolz, dass ich das brasilianische Trikot tragen durfte, aber ein Tor wäre das Nonplusultra gewesen. Manche sagten sogar: »Komm, Dante, das wird klappen, du machst ein Tor!« Ich aber habe geantwortet: »Ihr seid alle verrückt! Wie soll das gehen? Ich habe noch keine Minute gespielt, vielleicht darf ich bei einer Führung in den letzten Minuten des Spiels reinkommen. Wie soll ich da ein Tor machen?«

Bei diesem Turnier trage ich die Nummer 13 und ich sitze wieder auf der Bank. Eine Unglücksnummer? In der Nacht zuvor habe ich mir im Traum vorgestellt, wie das wohl wäre, ein Tor zu machen. Immer wieder hatte ich diesen Gedanken im Kopf: Du machst ein Tor! So als wäre es eine Vorhersehung. Schon vor dem Turnier habe ich ständig an diese Partie in Salvador gedacht.

Und dann spielt tatsächlich das Schicksal mit, eine höhere Macht wechselt mich ein. David Luiz muss nach 34 Minuten wegen einer Oberschenkelverletzung raus. Ich werde zum Warmlaufen geschickt, auch noch ganz in der Nähe des Blocks, wo meine Familie und Freunde sitzen. Ich höre sie rufen: »Komm, Dante, komm rein!« Ich schaue nicht zu ihnen hin, will auch nicht winken, das sieht doch komisch aus, das kann man nur vor dem Spiel machen. Trainer Felipe Scolari ruft mich zur Seitenlinie, mein Moment ist gekommen. Als wir uns abklatschen, wünscht David Luiz mir viel Glück. Dann setzt er sich auf die Bank und sagt – wie mir später erzählt wird – zu den anderen Einwechselspielern: »Jetzt schießt Dante ein Tor!« Kein Witz, er hat es wirklich gesagt.

Völlig paralysiert laufe ich ein, alles geht so schnell. Mein Puls rast. Mir ist heiß und kalt zugleich. Da ist es: mein Heimspiel. Das ganze Stadion brüllt, wow! Wie in der Nacht zuvor habe ich jetzt immer wieder diesen Gedanken: Du machst ein Tor! Also los. Ich stimme mich mit Thiago Silva ab, was unsere Aufgaben in der Zentrale der Abwehr betrifft. Er halbrechts, ich halblinks. Kurz vor der Halbzeitpause sprinte ich dann nach vorne. Die Nachspielzeit hat gerade begonnen. Noch ein Freistoß von der linken Seite. Neymar chippt den Ball nach innen, Fred köpft, Torwart Gianluigi Buffon wehrt nur nach vorne ab und ich drücke die Kugel mit links blitzschnell ins kurze Eck. Wie oft ich sonst getroffen habe? In der Saison zuvor habe ich in 45 Profieinsätzen für den FC Bayern München lediglich einen einzigen Treffer zustande gebracht. Und jetzt diese Punktlandung. Was danach passiert ist? Wie im Schnelldurchlauf rast meine ganze Karriere mit allen Schwierigkeiten und Erfolgen, mit allen Höhen und Tiefen vor meinem geistigen Auge vorüber. Im Fernsehen habe ich später mal gesehen, wie ich nach dem Tor loslaufe, den linken Arm nach oben gereckt, die Hand zur Faust geballt, den Arm werfe ich wie ein Lasso durch die Luft und springe hoch. Einmal, zweimal. An der Außenlinie fangen meine Mitspieler mich, ihren wild gewordenen Kollegen, wieder ein und gratulieren. Mein Kopfkino läuft. Komisch, aber wahr, trotz aller Euphorie und Freude denke ich: Ich wusste, dass das passiert. Irgendwie. Und das habe ich auch Gott zu verdanken.

Der Halbzeitpfiff. Pause. Die Mitspieler begleiten mich in die Kabine, als hätte ich das entscheidende Tor im WM-Finale erzielt. Ich gehe rasch vom Platz, mit gesenktem Kopf, weil ich nicht zu meinen Freunden und der Familie schauen will. Später hat man mir erzählt, dass viele meiner Leute vor Freude geweint haben, also wäre das für mich schwer gewesen. Wahrscheinlich zu viel der Emotion – und mir wären sicher auch die Tränen gekommen.

Der Rückschlag folgt prompt. In der zweiten Halbzeit passe ich nicht auf. Obwohl ich eng an Italiens Stürmerstar Mario Balotelli dran bin, foppt er mich und leitet die Kugel per Hacke zu Emanuele Giaccherini weiter, der sie vorbei an unserem Torwart Júlio César am kurzen Pfosten versenkt – das 1 : 1, nach 51 Minuten. Nur wenige Spielminuten nach meinem Führungstor. Das kann doch nicht wahr sein! Ich falle aus allen Wolken, genauer gesagt: aus dem siebten Himmel. Balotelli hat es weltklasse gemacht, doch ich hätte den Ausgleich verhindern können, ja müssen. Dabei habe ich die meisten Zweikämpfe gegen ihn gewonnen. Egal. An diesem Tag ist es ausnahmsweise mal egal, denn wir haben ja unser Wunderkind. Neymar schlenzt vier Minuten darauf einen Freistoß zum 2 : 1 ins Netz. Sein drittes Spiel, sein dritter Treffer, sein drittes Traumtor. Am Ende gewinnen wir 4 : 2. Unser drittes Spiel, unser dritter Sieg, dreimal Gänsehaut.

Jetzt endlich traue ich mich, meiner Familie und den Freunden, meinem 60-Personen-Fanblock, zuzuwinken. Fünf von ihnen haben blaue Shirts an, auf die sie mit Gelb die Buchstaben D, A, N, T und E gemalt haben. Als andere Besucher verstehen, dass hier die Dante-Family anfeuert, wollen sie Mützen oder anderes gegen die Originaltrikots tauschen. Nette Idee, aber höflich abgelehnt. Nach dem Schlusspfiff kommt David Luiz zu mir und wir gehen Arm in Arm vom Platz. Für mich ist die Partie in Salvador Wahnsinn, einfach fabelhaft. Ich habe das erste Tor der Nationalelf im neuen Stadion Fonte de Nova geschossen, beim einzigen Spiel der Seleção dort während des Confed Cups, dann auch noch gegen Italien, als Abwehrspieler, der erst eingewechselt wird und dann sein erstes Länderspieltor macht, in seiner Geburtsstadt. Zehn Jahre habe ich dort nicht mehr Fußball gespielt. Für mich ist dadurch ein Traum wahr geworden, es ist der glücklichste Tag in meiner Karriere. Das sind Emotionen, die dir kein Geld der Welt kaufen kann. Schon als Kind habe ich von so einem Tag geträumt. Das sagt man so leicht, stimmt aber in dem Fall nicht. Denn dieser Traum war so absurd, den konnte ich vorher gar nicht träumen. Mir sind dann die merkwürdigsten Gedanken gekommen. Du bist beim FC Bayern, hast die Champions League im Mai gewonnen, kurz darauf das Triple, nun dieses Ding im Fonte de Nova. Ich könnte jetzt ruhigen Gewissens meine Karriere beenden. Ich sitze in der Kabine und halte inne. Blödsinn – ich will solche fast surrealen, irrwitzigen Momente wieder erleben. Also muss ich weiter kämpfen und arbeiten, jeden Tag. Und auf keinen Fall abheben. Nur kurz nach Toren. Das auch gerne mehrmals.

An jenem Abend feiern wir, der ganze Dante-Clan, eine Barbecueparty, die wir schon zuvor geplant haben. Wir Spieler wissen, dass wir den Abend nach dem letzten Gruppenspiel frei haben werden und nicht im Hotel übernachten müssen. Eine schöne Grillparty in der kleinen, engen Wohnung meiner Großeltern mit der Miniterrasse, nicht bei mir im Haus. Es sind so viele Leute da, auch Nachbarn, es ist toll – wir tanzen und singen. In der Gegend wohnen viele arme Menschen, aber ich wollte hier feiern. Denn von hier komme ich, das ist meine Heimat. Danach bin ich erst sehr spät ins Bett, wie immer nach Spielen, da wird es oft drei Uhr, halb vier oder sogar später. Nach solchen Matches kann ich oft nicht gut schlafen, weil der Körper noch vollgepumpt ist mit Adrenalin.

Aber ich sollte genug Zeit und Muße haben, um mich zu beruhigen. Denn im nächsten Spiel ist für mich nur eine kleine Rolle vorgesehen. In der zweiten Minute der Nachspielzeit werde ich für Neymar eingewechselt. Immerhin erlebe ich so den Schlusspfiff auf dem Platz mit, was für ein Gefühl! Wir haben durch die Tore von Fred und Paulinho kurz vor Ende Uruguay mit 2 : 1 besiegt. Und damit nicht nur gegen unseren Nachbarstaat, den Halbfinalgegner, gewonnen, sondern ein klein wenig auch den Fluch von 1950 gebrochen, der noch immer auf unserem Land lastet. Die WM in jenem Jahr war ja die bisher einzige auf brasilianischem Boden. Damals hatte es eine Finalrunde gegeben, kein echtes Endspiel, im letzten Turnierspiel traf unsere Seleção in den weißen Trikots auf Uruguay. Schon ein Unentschieden hätte uns den WM-Titel gebracht, der Weltpokal, der Coupe Jules Rimet, schien vergeben. Die Zeitungen waren bereits vor dem Anpfiff voll mit Geschichten über »die neuen Weltmeister«. Vor dem Stadion tummelten sich Samba-Tänzerinnen auf den Straßen, und auch im Stadion herrschte Partystimmung, Euphorie. Die Siegesreden waren schon vorbereitet, und die Spieler sollten Uhren geschenkt bekommen, auf deren Rückseite »den Weltmeistern« eingeprägt war. Die Helden waren bereits vor dem Anpfiff gemacht. Ein Trugschluss.

Denn dann geschah an jenem 16. Juni 1950 in Rio de Janeiro das Unfassbare. Die Niederlage ging als »Maracanaço«, was so viel bedeutet wie »Schock von Maracanã«, in unsere Geschichte ein. Jedes Kind, das Fußball spielt, kennt diese Tragödie, mir hat sie mein Opa erzählt. Über 200 000 Zuschauer sollen damals im Maracanã, dem zu der Zeit größten Stadion der Welt, dabei gewesen sein – ein ewiger Rekord, eine ewige Blamage.

Auf der größten aller Bühnen wurde Uruguays Alcides Ghiggia in der 79. Minute aus spitzem Winkel zum Spielverderber – 1 : 2. Aus, Ende, vorbei. Die vorgedruckten Zeitungen wurden vernichtet, die weißen Trikots für immer verbannt und fortan durch die gelb-blaue Kombination ersetzt. Dieser Vorfall sollte zum nationalen Trauma werden. Unseren Torwart Barbosa machte man für die Niederlage verantwortlich, sein Leben wurde dadurch zur Qual. Kurz vor seinem Tod verriet er in einem Interview: »Die höchste Strafe in Brasilien sind 30 Jahre Haft. Aber ich büße nun schon 50 Jahre für etwas, das ich nicht einmal begangen habe.«

Vielleicht können wir bei der WM 2014 für späte Gerechtigkeit sorgen und die Verhältnisse zurechtrücken. Ein Viertelfinalduell mit Uruguay ist möglich, sogar in meinem Fonte de Nova. Ob sich die Geschichte wiederholen wird? Mal sehen.

Beim Confed Cup 2013 treffen wir im Finale auf Spanien, das Italien in einem überraschend engen Halbfinale erst im Elfmeterschießen ausschalten konnte. Wir sind angekommen im aufwendig und wunderbar renovierten Maracanã. Diese Stimmung! Diese Menschen! Es ist einzigartig.

Dass ich zuvor noch einmal zum Einsatz gekommen bin, gleicht einem Geschenk. Die relativ kurze Einsatzzeit über fünf Partien macht mir nichts aus, ich fühle mich dennoch als Teil einer großen Familie, und das ist Scolaris Verdienst. Er schafft es, dass sich alle aus dem Kader gleichermaßen wichtig und gleichberechtigt fühlen, dass sich alle als Teil der Mannschaft sehen – was eine wahnsinnig motivierende Atmosphäre erzeugt. Jeder soll für den anderen da sein, und dieser Zusammenhalt soll dann auch auf dem Platz zu spüren sein. Ich bin sowieso ein Mannschaftsspieler und will immer nur, dass wir Erfolg haben. Man muss einfach gewinnen, dann ist alles gut.

Im Endspiel drücken wir den amtierenden Weltmeister Spanien mit unserem kraftraubenden, aber effektiven Überfallfußball an die Wand. Fred trifft schon nach zwei Minuten zur Führung, ganz im Stil von Gerd Müller. Neymar – wer sonst – und wieder Fred erhöhen dann auf 3 : 0.

Leider gibt es danach keine große Party, weil alle schnell wegwollen, zu ihren Familien, in den Urlaub. Wir stoßen daher nur kurz in der Kabine an, lediglich ein paar Jungs feiern noch im Hotel weiter.

Für Scolari, der 2002 mit Brasilien die Weltmeisterschaft in Japan und Südkorea gewonnen hat, den größten und wertvollsten Titel, war unser Sieg dennoch ein Meilenstein. Das konnte man aus seinen Worten im Anschluss an das 3 : 0 gegen die Spanier heraushören: »Ein so hohes Ergebnis war nicht vorgesehen und schon gar nicht gegen den Weltmeister. Doch uns darf nicht schwindlig werden, es geht hier um mehr als einen Titel: Wir haben bestätigt, dass wir auf dem richtigen Weg sind, und haben sichergestellt, ihn mit etwas mehr Zuversicht beschreiten zu können. Ich möchte hervorheben, was auch außerhalb des Platzes um dieses Team herum geschah: Es ist eine Botschaft für ganz Brasilien, denn wir müssen Freundschaft und Einigkeit zeigen, damit die Dinge wachsen und sich entwickeln.«

In den Tagen des Confed Cups hatte es Demonstrationen und teils schwere Ausschreitungen gegen die Milliardenausgaben für die WM 2014 und die Olympischen Spiele 2016 in Rio gegeben. Die Protestierenden prangerten das Missverhältnis der staatlichen Investitionen an, forderten eine andere Verteilung der Gelder, etwa für Krankenhäuser, Schulen und Universitäten. Unsere Staatspräsidentin Dilma Rousseff, die dem Finale aus Angst vor Pfiffen ferngeblieben war, gratulierte der Mannschaft »an diesem historischen Tag« in einem Schreiben.

Während der kurzen Siegeszeremonie trug ich meine goldene Fifa-Medaille um den Hals: Was mit Samba-Musik und Tänzen in der Kabine begann, wurde im Bus sowie im Hotel fortgesetzt. Dabei realisierte ich mehr und mehr: Hey, ich bin Confed-Cup-Sieger! Mein vierter Titel 2013, mein erster mit der Seleção, gleich im ersten Turnier. Auch wenn ich nur zweimal eingewechselt wurde und in meiner Statistik steht: 57 Minuten Spielzeit, die Erinnerungen und das Tor von Fonte de Nova bleiben für immer. Ich muss mich bei Gott bedanken. Ein Tor im Finale von Maracanã wäre natürlich auch toll gewesen, aber das eine in meiner Stadt, in meinem Stadion, toppte alles.

Dieser besondere Bezug zum Fonte de Nova erklärt sich aus meiner Kindheit. Von der Wohnung meines Opas bis zu »meinem« Stadion sind es nur fünf Minuten. Bis zum Alter von 14 Jahren habe ich dort gelebt und bin immer zu Fuß zum Stadion gelaufen. Das erste Mal hat mich mein Onkel Jonílson in die alte Arena Estádio Fonte Nova mitgenommen, da war ich sieben Jahre alt. Zu anderen Spielen, bei denen es nicht gefährlich werden konnte, durfte ich sogar mit Freunden gehen – ohne Aufpasser. In der brasilianischen Meisterschaft war es möglich, Kinder allein loszuschicken, weil Gästefans wegen der enormen Distanzen und Kosten selten mit ihren Teams mitfuhren. So konnte es nicht zu Rangeleien oder gar Ausschreitungen kommen.

Richtig aufregend wurde es für mich 1994. Da durfte ich das erste Mal mit zu einem Derby »Ba-Vi«, Bahia gegen Vitória. Die Stadt war richtig aufgeheizt in den Tagen zuvor, oft gab es leider sogar Ausschreitungen. Da ich noch ein Teenager war und sich meine Mutter Sorgen machte, kaufte mein Onkel Karten für einen neutralen Zuschauerblock, in dem nichts passieren konnte. Nachdem es 1 : 0 für Vitória stand, haben mich der liebe Onkel und seine Kumpels veralbert. »Haha, Dante, du Bahia-Fan!« Ich war wütend, richtig zornig und begann sogar zu weinen. Als Jonílson mich heulen sah, entschuldigte er sich für die kleine Provokation. Kurz vor Schluss, nur noch fünf Minuten waren zu spielen, stand es aus meiner Sicht immer noch 0 : 1. Am liebsten wäre ich nach Hause gegangen. Nur noch weg, die Niederlage nicht mehr mitansehen. Doch in der Nachspielzeit fiel schließlich das Ausgleichstor für Bahia – und irgendwie auch für mich. Ich jubelte und rannte wie von Sinnen zwischen die Menschenmassen auf der Tribüne. Wütend suchte mich Jonílson. Als ich wieder zurückkam, feixte ich vor Freude und Genugtuung. Jetzt war der Triumph auf meiner Seite.

Nach dem Spiel sind wir in eine Bar gegangen, in der Pagode-Sänger gespielt haben, Samba-Rhythmen überall, die Leute sangen und tanzten auf den Straßen. Allein hätte ich das nicht gedurft, mit Jonílson schon. Eine neue Welt öffnete sich mir. Es war ein unvergesslicher Tag.

Ähnlich emotional war lediglich mein erstes Länderspiel im Februar 2013 in London.

Und die Berufung natürlich, am 23. Januar 2013, dieses Datum werde ich nie vergessen. An jenem Dienstag erhielt ich nach einer Nachmittagseinheit beim FC Bayern die Nachricht, dass ich von Luiz Felipe Scolari nominiert und zum nächsten Treffen der Seleção eingeladen war. Am 26.

Februar sollte es gegen England gehen, im legendären Wembley-Stadion, dem Mekka des britischen Fußballs – besser ging es doch gar nicht!

Ausgerechnet mein Bayern-Kollege Luiz Gustavo informierte mich darüber. Er tat mir leid, da er sich ebenfalls Hoffnungen gemacht hatte, aber nicht auf der Kaderliste stand. Er hatte sein Handy nach dem Training eher angeschaltet und las als Erster von uns die News, sah den nominierten Kader. Als ich meines anmachte, hörte es gar nicht mehr auf zu piepsen und zu vibrieren. 45 verpasste Anrufe, zig SMS. Alle wollten mir die frohe Botschaft überbringen, mir persönlich gratulieren. Mit Scolari habe ich an diesem Abend nicht mehr gesprochen. Vielleicht kam er aber auch einfach nicht durch, weil mich so viele Leute anriefen und ich andauernd Glückwünsche entgegennehmen musste. Dann sehe ich ihn eben in London, dachte ich mir.

Ab dem Zeitpunkt konnte ich es gar nicht mehr abwarten. Ich fühlte mich wie ein Kind vor Weihnachten. Mein erstes Mal. Ich war sehr glücklich, doch im nächsten Moment schwor ich mir: Jetzt heißt es hart arbeiten und die Gelegenheit nutzen. Zur Presse sagte ich: »Ich hoffe, dass es die erste von vielen Berufungen sein wird. Ich bin sehr dankbar, dass mir Scolari diese Chance gibt.«

Meine Hoffnung auf einen Einsatz, womöglich sogar gleich in der Startelf, vergrößerte sich noch, da nach der verletzungsbedingten Absage von Thiago Silva nur ein weiterer Innenverteidiger im Kader stand, mein Kumpel David Luiz vom FC Chelsea. Für mich war klar, dass ich in England allen zeigen wollte, was ich draufhatte. Denn für mich war mit der Nominierung ein Traum in Erfüllung gegangen. Ich dachte auch daran, dass sich all die Mühen bisher wirklich gelohnt hatten und dass ich mir das nicht mehr nehmen lassen wollte. Ich schwor mir: Wenn ich diese Chance bekomme, gehe ich nicht mehr weg aus der Seleção. Warum ich so optimistisch, so zuversichtlich war? Ich hatte in meiner ersten Saison bei Bayern bis zum Januar auf hohem Niveau gespielt. Daher hoffte ich, dass ich Scolari und seinen Assistenten beweisen konnte, dass ich es verdiene, zu ihrem Team zu gehören. Der Druck war hoch, aber das bin ich gewöhnt, denn beim FC Bayern ist es nicht anders.

»Es hängt allein von Dante ab. Natürlich ist ein Tag Training in London zu wenig, um große Rückschlüsse zu ziehen«, sagte Nationaltrainer Scolari zu meiner Berufung. Damit hat er mich geschickt motiviert und mir gleichzeitig die Nervosität genommen. »Wenn er sich gut ins Team einfügt, unsere Erwartungen erfüllt, ist er sicherlich ein Kandidat für die Zukunft.« Schön zu hören: für die Zukunft, und die hieß Weltmeisterschaft in Brasilien. Ich freute mich und musste auch schmunzeln, denn plötzlich war ich ein neuer Hoffnungsträger – mit 29 Jahren!

Fast 30 Jahre alt musste ich werden, um mein Debüt in der brasilianischen Nationalelf feiern zu können. Es ist ein Beleg dafür, dass man an sich und die Verwirklichung seiner Ziele glauben muss, dass man nie aufgeben darf. Ich habe immer daran geglaubt, dass ich es schaffen werde. Immer. Die WM 2014 war ständig in meinem Kopf. Wäre ich allerdings in Gladbach geblieben, hätte ich wohl nie eine Chance bekommen. Es hat mir natürlich geholfen, dass der FC Bayern solch ein Global Player ist, dessen Partien auch regelmäßig im brasilianischen Fernsehen gezeigt werden.

Als ich vor meiner Zeit bei Borussia Mönchengladbach bei Standard Lüttich gespielt habe, gab es einmal die Möglichkeit, die belgische Staatsangehörigkeit anzunehmen und damit Nationalspieler Belgiens zu werden.

Doch die Leute sind damals viel zu schnell vorgeprescht, mir war das nicht recht. Daher habe ich alle weiteren Bemühungen stoppen lassen. Letztlich hatte ich nur einen Traum: die Seleção! Im Dezember 2012 kamen dann Diskussionen auf, ich könne doch für die deutsche Nationalelf spielen. Ich sagte in den Medien ganz unschuldig und auch, um höflich zu sein: »Wenn es Interesse gibt, können wir immer darüber nachdenken.« Ich kann doch nicht sagen, das interessiert mich nicht. Sehr diplomatisch war ich da, gut gemacht.

Aber mal ehrlich: So eine Neuorientierung wäre doch eine schwierige Geschichte gewesen, die ganze Sache zu kompliziert und Deutschland hat traditionell hervorragende Innenverteidiger. Eigentlich kam auch das für mich nie infrage, denn wie bereits erwähnt: Mein Ziel war die Seleção! Meine Gedanken kreisten immer um die brasilianische Nationalelf.

Mein Debüt in der Nationalmannschaft endete 1 : 2. Wayne Rooney und Frank Lampard trafen für England, zwischenzeitlich hatte Fred ausgeglichen. Leider hatte ich nicht gerade meinen besten Tag, wir alle nicht – aber es war zum Glück nur ein Test. Für mich war es ein ganz besonderer Moment in meiner Karriere. Da wir verloren hatten, konnte ich kaum zufrieden sein. Aber immerhin hatte ich ein Ziel erreicht: nicht zu versagen. Im Grunde hatte ich nur diese eine Chance. Warum sollte der Nationaltrainer einen fast 30-jährigen Debütanten wieder berufen, wenn dieser seine Premiere verbockt hätte?

Was mir den Einstieg in das Team erleichterte, waren die anderen Spieler. Die Integration in der Gruppe verlief super. Es war, als ob ich die Jungs alle schon seit Langem gekannt hätte. Wir haben viel geredet, viel gelacht, viel Quatsch gemacht. Trainer Scolari hat mir vom ersten Tag in London an ein gewisses Vertrauen geschenkt, ich spürte sofort, dass er eine Atmosphäre wie in einem Verein schaffen wollte, dass ihn die Spieler wie einen Vater sehen sollten. Wir haben nicht viel gesprochen, er hat mir lediglich verraten, dass ich in der Startelf spielen würde. Plötzlich hat er mich mit ernster Miene gefragt: »Bist du nicht zu nervös dafür?« Dann hat er gelächelt, war wohl nur ein Witz. Ich antwortete ihm: »Wenn es etwas gibt, was ich in meinem Leben nicht kenne, dann ist es Angst.«

Nach dem Testspiel fühlte ich mich trotz der Niederlage super. Auf der Rückreise von London nach München wurde mir bewusst, dass ich einfach weiter hart arbeiten musste, um wieder eine Einladung zu bekommen. Jeden Tag, jede Woche. Denn es gab keine Garantie, aber Hoffnung und den Glauben an mich selbst. Scolari war offenbar zufrieden mit meiner Leistung und machte mir mit diesem einen Satz gegenüber Reportern ein Riesenkompliment: »Brasilien hat jetzt einen Innenverteidiger mehr.« Mir sagte er: »Ich habe gesehen, dass du ein mutiger Kerl bist, dass ich mir dahingehend keine Sorgen machen muss.«

Also kann ich mit Stolz behaupten: Das ist die Geschichte von einem, der immer an sich geglaubt hat und nie aufgibt.

Nach meinem Debüt hoffte ich natürlich darauf, auch bei der WM 2014 dabei sein zu dürfen. Die nächste Nominierung für die Seleção stand schon Anfang März an, diesmal für die Länderspiele gegen Italien in Genf am 21. März und vier Tage später gegen Russland in London. Ich war wieder dabei. Gegen Italien kam ich sogar über 90 Minuten zum Einsatz – und das Beste: Wir haben nicht verloren, sondern immerhin unentschieden gespielt, 2 : 2. Gegen Russland wurde ich dann geschont, was mir aber nichts ausmachte. Denn nun hatte ich das gute Gefühl, so richtig dazuzugehören, keine Eintagsfliege gewesen zu sein.

Vor dem Confed Cup waren noch zwei Testländerspiele angesetzt. Das erste war jenes, um das es so viel Ärger gab zwischen dem brasilianischen Verband und dem FC Bayern wegen des DFB-Pokal-Finales in Berlin. Bei jenem 2 : 2 gegen England kam ich gar nicht zum Einsatz.

Dafür war ich allerdings eine Woche später in Porto Alegre beim 3 : 0 gegen Frankreich auf dem Feld, wenn auch nur für ein paar Minuten nach meiner Einwechslung in der 87. Minute. Mein dritter Einsatz für die Seleção, mein erster Sieg. War doch eine gute Steigerung: Niederlage, Unentschieden, Sieg. So konnte es weitergehen.

3.

Triplesieger unter Jupp

Mein erstes Jahr beim FC Bayern München begann mit einer Pleite. Ende Mai 2012, fünf Wochen vor meinem eigentlichen Vertragsbeginn am 1. Juli, verfolgte ich das Drama in meiner Heimatstadt Salvador. Ich hatte Urlaub, saß in Flip-Flops als Zuschauer vor dem Fernseher, und dennoch fühlte es sich an, als hätte ich mitgespielt. Ich kam mir vor wie einer von ihnen, wie ein Verlierer. Es war, abgesehen vom Champions-League-Endspiel 1999 gegen Manchester United, wohl die schlimmste Pleite der Vereinsgeschichte. Ich meine das »Finale dahoam«. Diesen bayerischen Begriff für das Champions-League-Endspiel, das die Bayern damals zu Hause in der Münchner Allianz Arena gegen den FC Chelsea London austragen konnten, habe ich bald nach meiner Ankunft gelernt. Jenes grausame Spiel war noch lange in aller Munde.

Ich hatte Freunde zu mir nach Hause eingeladen, wie in all den Jahren davor schauten wir das Champions-League-Finale zusammen an, zu der Zeit hatte ich ja stets Sommerferien nach Ende der Saison in Europa. Wegen der Zeitverschiebung begann das Endspiel in Brasilien um 16.45 Uhr. Ich war an diesem Tag Bayern-Fan und stellte mir vor, wie es wäre, einen Monat später zu einem frisch gekrönten Champions-League-Sieger zu kommen, einem Klub, in dem alle Mitarbeiter bester Laune waren.

Doch alles kam anders, dieses Finale gegen Chelsea wurde für die Bayern eine Tragödie. Es war wie manchmal beim Tennis: Ein Spieler ist klar überlegen, hat mehrere Matchbälle, vergibt diese und verliert am Ende knapp. Ich glaube, es war Schicksal. Die Bayern hätten eigentlich ganz klar gewinnen müssen, schon nach 90 Minuten mit 2 : 0 oder 3 : 0. Nach Thomas Müllers Kopfballtor zum 1 : 0 dachte ich, das wäre der Sieg – bis Chelseas Didier Drogba kam und kurz vor Ende der regulären Spielzeit das 1 : 1 erzielte. Und dann verschoss Arjen Robben beim Stand von 1 : 1 auch noch diesen Elfmeter in der Verlängerung! Beim Elfmeterschießen war ich unheimlich nervös, habe mir die Hände vors Gesicht gehalten, ich konnte es nicht mitansehen. Drogba verwandelte den letzten Elfmeter, Chelsea siegte 4 : 3. Die Engländer konnten ihr Glück kaum fassen. Ich war sehr traurig, wusste, wie brutal das für meine künftigen Mitspieler sein musste. Im Fernsehen sah ich die Gesichter der Jungs, die Tränen in ihren Augen, all das hat mich sehr berührt. Ich glaube, irgendjemand wollte nicht, dass Bayern dieses Finale gewinnt. Und meine Geschichte im Zusammenhang mit diesem Verein musste wohl genau so beginnen: mit einer Katastrophe als Ausgangspunkt.

Ende Juni bin ich wieder nach Deutschland geflogen, auf der Reise wurde mir bewusst, welch bedeutender Karriereschritt jetzt anstand. Ich dachte: »So, jetzt geht's los. Jetzt muss ich ab dem ersten Tag zeigen, warum ich hier bin, was ich hier erreichen will.«

4,7 Millionen Euro hatte der Rekordmeister für mich an Borussia Mönchengladbach überwiesen, und ich hatte einen Vertrag bis 2016 unterschrieben. Auf keinen Fall wollte ich ein weiteres Beispiel für einen Spieler werden, der zum FC Bayern kommt, es nicht schafft und nach einem Jahr den Verein wieder verlassen muss. Vom ersten Tag an wollte ich der

Mannschaft helfen, möglichst als Stammspieler. Dass das schwierig werden würde, wusste ich. Es war, als müsste ich mit 28 Jahren bei null anfangen. Keiner der Experten hatte mich wirklich auf der Rechnung, die meisten glaubten wohl, ich würde es nicht packen angesichts meiner drei Konkurrenten um die zwei Plätze in der Innenverteidigung. Immerhin waren sie alle Nationalspieler: die DFB-Abwehrspieler Jérôme Boateng und Holger Badstuber sowie der belgische Routinier Daniel Van Buyten. Doch für mich war immer klar: Wenn ich eine kleine Chance bekommen sollte, würde ich diese nutzen. Mein Vater gab mir in einem Telefonat etwas mit auf den Weg, was mir Kraft geben und Mut machen sollte: »Wenn du zu Bayern gehst, musst du mehr als 500 Löwen pro Tag in dir töten, vielleicht 1000.« Ich war bereit für die größte Herausforderung meines Lebens.

Die ersten zwei Wochen in München habe ich mit meiner Familie im Hotel gewohnt. Unser Haus in Grünwald war noch nicht frei, der Vormieter noch nicht ausgezogen. Doch das war nicht wichtig. Mein Stichtag hieß 3. Juli, der erste Trainingstag an der Säbener Straße. In der Nacht davor habe ich vor lauter Nervosität nicht wirklich gut schlafen können. Nach dem Frühstück im Hotel traf ich mich mit meinem Berater Marcus Marin, Luiz Gustavo und Rafinha, die beide schon bei Bayern unter Vertrag standen. Ich war froh, dass meine Landsleute mir am ersten Tag bei Bayern helfen konnten. Wir sind mittags gemeinsam zum Trainingsgelände gefahren. Dort angekommen, machten Luiz und Rafa mit mir einen Einführungskurs inklusive Rundgang, um all meine Fragen zu beantworten: Wo parke ich mein Auto? Wo geht es in die Kabine, wo zum Essen? Wo finden die Besprechungen statt, was passiert mit der Schmutzwäsche? Was muss ich beachten? Was ist gestattet, was ist verboten? Mittags haben wir dann in der Bayern-Kantine gegessen. Als Rückennummer hatte ich mir die »4« ausgesucht, in Lüttich bin ich mit dieser Nummer immerhin Meister geworden. Die »31«, die ich zuletzt in Gladbach getragen hatte, war leider vergeben, an Vizekapitän Bastian Schweinsteiger. Um 15 Uhr war Trainingsauftakt, eine Stunde vorher sollten wir Spieler auf dem Gelände sein. In der Kabine habe ich mich erst einmal allen Spielern, Trainern und Physiotherapeuten vorgestellt: »Hallo, ich bin Dante. Ich freue mich, hier bei euch zu sein.« Ich wollte so schnell wie möglich viel Kontakt haben zu den Leuten, mich austauschen, etwas lernen, alles Mögliche erfahren. Nicht nur über den Verein, sondern auch über Restaurants und anderes, einfach viele Tipps für das Leben in München bekommen.

Kurz vor 15 Uhr kam Trainer Jupp Heynckes in die Kabine und begrüßte mich vor allen Spielern mit den Worten: »Endlich haben wir noch einen echten Mönchengladbacher im Kader!« Heynckes ist nämlich dort geboren, hat bei der Borussia gespielt und sie trainiert. Alle haben gelacht, und mir gab das gleich ein gutes Gefühl. Danach hielt Vorstandschef Karl-Heinz Rummenigge eine etwa zehn Minuten lange Ansprache in der Kabine und begrüßte alle Neuzugänge: Claudio Pizarro, Xherdan Shaqiri, Mitchell Weiser und Emre Can sowie die beiden Torhüter Tom Starke und Lukas Raeder. Ich war einer von sieben Profis, für die das Bayern-Abenteuer begann.

Dann ging es raus auf den Platz. Um 15.20 Uhr kickte ich zum ersten Mal in Bayern-Klamotten. Was für ein Moment! Dieses erste Training nach den Sommerferien war ganz schön hart. Wir haben sofort mit dem Ball geübt: Pässe, Positionsspiele, direktes Spiel. Zack, zack, zack – gerade noch hatte ich Urlaub und jetzt war ich plötzlich mittendrin in meinem leuchtend orangefarbenen Bayern-Trainingsshirt. Natürlich wollte ich keine Fehler machen, nicht gerade beim ersten Mal. Rund 400 Fans waren zum Zuschauen gekommen, an einem Dienstagnachmittag außerhalb der Ferienzeit. Unglaublich! So viele Trainingsbesucher hatten wir in Gladbach fast nie. Dass es ein ganz anderes Niveau war im Vergleich zur Borussia, wurde mir schnell klar: Bei Bayern sind ja fast alle Nationalspieler. Hier siehst du auch im Training kaum Fehler, die Aktionen sind schneller, cleverer. Aber ich habe es ganz gut gemacht, denke ich. Es war insgesamt wirklich ein sehr schöner Tag für mich, abends habe ich meinen Papa angerufen und ihm alles erzählt.

Kurz darauf ging es für eine Woche ins Trainingslager nach Riva am Gardasee, danach stiegen auch die Nationalspieler, die bei der EM waren, wieder ins Training ein. Erst jetzt sah ich, wie viele Weltklassespieler bei Bayern im Kader sind. Wenn wir elf gegen elf im Training gespielt haben, musste ich mal gegen Mario Mandžukić verteidigen, mal gegen Mario Gomez, mal gegen Claudio Pizarro. Unglaublich! So viel Qualität.

Die beiden Kapitäne Philipp Lahm und Bastian Schweinsteiger haben mich bestens aufgenommen und mir bei der Eingewöhnung geholfen. Basti hat gemeint, dass er mich für einen richtig guten Abwehrspieler hält und sich freut, dass ich nun für Bayern spiele. Das tat richtig gut. Philipp ist der etwas ruhigere Typ, er führt eine Mannschaft souverän und mit Bedacht. Schweini dagegen ist verrückt, wir lachen immer viel, wenn wir zusammen sind. Torhüter Manuel Neuer war auch von Beginn an sehr nett zu mir. Ich habe mich also gleich wohlgefühlt, und das hat mich zuversichtlich gestimmt. Meine Vereinswahl war also nicht falsch gewesen. Während der ersten Trainingswochen habe ich versucht, ein Gespür dafür zu bekommen, wie die Mannschaft tickt. Wie sehr arbeitete noch das »Finale dahoam« in den Köpfen der Spieler? Nach außen zeigte keiner offen die Enttäuschung, sie sprachen auch nicht über das Chelsea-Spiel.

Dennoch lag bei jedem Training ständig etwas in der Luft, dieser Gedanke der Revanche. In jeder Übung ging es sehr aggressiv zur Sache, aber nur so kannst du etwas gewinnen. Der ganze Kader hatte diesen enormen Hunger in sich, die Gier, in dieser Saison endlich die Titel zu holen, nachdem die Mannschaft in der Saison 2011/12 weder die Champions League noch die Meisterschaft noch den DFB-Pokal hatte gewinnen können. Dieser Spirit, die Motivation aus all den Niederlagen des Vorjahres zu ziehen, hat uns die ganze Saison über ausgemacht. Für mich als einen der Neuzugänge war es natürlich einfacher, denn ich musste nicht den Rucksack der Triplevizesaison tragen. Also habe ich es als meine Aufgabe gesehen, immer positiv zu sein, die Jungs nach dieser furchtbaren Saison zu motivieren und wieder aufzubauen. Bei jedem kleinen Fehler im Training habe ich gerufen: »Macht nix! Weiter, Jungs!«

Schnell habe ich verstanden, wie du beim FC Bayern ticken musst. Du spielst ein Spiel, du gewinnst es, danach vergisst du es. Alle konzentrieren sich sofort wieder auf das nächste Spiel. Nur das zählt. Nur so geht es.

Wenn du bei Borussia Mönchengladbach spielst, ist Platz vier sensationell, Rang fünf oder sechs gut. Beim FC Bayern gibt es dagegen nur eine Tabellenplatzierung, die interessant ist: Platz eins. Das ist der große Unterschied. Und diese Philosophie, immer der Beste sein zu wollen, hat bei Bayern jeder einzelne Angestellte verinnerlicht. Alles arbeitet und strebt für den Erfolg, dieser Gedanke verbindet alle wie ein unsichtbares Band. Andererseits entsteht auf diese Weise natürlich auch ein immenser Druck, aber ich mag das und kann damit umgehen.

Dieses Gefühl im Verein, dieses Selbstverständnis hat mir von Anfang an imponiert. Hier will man einfach jedes Spiel gewinnen – und ist nicht schon froh, wenn man wenigstens nicht verloren hat, so wie das in anderen Vereinen der Fall ist. Hier geht es nur um den Erfolg. Und genau das wollte auch ich immer in meinem Leben: arbeiten, um zu gewinnen. Es kann doch nicht sein, dass ich die ganze Woche hart arbeite nur für ein Unentschieden, und irgendjemand sagt dann: »Ist schon okay.« Es kann doch nicht sein, dass man harte Läufe, all die Konditionsarbeit im Kraftraum sowie die Taktikeinheiten für nichts macht – für ein 1 : 1. Nein! Auch bei der Seleção ist es so: Diese Mannschaft muss ebenfalls immer gewinnen!

Was meine Spielweise betraf, musste ich mich schnell umstellen. Jeder Pass bei Bayern muss scharf, aber ruhig gespielt werden. Ballannahme, Ballkontrolle, Ballweitergabe – das wird ständig geübt. Aber in höchstem Tempo. Es ist ein ganz anderer Fußball als in Mönchengladbach. Dort haben wir nach der Balleroberung meist steil nach vorne gespielt, versucht, einen Konter zu setzen. Meine Aufgabe war es, aus der Innenverteidigung heraus den öffnenden Pass scharf in den Rücken der gegnerischen Abwehr zu spielen. Das war mit viel Risiko verbunden. Hier bei Bayern kontrollieren wir erst einmal den Ball, spielen auf die Seite und dann über die Flügel. Es geht um Sicherheit, da konnte ich einiges lernen.

Als ich in München loslegte, rief mich Trainer Heynckes in den ersten Wochen zu sich in sein Büro. Er wollte noch einmal mit mir darüber sprechen, wie er meine Rolle sah, was er mit mir vorhatte und auch wie ich selbst glaubte, für die Mannschaft am wichtigsten zu sein. Ich sagte ihm: »Trainer, der FC Bayern hat mich als Innenverteidiger verpflichtet. Aber als Linksfuß kann ich auch Linksverteidiger spielen, das habe in Belgien auch schon gemacht. Wenn Not am Mann ist – kein Problem, dann stelle ich mich gerne in den Dienst der Mannschaft. Trainer, egal, wo Sie mich aufstellen: Ich gebe immer Vollgas!«

Doch dazu kam es gar nicht. Während des Trainingslagers am Gardasee zog sich unser Linksverteidiger David Alaba einen Ermüdungsbruch zu und fiel daher wochenlang aus. Meine Ausgangslage war nun die: Holger Badstuber und Jérôme Boateng, die beiden deutschen Nationalspieler, waren einen Tick vorne im Duell mit Daniel Van Buyten um die zwei Plätze für die Innenverteidigung. Ich mag Konkurrenzkampf. Es ist gut für eine Mannschaft, wenn jeder um seinen Platz kämpfen muss. Das hält einen wach und unter Spannung, macht das Team besser. Die berühmte Qual der Wahl hat dann immer der Trainer. Nach Alabas Verletzung rückte Badstuber nach links. Das war meine Chance. Ich wusste: Ich muss mich sofort zeigen, sofort beweisen, was ich kann. Denn bei Bayern hat man keine Zeit. Wenn du einen Fehler machst, kommst du auf die Bank. Läuft es dann erst einmal in der Mannschaft, wird es schwierig für Ersatzspieler, wieder in die erste Elf zu kommen. Mein Kumpel Rafinha hat das in jener Saison leidvoll erfahren müssen. Mein erstes Bundesligaspiel im Bayern-Trikot bestritt ich auswärts bei Greuther Fürth. Es war ein wahnsinnig heißer Samstagnachmittag, und ich stand für viele Experten und Journalisten überraschend in der Startelf. Wir siegten souverän 3 : 0, am ersten Tor war ich sogar beteiligt. Nach einer Ecke sprang ich hoch, köpfte den Ball aufs Tor. Fürths Keeper konnte nur kurz abwehren und Thomas Müller staubte ab – 1 : 0. Was für ein cooler Start! Es war ein super Gefühl. In der Bundesliga lief es von Beginn an sehr gut, wir siegten in acht Spielen hintereinander. Und schon hatte ich den ersten Rekord abgestaubt: einen Bundesliga-Startrekord! Ein ganz entscheidendes Spiel jener Saison war das am 3. November in Hamburg, das 3 : 0 endete. Zuvor hatten wir das Heimspiel gegen Leverkusen ganz unglücklich mit 1 : 2 verloren. Trotzdem erzielten wir danach in einem unserer besten Saisonspiele einen souveränen Sieg beim HSV. Ich habe gespürt, dass es jetzt lief, dass wir so Meister werden konnten.

In den ersten Wochen musste ich mich manchmal kneifen. Ich hatte es gepackt, war Stammspieler geworden und habe jedes Spiel in der Bundesliga und in der Champions League von Beginn an mitgemacht, wurde nur mal im DFB-Pokal geschont. Jérôme und Holger haben sich abgewechselt, bis sich Jérôme im November einen Muskelfaserriss zuzog. Dann kam der 1. Dezember, Heimspiel gegen Borussia Dortmund. Zeit für eine Revanche an den Schwarz-Gelben nach deren Meisterschaften 2011 und 2012. Die Partie endete 1 : 1, keine wirkliche Revanche, aber der eine Punkt war für uns doch ganz okay, weil wir in der Tabelle damit elf Punkte vor dem BVB blieben. Doch das wirklich Tragische an diesem Samstagabend war der Kreuzbandriss von Holger, meinem Partner in der Innenverteidigung. Für mich war es schlimm, das hautnah auf dem Platz mitzuerleben. Er lag am Boden, schrie vor Schmerzen und hat sofort signalisiert: Da geht nichts mehr. Ich war traurig und es machte mich auch sehr nachdenklich. Dein Glück kann sehr schnell vorbei sein. Ein Moment, ein Foul – schon erwischt es einen. Eine blöde Verletzung – und alles kann vorbei sein. Was Holger passiert ist, war für mich ein Schock und für die ganze Mannschaft eine Katastrophe. Aber es musste ja weitergehen. Danach habe ich mich mehr und mehr mit Jérôme eingespielt, wir haben uns immer besser aufeinander abgestimmt.

Und auch was die B-Noten betrifft, also im tänzerischen Ausdruck, konnten wir uns steigern. Natürlich lag das an uns Südamerikanern. Bei unserem 6 : 1 gegen meinen ehemaligen Verein OSC Lille am 7. November traf unser Peruaner Claudio Pizarro dreimal, zum 2 : 0, 4 : 0, 5 : 0, ein Hattrick. Wie vorher abgesprochen, sind wir beide nach Pizzas zweitem Treffer zur Auswechselbank gelaufen, zu Rafinha, der schon an der Seitenlinie auf uns wartete. Beim Mittagessen hatte Rafinha uns nämlich vorgeschlagen, einen Tanz mit ein paar Samba-Schritten aufzuführen, den Pizza noch nicht kannte. »A Dança do Arrocha« ist in Brasilien sehr populär.

Unser Kapitän Philipp Lahm meinte später im Spaß, das habe nicht so überragend ausgesehen. Und es war in der Tat noch ausbaufähig. Also war es für mich an der Zeit, eine Soloeinlage zu planen. Doch bei welcher Gelegenheit? Zweieinhalb Wochen später gelang mir mein erstes Tor im Bayern-Trikot. Beim 5 : 0 gegen Hannover traf ich per Kopfball zum 4 : 0. Danach konnte ich mich nicht zurückhalten und habe vor der Haupttribüne getanzt, ganz spontan, ein paar Schritte, einfach so. Die Reporter wollten danach wissen: »Dante, was war das für ein Tanz?« »Nichts Besonderes«, antwortete ich, »das ging einfach nur so: rechts, links, pam-pam, ram-ram, pam-pam.« Die Schritte sind aus einem Song von Edcity aus meiner Heimat Bahia.

In Brasilien sagt man über mich, ich wäre auf dem Platz ein Deutscher, weil ich so diszipliniert spiele. Daher habe ich einmal in einem Interview im Spaß gesagt: »Brasilianer bin ich nur im Urlaub!« Tatsächlich habe ich in Deutschland gelernt, mich noch mehr zu konzentrieren. Früher war das meine große Schwäche, da war ich manchmal zu nachlässig. Auch die Ernsthaftigkeit und Kompromisslosigkeit, das Lieblingswort von Jupp Heynckes, habe ich in der Bundesliga gelernt. Und so habe ich als Verteidiger die richtige Balance gefunden. Und wenn man dann mal ein Tor macht als Abwehrspieler, wird man doch wohl auch tanzen dürfen!

Heynckes verriet mir übrigens in der Hinrunde, dass der ehemalige Sportdirektor Christian Nerlinger Anfang 2012 die Idee gehabt hatte, mich zu verpflichten. Er hatte bei Vorstandschef Karl-Heinz Rummenigge vorgesprochen und für mich geworben: »Dante wird sich bei uns verbessern, wir können ihn zu einem Schnäppchenpreis haben.« Im Juli, einen Tag bevor ich bei Bayern mit dem Training begann, wurde Nerlinger von Matthias Sammer, der Sportvorstand wurde, abgelöst. Trotzdem habe ich Christian ein paar Wochen später angerufen und mich mit ihm getroffen, um ihm persönlich zu danken. Wir haben einen Kaffee getrunken und uns etwas unterhalten. Dass mein Transfer zu Bayern wohl nicht die schlechteste Idee war, zeigte auch eine Auszeichnung. Das Fachmagazin *Kicker* wählte mich zum besten Innenverteidiger der Hinrunde 2012/13, eine Bestätigung meiner Arbeit.

Wir flogen nur so durch die Saison, bauten unsere Siegesserie in der Bundesliga weiter aus, erreichten unter anderem durch ein 1 : 0 im DFB-Pokal-Viertelfinale gegen Borussia Dortmund das Endspiel in Berlin. Wegen unseres großen Vorsprungs in der Liga konnte Trainer Heynckes perfekt rotieren, hin und wieder Spielern eine Pause gönnen, sie schonen. Ab dem Frühjahr haben wir uns im Grunde hauptsächlich auf die Champions League und den DFB-Pokal konzentriert. Den ersten Titel konnten wir schon Anfang April klarmachen, so früh wie noch nie ein Verein in der Bundesligahistorie. An einem winterlich frischen 6. April mussten wir bei der Eintracht in Frankfurt antreten. Wir wussten, dass wir mit einem weiteren Sieg durch wären. Meister! Uneinholbar! Unser Basti traf mit der Hacke zum 1 : 0 – ein Sensationstor von Schweinsteiger, dem Anlass angemessen. Bayerns 23. Meistertitel war mein erster großer Titel – mal abgesehen von der Meisterschaft in Belgien mit Standard Lüttich und dem DFL-Supercup zu Beginn der Saison mit Bayern.

Doch wir hatten nichts zu feiern, nichts Symbolisches in der Hand. Als wir vor der Bayern-Kurve standen, sah ich, dass ein Fan eine überdimensionale Stoffschale dabeihatte, damit am Zaun wedelte und winkte. Ich lief hin, wollte das Ding haben. Fan Daniel antwortete ganz cool: »Nur wenn du mir dein Trikot gibst.« Das fand ich so lässig und frech, dass ich ihm sofort mein Hemd gab. Weil es ohne Trikot recht frisch war, bin ich dann quer über den Platz Richtung Kabine gesprintet, um sie den Mitspielern zu präsentieren. Die Bayern-Fans waren begeistert. In der Kabine war die Stimmung heiter und locker, aber nicht total ausgelassen. Über einen iPod samt Verstärker legte ich etwas Samba-Musik auf. Dann gab es ein paar Bierchen, nicht extrem, und das war's. Schließlich war schon lange klar, dass wir Meister werden würden, nur noch nicht, wann. Außerdem waren wir hungrig auf weitere Titel, nicht bierdurstig. Doch meine Freude musste raus, also tänzelte ich in Schlappen und mit einem kleinen Radio auf der Schulter zu den Reportern in die Mixed Zone, um Interviews nach dem Spiel zu geben.

Auf dem Heimflug nach München bekamen wir dann alle ein Glas Champagner und stießen über den Wolken an. Meine Stoffschale wollten jetzt alle haben, sich damit fotografieren lassen. Während ein paar Jungs noch zum Münchner Szene-Italiener »H'ugo's« zum Pizzaessen gegangen sind, bin ich vom Flughafen direkt nach Hause gefahren. Ich wollte die Stoffschale doch meinen Kindern zeigen. Sophia und Diogo waren dann auch total happy über Papas Mitbringsel.

Im Mai wurde uns nach dem letzten Heimspiel gegen Augsburg dann die echte Meisterschale überreicht. Ein erhabener, großer Moment. Unsere Party war gut, echt gut. Besser als das Spiel, das wir zunächst recht mühsam, aber dann doch mit 3 : 0 gewannen. Gefeiert haben wir danach bis fünf Uhr morgens. Trainer Heynckes hatte uns für Sonntag und Montag freigegeben. Nach dem Spiel in der Allianz Arena sind wir in Cabrios durch die Münchner City bis zum Rathaus gefahren, ich war im

Latino-Cabrio mit Rafinha, Luiz Gustavo, Javi Martínez und Claudio Pizarro und trug eine Lederhose wie sonst nur auf dem Oktoberfest und eine dieser Glitzerspaßbrillen. Wir hatten trotz des miesen Wetters eine Riesengaudi. Ob Regen oder Bier, nass wurde ich ständig, entweder drohte ein Schauer oder eine Bierdusche von einem der Kollegen.

Mitte Mai habe ich mir die Stoffschale dann wiedergeholt. Wir haben das gute Stück nämlich ins Museum, in die »Erlebniswelt« der Allianz Arena, gebracht – als Platzhalter für das Original. Am Montag nach diesem letzten Heimspiel gegen Augsburg, bei dem wir die richtige Meisterschale überreicht bekamen, fuhr ich in Begleitung eines Bayern-Mitarbeiters zur Arena und brachte das Original ins Museum. Ich durfte die Stoffschale als Andenken behalten.

Eine Woche später stieg unsere Generalprobe für das Champions-League-Finale am 25. Mai in London gegen Dortmund. Heynckes rotierte nun nicht mehr, weil sich eine Stammelf finden sollte. Als wir an diesem 34. und letzten Spieltag im Gladbacher Borussia-Park spielten, war dies meine erste Rückkehr in die alte Heimat, in mein ehemaliges Heimstadion. Doch wie würden die Gladbach-Fans reagieren? Diese Frage beschäftigte mich in den Tagen vor dem Spiel. Ich hatte jedoch nicht gedacht, dass die Pfiffe gegen mich so heftig werden würden, wie es bei unserem 4:3-Sieg schließlich war. Das hat mich schon sehr getroffen, andererseits aber auch gefreut – denn die Wut der Gladbacher zeigte mir, dass die Leute sauer waren, weil ich weggegangen war. Ich war ihnen eben nicht egal, war ihnen noch wichtig. Sie hatten mich ja früher gemocht. Doch nun war ich ein Bayern-Profi. Und Meister!

In der Champions League hatten wir vor dem Finale drei harte K.-o.-Runden zu überstehen. Zunächst brachte uns das Los den FC Arsenal für das Achtelfinale. Das Hinspiel in London war eines unserer besten Saisonspiele, da haben wir gleich bewiesen, dass wir die Königsklasse gewinnen können. Dieses 3 : 1 in London war eine Demonstration der Stärke. Im Rückspiel in München haben wir dann jedoch gesehen, wie schnell im Fußball alles vorbei sein kann. Erst fiel das 0 : 1. Na gut, dachten wir, kann passieren. Kurz vor Ende der Partie dann das 0 : 2. Plötzlich war höchste Alarmstufe gegeben. Noch ein Gegentreffer, und wir wären draußen gewesen, hätten all die Arbeit eines Jahres in wenigen Minuten zerstört, und das nur aus Unkonzentriertheit. Doch es blieb beim 0 : 2, ging gerade noch mal gut. Das war uns eine Lehre. Auf diesem Niveau kann sich so etwas rächen – aber dieses Mal waren wir noch mit einem blauen Auge davongekommen.

Alle unsere verletzten oder geschonten Spieler wie Bastian Schweinsteiger etwa wären in den letzten Minuten fast gestorben vor Nervosität, wie sie mir später erzählten. Ich weiß, wie schlimm das ist, der eigenen Mannschaft von der Tribüne aus zusehen zu müssen und nicht helfen zu können. Ich werde da fast verrückt. Auf dem Platz zu stehen ist viel angenehmer. Auch in der Schlussphase gegen Arsenal hatte ich keine Angst, war ruhig und hellwach.

In den Viertelfinalspielen gegen Juventus Turin haben wir dann zweimal sehr konzentriert gespielt, sehr kompakt gestanden – und zweimal 2 : 0 gewonnen. Dann kam das Halbfinale gegen den FC Barcelona, die Übermannschaft der vergangenen Jahre. Was soll ich sagen? Die Ergebnisse sprechen für sich: 4 : 0 und 3 : 0. Unglaublich. Wir hatten aus der Beinahepleite gegen Arsenal gelernt und vor allem defensiv nichts zugelassen. Meiner Ansicht nach war das 4 : 0 gegen Barça in der Allianz Arena unser bestes Spiel in der gesamten Saison. Als Gegner liefen da ja nicht irgendwelche Spieler auf, nein, da gab es Xavi, Iniesta, Messi, Pedro, Sánchez und all die anderen Superstars. Hinterher haben viele Leute gemeint, dass Messi angeschlagen war und zuvor lange verletzt gewesen sei. Damit habe Barça der beste Fußballer der Welt gefehlt. Doch vier Tage danach hat Barcelona in Bilbao gespielt und er hat dabei ein überragendes Tor erzielt, sein 44. Saisontor. Warum Messi nicht gegen uns getroffen hat? Weil wir zu stark waren, in der Abwehr zu gut standen. Wir haben ihnen keine Zeit zum Denken, keine Luft zum Atmen gegeben. Barça hatte vielleicht eine Torchance. Eine!

Mann, hat das Spaß gemacht! Müller, Robben, Gomez, Müller – 4 : 0, der Wahnsinn! Schon vor dem Spiel war ich voller Elan und Adrenalin, allein die Tatsache, in dieser Partie dabei zu sein, fand ich grandios. Wenn solche »Big Matches« anstehen, spüre ich aber keine besondere Nervosität, eher riesige Vorfreude. Schade nur, dass ich mit keinem Barça-Spieler das Trikot tauschen konnte. Ich wollte eigentlich das Shirt von Messi haben, aber er war so enttäuscht, dass er nach dem Schlusspfiff schnell in der Kabine verschwunden ist – was ich verstehen konnte.

Auf das Rückspiel im legendären Stadion Camp Nou von Barcelona musste ich dann leider kurzfristig verzichten, weil mich eine Erkältung seit zwei Tagen nervte. Ich habe noch das Abschlusstraining in Barcelona mitgemacht und es versucht, doch dann haben wir gemeinsam mit Jupp Heynckes entschieden, kein Risiko einzugehen. Zudem hatte ich im laufenden Wettbewerb bereits zwei Gelbe Karten kassiert und wäre bei einer weiteren Verwarnung für das Finale in Wembley gesperrt worden. Außerdem stand ja mit dem 35-jährigen Daniel Van Buyten ein echter Routinier parat. Im Notfall hätte ich natürlich gespielt. Aber was sollte bei einem Vorsprung von 4 : 0 noch passieren? Eben. Nichts. Messi fehlte diesmal verletzt und wir waren sehr gut drauf, haben souverän 3 : 0 gewonnen. Wow! In der Kabine tanzten wir und sangen: »Fi-na-le! Oh-ho!«

Am Tag des Endspiels von London haben wir dann morgens ein leichtes Training zum Anschwitzen gemacht. So ein Tag zieht sich immer wie Kaugummi in die Länge. Du wartest eigentlich nur darauf, dass es losgeht, dass der Bus endlich Richtung Stadion fährt. Wir Spieler hängen dann in unseren Zimmern herum, ich lese meist etwas, höre Musik, telefoniere mit meiner Frau, den Kindern. Es geht vor allem darum, sich abzulenken, an etwas anderes als das Finale zu denken, ein bisschen Spaß zu haben. Manchmal lege ich mich auch für eine Stunde hin, Entspannung ist ganz wichtig für mich in solchen Momenten. Man muss dann aber rechtzeitig wieder Spannung aufbauen. Ich lese immer all die Nachrichten, die aufs Handy kommen, auch wenn ich nicht auf jede antworte. Aber das pusht mich, das ist alles positive Energie. Ein wenig trainieren, gut essen, schlafen – und dann geht's los.

Ich habe gespürt, wie irre konzentriert und fokussiert die ganze Mannschaft war, insbesondere natürlich die Spieler, die das Finale 2012 verloren hatten. Schon am Morgen beim Training lief alles richtig gut. Dazu kam, dass alle gesagt haben, Bayern sei der Favorit gegen Dortmund. Ein Sieg wäre also für die meisten Leute normal gewesen, eine Niederlage gleich eine Katastrophe. Was ja auch stimmte, weil es für den Verein dann die dritte Finalpleite innerhalb von vier Jahren gewesen wäre.

Als wir ins Stadion eingelaufen sind, hatte ich Gänsehaut, ein bisschen Herzklopfen. Aber das ist normal, Fußball ist Emotion, Adrenalin. Ich habe nur gedacht: Jetzt müssen wir alles geben, wir müssen dieses Spiel gewinnen. Für den ganzen Verein, für die Fans, für uns.

Dortmund überraschte uns zu Beginn ein bisschen, spielte frech nach vorne. Aber nach 20, 30 Minuten hatten wir uns gefangen, unsere Nervosität ablegt und den Druck, der auf uns lastete, in Energie umgewandelt. Nach 29 Minuten bekam ich die Gelbe Karte. Das hieß, ich musste nun über eine Stunde des Spiels höllisch aufpassen. Dann war Pause, 0 : 0. Wir sprachen uns Mut zu, motivierten uns, denn wir waren uns einfach sicher: Diesmal sind wir dran! In der 60. Minute dann unser 1 : 0. Arjen Robben lieferte die Vorarbeit zum Treffer von Mario Mandžukić, unserem Torjäger. Doch die Führung hielt nicht lange, nur sieben Minuten, bis ich einen Elfmeter verursachte. Ein Angriff der Borussia, ein Zuspiel auf Marco Reus. Jérôme Boateng, mein Nebenmann in der Innenverteidigung, war etwas weggerutscht, ich habe den Ball falsch eingeschätzt. Ich habe gemerkt, dass Marco den Kontakt suchte, die Situation ausnutzen und einen Elfmeter provozieren wollte. Ich nahm das linke Bein hoch, versuchte noch, das Knie anzuziehen, und traf ihn dann im Bauch. Er hat das clever gemacht, ich hätte mich schlauer anstellen müssen. Aber so ist das immer im Fußball. Ich musste ihn ja irgendwie bedrängen, attackieren, sonst hätte er freie Bahn gehabt zu flanken. Ich habe mich so entschieden, in solchen Situationen geht es immer nur um diese eine Sekunde, diesen einen Augenblick.

Ich hatte zunächst nicht geglaubt, dass der Schiedsrichter wirklich Elfmeter pfeifen würde. Ich schrie ihn an: »No! No! No!« Für einen Moment war ich komplett fertig, richtig schockiert und in der zweiten Sekunde dachte ich: Manu hält den Elfmeter. Was leider nicht der Fall war. Gündoğan verwandelte sicher – 1 : 1. Jetzt kamen die für mich entscheidenden Momente: Ich musste das ausblenden, durfte nicht mehr darüber nachdenken, was passiert war. Wenn mir jetzt ständig durch den Kopf ging, dass ich vielleicht schuld wäre, wenn wir dieses Finale verlieren würden, dann wäre das fatal. Denn dann wäre ich im weiteren Verlauf des Spiels unaufmerksam, würde Fehler machen. Also habe ich sofort zu den anderen gesagt: »Jungs, weitermachen! Wir schaffen das!« Du musst sofort wieder positiv sein. Als Mitspieler zu mir kamen, um mich zu trösten und aufzubauen, habe ich nur gemeint: »Hey, Leute, kein Problem, wir gewinnen das Ding.« In genau solchen Momenten gewinnt man große Spiele, und das zeichnet besondere Mannschaften aus. Du darfst nie den Kopf hängen lassen.

Fußball ist ein Fehlersport. Und du darfst, vor allem als Abwehrspieler, keine Angst davor haben, Fehler zu machen. Die wichtigste Frage nach einem individuellen Patzer ist: Was passiert danach? Du darfst dir nichts anmerken lassen, keine Schwäche zeigen.

Und schon sind wir bei Arjen Robben. Was hatte der Kerl nicht alles mitgemacht im Jahr zuvor, er musste eine sehr schwierige Zeit überstehen. Dass es ausgerechnet Arjen war, der nach einem Pass von Franck Ribéry das 2:1 in der 89. Minute erzielte, war im Grunde unglaublich. So kitschig wie ein Drehbuch für einen großen Kinofilm. Ich habe mich sehr gefreut für ihn, für uns alle, für die Fans, für den Verein. Mir sind alle möglichen Gedanken durch den Kopf geschossen: meine Kindheit, meine Karriere, meine Stationen. Und nun dieser Pokal! Auch um mich zu beruhigen, habe ich die Kollegen sofort ermahnt: »Ruhig, Männer! Noch ist das Spiel nicht aus, nicht gewonnen. Wir müssen noch ein paar Minuten überstehen.« In solchen Momenten musst du deine Emotionen wegdrücken, egal, wie schwer das auch fällt. Ich sprach mir selbst Mut zu: Junge, du bist Verteidiger, jetzt musst du deine Arbeit machen. Ich schaute auf die Uhr der Videoleinwand im Stadion. Mit Nachspielzeit waren es noch rund fünf Minuten. Diese fünf Minuten musst du jetzt ohne

Gegentor überstehen, keinen Scheiß mehr machen ... Das musste doch zu schaffen sein. Und wir haben es geschafft! Deckel drauf! Sagenhaft. Im Moment des Schlusspfiffs bin ich explodiert. Als Erstes bin ich zu Manuel Neuer gelaufen und ihm in die Arme gesprungen. Viele von uns haben gebrüllt: »Endlich! Endlich!« Auch ich hatte immer die Revanche für Chelsea im Kopf, obwohl ich damals noch gar nicht bei Bayern war.

Die Minuten auf dem Rasen von Wembley als frischgebackener Champions-League-Sieger erlebte ich wie in Trance, an vieles kann ich mich gar nicht mehr erinnern – wen ich wann wie umarmt habe. Einfach alle! Wir sind dann die Treppen zur Siegerehrung hinaufgegangen, haben gesungen und gelacht – das war unglaublich. Als Kind habe ich die Champions-League-Finale immer im Fernsehen gesehen und davon geträumt, diesen Pokal einmal selbst berühren zu dürfen. Nun war ich kurz davor. Wir standen da oben auf der Balustrade der Ehrentribüne, einer nach dem anderen kam dran, ich wurde unruhig, rief: »Schneller machen, Jungs! Ich will auch!«

Michel Platini, der Präsident des Europäischen Fußballverbandes UEFA, hängte mir die Medaille um den Hals, gratulierte mir. Erst später im Video habe ich gesehen, dass er mir über meine Haare gestrichelt hat. Kapitän Philipp Lahm war natürlich der Erste, der den Pott in die Hände nehmen durfte. Ich musste viel Geduld haben, bis ich drankam, war einer der Letzten. Ich wollte einfach nur meinen eigenen speziellen Moment haben. Also nahm ich den Pokal in die Hände und dankte Gott, dass ich in diesem Moment hier sein durfte. Im Schnelldurchgang lief meine gesamte Karriere vor meinem geistigen Auge ab: Juventude, Lille, Belgien, Gladbach – mit all den Schwierigkeiten, Sorgen, Verletzungen. War dies hier wirklich wahr? Dass ich, der kleine Junge aus Salvador, nun hier war – mit dem wertvollsten Pokal des Fußballs für Vereinsmannschaften in den Händen? Dass an diesem Tag neben meiner Frau, Freunden und einem Cousin auch mein Papa mit im Stadion dabei war, hat mir sehr viel bedeutet.

In unserer Kabine ging es dann richtig ab. Ich habe für die Musik gesorgt, Rock, Pop, Hip-Hop, alles aufgelegt, was die Stimmung noch steigern konnte. Die Jungs sind total ausgeflippt, nur einer nicht: Luiz Gustavo. Der sitzt immer ganz in sich gekehrt und ruhig da. Unglaublich, wie cool dieser Typ ist. Danach fuhren wir mit dem Bus zur Feierlocation, ins »Grosvenor House« mit 1800 Gästen. Für uns Spieler war noch eine eigene, exklusive Party vorbereitet, damit wir ab einer gewissen Uhrzeit einfach unter uns sein konnten. Unsere Players-Party ging bis fünf Uhr, 5.30 Uhr morgens. Philipp, Basti, wir alle haben sämtliche Lieder der Bayern-Fans gesungen, Rafinha immer wieder Sinatra-Songs. Zum Schluss haben wir uns alle, die Physios und Trainer sowie Freunde und Familienmitglieder, in die Arme genommen, eine lange Reihe gebildet wie beim griechischen Sirtaki. Einer aus der Gruppe gab den Vorsänger: »So geh'n die Dortmunder, die Dortmunder geh'n so.« Dabei sind wir ganz tief in die Knie gegangen und haben traurige Gesichter gemacht. Plötzlich brüllte ein anderer: »So geh'n die Bayern, die Bayern, die geh'n so!« Wir sind aufgesprungen und haben getanzt – völlig losgelöst, wild. Wie beim Pogo. Das war der Abschiedstanz, danach bin ich in mein Hotelzimmer und völlig fertig sofort eingeschlafen. Am Morgen nach der Party waren alle Spieler ruhig, weil sie müde und kaputt waren. Ich hatte nur zwei Stunden geschlafen, bin vor der Abfahrt unseres Mannschaftsbusses zum Flughafen aber noch kurz runter zum Frühstücken. Kaum einer hat was gesagt, auf dem Rückflug von London nach München haben die meisten selig geschlafen. Viele hatten Sonnenbrillen auf und haben sie fast den ganzen Tag nicht mehr abgenommen. Aus gutem Grund.

Zu Hause in Grünwald angekommen, habe ich mich erst einmal hingelegt. Ich musste dringend schlafen. Jupp Heynckes hatte uns zwei Tage freigegeben, das war auch bitter nötig.

In den Tagen nach dem Triumph musste ich immer wieder an das Wembley-Stadion denken und daran, dass es wohl von nun an mein Schicksalsstadion war. Dass ich dort im Februar mein Debüt für die Seleção geben konnte und im Mai im selben Stadion Champions-League-Sieger wurde, war schon eine unglaubliche Geschichte. Bis zum Ende meiner Karriere, nein bis ans Ende meines Lebens wird dieses Stadion immer in meinem Kopf bleiben.

Das Stadion, das mir dennoch am meisten bedeutet, ist das Maracanã in Rio de Janeiro – ein legendärer, für viele Menschen magischer, ja heiliger Ort. Maracanã ist Maracanã, etwas ganz Besonderes, wohl die berühmteste Arena der Welt. Dort findet im Sommer das Finale der WM 2014 statt. Auf Rang zwei kommt in meinem Ranking mein Heimatstadion Fonte de Nova und an dritter Stelle schon Wembley mit dieser imposanten Kulisse von bis zu 87 000 Fans. Danach folgt die Allianz Arena in München, unsere Bayern-Bastion, und auf Platz fünf die alte Gladbacher Heimat, der Borussia-Park. Vier dieser Stadien waren sehr wichtig für meine Geschichte, für meine ganze Karriere. Im fünften, der Nummer eins, möchte ich mit meinen Teamkollegen im Juli 2014 Weltmeister werden: im Maracanã!

4.

Der Preis des Ruhms

Es ist neun Uhr morgens – und dann gleich so eine Gänsehaut. Als ich am Morgen nach unserem Triumph im Confederations Cup in Rio de Janeiro einen Flieger nach São Paulo besteige und von vorne im Gang nach hinten durchgehen möchte, merke ich, dass die Leute zu tuscheln beginnen, einige auf mich zeigen. Zuerst habe ich das gar nicht richtig registriert, weil ich noch zu müde bin. Die Nacht war kurz, schließlich haben wir unseren 3:0-Sieg im Finale des Confederations Cup ein bisschen gefeiert. Und gleich am nächsten Tag habe ich einen schönen Termin vor mir, denn in São Paulo soll ich mit dem Preis »Jogador revelação brasileira na Europa« des brasilianischen TV-Senders ESPN geehrt werden. Das ist eine Auszeichnung für den brasilianischen Spieler, der sich in Europa am besten entwickelt hat. Da lohnt sich doch das frühe Aufstehen für mich und meinen Teamkollegen Oscar, der auch einen Award bekommen soll.

Die meisten Fluggäste sind Geschäftsleute. Klar, Montagmorgen, neun Uhr. Ich schaue also etwas irritiert, weil einige klatschen, dann werden es mehr und mehr. Offenbar haben sie mich erkannt. Ich werde rot vor lauter Scham, oh Mann. In diesem Moment wird mir auch bewusst, dass ich ein Problem habe. Denn auf diesem Flug mit der brasilianischen Airline Tam gibt es keine Businessclass. Ich schaue auf meinen Ticketabschnitt:

Reihe 25. Oh je, ich muss ganz nach hinten. Also lächle ich, senke den Kopf und gehe durch die Reihen. »Danke, danke schön«, murmle ich vor mich hin. Als wir in der Luft sind, kommen immer mehr Leute zu mir und wollen Fotos machen und ein Autogramm bekommen.

»Glaub mir, du bist jetzt berühmt«, sagt mein Medienmanager Leo Scheinkman, der neben mir sitzt, und lacht. Er ist glücklich, ich aber bin fertig und überwältigt. Ermattet lasse ich mich dann in meinen Sitz fallen. Er hat recht. Es fühlt sich irgendwie an wie eine zweite Geburt.

Wie hat sich mein Leben doch verändert! Vor meiner ersten Nominierung für die Seleção im Februar 2013 kannte mich in meiner Heimat kaum jemand – nur die echten Fußballexperten und Freaks.

Selbst als ich in der Bundesliga immerhin für Gladbach spielte, war ich in Brasilien ein No-Name. Das kam daher, dass ich im Januar 2004 nach nur 44 Erstligaspielen in der höchsten brasilianischen Liga für Juventude nach Europa gewechselt bin. Durch meine Jahre in Frankreich bei OSC Lille und später in Belgien beim SC Charleroi und Standard Lüttich bin ich noch mehr abgetaucht, denn die belgische Liga wird in Brasilien nicht wahrgenommen. Nach meinem Wechsel in die Bundesliga wurde es etwas besser, doch Spiele aus Deutschland wurden im heimischen Fernsehen nur gezeigt, wenn ein paar Brasilianer auf dem Platz standen. Und die Matches vom FC Bayern – logisch. Aber da spielten ja auch Mitte der 2000er-Jahre Lúcio und Zé Roberto.

Früher hat ESPN Brasil ganz selten mal ein Spiel von meiner Borussia im TV gebracht, meine Familie und meine Kumpels zu Hause in Brasilien konnten mich daher kaum spielen sehen. Sie konnten höchstens versuchen, die Partie online in irgendeinem Livestream anzuschauen, aber dabei gab es immer wieder Probleme mit der Internetverbindung. Manchmal sahen sie nur die Highlights im Borussia-Channel oder auf Youtube. Es kam auch vor, dass sie drei Wochen lang gar kein Spiel von mir verfolgen konnten. Als ich dann 2012 zu Bayern gewechselt bin, hat sich alles geändert.

ESPN Brasil überträgt derzeit die Premier League aus England, die Bundesliga und die französische Ligue 1. TV Globo zeigt Livespiele und Zusammenfassungen aus den Ligen in Italien und Spanien. Die meisten Brasilianer interessierten sich damals nicht wirklich für den europäischen Fußball und schon gar nicht für die Bundesliga. Wenn überhaupt, dann für Spanien, die Primera División, und für Italien mit der Serie A. Das ist mittlerweile jedoch anders. Wahrscheinlich habe ich daran auch einen kleinen Anteil.

Dass ich damals zu meiner Gladbacher Zeit den Sprung in die brasilianische Nationalelf nicht geschafft hatte, lag eben auch an der mangelnden TV-Präsenz der Bundesliga und damit auch von mir. Wenn du bei Borussia Mönchengladbach spielst, dann weiß man in Deutschland zwar, dass das ein toller Verein ist mit super Fans, einer aufregenden Geschichte und sagenhaften Erfolgen in den 70er-Jahren, aber nicht in Brasilien. Da schauen einen die Leute an und sagen: Borussia? Wer? So etwas überträgt sich natürlich auch auf den Nationaltrainer. Wenn du als Coach der Seleção einen Profi vom FC Barcelona, von Real Madrid, vom AC Mailand oder aus England von Arsenal oder Chelsea nominierst, aus der Bundesliga einen vom FC Bayern oder von Benfica Lissabon sowie von den großen brasilianischen Klubs wie Flamengo, Fluminense, Corinthians, Mineiro oder Santos – dann ist das ganz normal. Aber von Gladbach?

Wenn ich während meines Urlaubs in der Winter- oder Sommerpause in meine Heimat kam, fragten mich viele Leute immer wieder: »Hey, Dante, was ist da los? Wann spielst du für uns?« Das tat weh, machte mich damals richtig traurig. Eine Zeit lang hatte ich das Gefühl, dass nicht nur Bayern und Dortmund in Brasilien einen höheren Stellenwert hatten als meine Borussia, sondern auch Werder Bremen, Bayer Leverkusen oder der VfB Stuttgart. Was ja auch nachvollziehbare Gründe hatte: Carlos Dunga, unser Weltmeisterkapitän von 1994, kickte früher in Stuttgart oder Jorginho in Leverkusen, später Diego in Bremen. Deswegen hatten diese Vereine einfach ein besseres Image. Mir blieb damals nur: harte Arbeit in Verbindung mit viel Hoffnung. Oder der Wechsel zu einem großen Verein wie dem FC Bayern – das macht vieles einfacher.

Man kann das vergleichen mit der Zuneigung eines Kindes zu bestimmten Klubs. So erging es auch mir. Du bist Fan deines Vereins, deines Klubs aus der Stadt, in der du aufwächst, aber zugleich auch einer der ganz großen Klubs. Natürlich mochte ich den EC Bahia, das ist schließlich mein Verein. Zu Hause weiß jeder, dass ich fanatischer Bahia-Anhänger bin. Wenn ich Urlaub hatte, bin ich früher wie alle echten Fans ins Stadion gegangen. In der Winterpause 2012/13 habe ich während meines Heimaturlaubs das Derby zwischen Bahia und Vitória angeschaut. Als Kind war ich jede Woche im alten Fonte Nova und habe meinen Verein lautstark angefeuert. Ich habe Bobô am Ende seiner Karriere noch erlebt, habe, so laut ich konnte, den Namen von Uéslei gebrüllt, den ich liebte, weil er so gute Freistöße schießen konnte. Und dann erinnere ich mich noch an einen Jean, er war Torwart und hat damals unwahrscheinlich viele Bälle gehalten. Wenn ein Profi wie ich früher mal selbst Fan war und in der Kurve stand, kann er viel besser verstehen, was die eigenen Fans empfinden. Gleichzeitig weiß er auch, wie sie einem helfen können. Das kann den Unterschied in einem engen Spiel ausmachen, der 12. Mann, das ist kein Mythos. Ich habe mich früher als Kind heiser geschrien oder auch mit meiner Mannschaft gelitten, wenn es schiefging.

Doch wie fast jeder Junge mochte ich neben meinem Heimatverein auch Flamengo Rio de Janeiro und den FC São Paulo. Aber im Grunde nur deshalb, weil die Spiele dieser Teams im Fernsehen kamen und so jeder sie sehen konnte. Wenn man im Bundesstaat Bahia Fußballfan war, war einem eben mehr als ein Team wichtig, den meisten Leuten eines aus den Metropolen wie Rio de Janeiro oder São Paulo. Ich war da keine Ausnahme.

Heute noch halte ich zu EC Bahia. Deshalb habe ich mich nach meinem Nationalelfdebüt über ein Geschenk ganz besonders gefreut: Der Klub überreichte mir ein Bahia-Trikot mit meinem Namen hintendrauf.

Ich kann mir sogar vorstellen, am Ende meiner Karriere in der brasilianischen Liga zu spielen und dann, na klar, für den EC Bahia. Aber ich möchte nicht nur für eine Ehrenrunde in meine Heimat kommen, nicht nur, um ein wenig die Hand aufzuhalten und abzukassieren. Ich will den Menschen den besten Dante zeigen, ihnen etwas von ihrer Zuneigung zurückgeben. Und das geht natürlich nur, wenn ich dann noch richtig fit bin und nicht schon ein alter Mann.

Seit dem Confed Cup kann ich leider nicht mehr einfach so unbemerkt als Fan in die Kurve gehen, wenn ich mal in meiner Heimat bin – dabei würde ich das so gerne machen. Ein anderes Gefühl konnte ich mir bis vor Kurzem allerdings noch zurückholen. Als ich für Gladbach spielte und in der Winter- sowie in der Sommerpause nach Salvador gereist bin, bin ich immer wieder zu den alten Bolzplätzen gefahren, um meine Kumpels und Schulfreunde wiederzusehen. Dieses Gefühl von früher, das wollte ich wiederaufleben lassen. Erst stand ich meist eine Zeit lang an der Seite und schaute nur zu – doch irgendwann konnte ich mich nicht mehr zurückhalten und musste mitkicken. Es war witzig, ein super Gefühl. Wie früher, hat so gutgetan. Das Problem war nur: Ich hatte lange nicht mehr ohne Schuhe gespielt, das war auch ein wenig gefährlich. Manche der Jungs spielten mit Socken, andere barfuß, ich auch – trotz all der Steine. Was sich leider rächte, denn am nächsten Tag taten mir die Beine, die Füße und speziell die Sohlen und die Fersen weh – aber nicht allzu lange. Das war der Spaß auch wirklich wert. Aber wenn mein Trainer Lucien Favre das damals gewusst hätte!

Solche spontanen Aktionen sind heutzutage für mich absolut nicht mehr drin. Es würden mich einfach zu viele Menschen erkennen, und dann hätten meine Kumpels keinen Spaß mehr. Vor allem Kinder sind ja dann oft so aufgeregt. Ist mir schon passiert, dass eines seinen Helden erkannt hat, weggelaufen ist und Verstärkung geholt hat, und dann sind gleich 20, 30 weitere Kinder dazugekommen.

Das Leben in meiner Heimat hat sich für mich nach dem Sommer 2013, als das erste Jahr beim FC Bayern vorbei war und ich mit der Seleção den Confederations Cup gewonnen hatte, komplett verändert. Zunächst habe ich das nicht glauben können.

Aber es ist jetzt alles ganz anders, wenn ich rausgehe zum Strand, zum Einkaufen, einfach nur auf die Straße. Jeder kennt mich, spricht mich an, will mit mir über Bayern München und die Seleção reden. Ich freue mich natürlich sehr, dass die Leute meine Arbeit anerkennen und mich beglückwünschen. Ich gebe auch gerne Autogramme und lasse Fotos mit mir machen, aber manchmal geht es einfach zu weit. Eines Tages sind meine Frau und ich zum Beispiel mit dem Auto einkaufen gefahren. Ich habe gehalten, bin ausgestiegen und wollte nur schnell in die Bäckerei. Es gab sofort einen kleinen Menschenauflauf, aber noch unangenehmer war mir, dass andere Leute, die sich wohl nicht sicher waren, wer der Typ da war, meine Frau im Auto auf der anderen Straßenseite angesprochen haben. Aber das ist eben der Preis des Ruhms. Für mich heißt das nun, dass ich eigentlich nicht mehr einkaufen gehen kann und mir meine Sachen von Freunden oder der Familie besorgen lassen muss. Mein Lieblingsstrand Praia do Porto da Barra, direkt an der Küstenstraße Salvadors, der Avenida Oceanica, ist für mich auch tabu. Früher bin ich hier unweit des Leuchtturms Farol da Barra mit den Kindern zum Baden gegangen, am liebsten schon um sieben Uhr morgens, weil es dann ruhiger war. Und abends habe ich dort mit Freunden hin und wieder schöne Partys feiern können, wir haben gegrillt und zu Samba-Musik getanzt. Geht alles leider nicht mehr. Nun lade ich meine Freunde eben zu mir nach Hause ein. Das soll jetzt alles aber nicht negativ klingen – schließlich habe ich mir ja meinen Traum erfüllt.

In Salvador lebe ich mittlerweile mit meiner Frau Jocelina und den beiden Kindern in einem Haus im Wohnviertel Lauro de Freitas, rund fünf Autominuten vom Strand entfernt. Um dorthin zu gelangen, muss man eine Schranke passieren und an einem Wachmann vorbei. Alles Sicherheitsmaßnahmen, da in diesem Viertel etwas wohlhabendere Leute leben. Unser Haus mit Garten und Swimmingpool ist komplett in Weiß gehalten, ich habe draußen auf der Terrasse zwei Hängematten und einen offenen Grill.

Jedes Jahr im Sommerurlaub organisiere ich für all meine Freunde ein Fußballspiel und schmeiße anschließend in meinem Haus eine schöne Party. Gekickt wird auf dem Fußballplatz Campus Federação der Universidade

Federal da Bahia. Wir spielen mit meinem Team gegen die besten Kumpels von Onkel Joní lson. Das haben wir nun schon siebenmal gemacht. Der Platz kostet uns nichts, und für den Rest, das Essen, die Getränke, die Musik, sorge ich. Wer kann, steuert etwas für das große Essen bei. Manche bringen schwarze Bohnen mit, andere zwei Kilo Reis ... Um ein bisschen mehr Spannung reinzubringen, hatten wir zuerst überlegt, eine kleine Wette abzuschließen: Wer verliert, bezahlt die Party. Aber das wäre nicht fair, denn für manche wäre das zu viel, so etwas können sie sich nicht leisten. Es soll ja auch kein Leistungsdruck aufgebaut werden. Sinn und Zweck ist und bleibt, dass wir miteinander lachen und viel Spaß haben. Das ist jedes Jahr ein ganz besonderer Tag.

Trotz der Schattenseiten werde ich, solange ich Profi bin, in jedem Urlaub immer wieder hierherkommen – und nicht auf die Malediven oder sonst wohin fliegen, um in Ruhe einen Traumurlaub zu verbringen. Nein, ich will nach Salvador, zu meiner Familie, das ist meine Heimat, und nur da kommen meine Kindheitserinnerungen wieder hoch.

Und nur dort passieren absurde Dinge: Eines Abends im Juli 2013, im Urlaub nach dem Confederations Cup, ging ich mit meiner Frau und Freunden zu einem Konzert von Ivete Sangalo, die im Rahmen des Festivals Salvador Fest im Parque de Exposições da cidade auftrat. Sangalo stammt aus Bahia, singt im typischen Axé-Stil des brasilianischen Nordostens und hat mit ihrer Band Banda Eva Millionen CDs verkauft. Kurz: ein echter Star. Diese tiefe, markante Stimme, mit der sie diese Art Samba-Reggae singt, fand ich schon immer gut. Sie ist einfach toll.

Irgendjemand musste ihr erzählt haben, dass ich an diesem Abend im Publikum war, denn nach dem Ende des Konzerts kam plötzlich einer ihrer

Assistenten zu mir und sagte: »Ivete möchte Sie gerne sehen, Ihnen Hallo sagen.« Ich habe wahrscheinlich blöd geguckt und gemeint: »Was? Mich? Aber ich bin mit zehn Leuten auf dem Konzert, das geht nicht.« Da antwortete der Assistent: »Egal, dann nehmen Sie eben alle mit in den Backstagebereich.«

Ich habe dann Fotos gemacht und diese bei Twitter veröffentlicht. Weil ich auf dem Foto etwas komisch schaue, haben einige Leute mir vorgeworfen: »Ja, ja, du hast ihr in den Ausschnitt geschaut.« Aber nein, das war wirklich nicht so. Sie hat sich sehr gefreut, ein Foto mit mir zu schießen. »Hey, super, schön, dass du hier bist«, hat sie zu mir gesagt, »Glückwunsch zum Sieg beim Confederations Cup!« Leise habe ich geantwortet: »Danke schön. Aber ich bin dein Fan, Ivete.« Ganz ehrlich, ich konnte es kaum glauben, dass sie ein Foto mit mir wollte. Unfassbar! Für mich wäre es schon toll gewesen, wenn ich die Möglichkeit gehabt hätte, sie persönlich um ein Autogramm zu bitten. Daher erzeugte diese Begegnung in mir ein neues, ganz komisches Gefühl: Plötzlich war ich auch in Brasilien ein Star.

Mit der Nominierung für den Confed Cup veränderte sich schlagartig mein Status bei den Leuten, meine Popularität. Das spürte ich schon nach dem Spiel gegen Italien, dem mit meinem märchenhaften Tor in meinem Heimatstadion Fonte de Nova. Nach unserem Erfolg hatten wir Ausgang und mussten erst am Mittag des nächsten Tages wieder im Hotel der Nationalmannschaft sein. An jenem herrlichen Julimorgen wollte ich daher wie früher zum Einkaufen gehen. Als ich gerade das Häuschen meiner Großeltern verließ, rief mir meine Frau hinterher: »Hey, was machst du?« Ich antwortete: »Einkaufen gehen.« Sie meinte: »Bist du verrückt? Das kannst du nicht machen. Seit dem Spiel gestern kennen dich hier alle Leute!« Ich bin trotzdem losgegangen und Jocelina hatte wie immer recht. Auf meinem Weg zum Einkaufen wurde ich in meinem Wohnviertel angehalten, immer mehr Leute liefen zusammen. Und die Brasilianer sind da ganz anders als die eher höflichen und meist zurückhaltenden Fans in Deutschland, sie wollen einen anfassen, Kontakt haben. Ich habe also Autogramme gegeben, in Handykameras gelächelt. Es war chaotisch. Daher bin ich relativ schnell wieder nach Hause zurückgekehrt. Dort angekommen, habe ich mich erst einmal auf die Wohnzimmercouch gesetzt. Ich war baff, was war das denn? Vor fünf Monaten noch hatte ich hier machen können, was ich wollte, niemand hatte mich erkannt. Aber ich hätte wissen müssen, dass sich das mit dem Auftritt in der Seleção ändern würde. Nun kannte mich jeder. Dieses Trikot ist das wichtigste, das wir haben. Es macht dich bekannt, zum Star. Das ist die eine Seite, die Erfüllung eines Kindheitstraumes. Die andere Seite ist: Wer dieses Trikot trägt, muss sich daran gewöhnen, dass er sich in der Öffentlichkeit nicht mehr frei bewegen kann.

In Ruhe mit der Familie shoppen gehen? Vorbei. Am Strand mit Freunden relaxen? Unmöglich. Unerkannt durch die Stadt schlendern? Das war einmal. Ohne gestört zu werden, im Restaurant essen? Nur noch selten.

Bei mir zu Hause bin ich nun ein großes Idol, das musste ich erst mal richtig begreifen. 29 Jahre meines Lebens war ich einer unter vielen. Kaum einer erkannte mich, den Profi aus dem fernen Europa. Und wenn mich jemand ansprach, konnte ich schwindeln. Was? Nein, ich bin nicht Dante, ich sehe ihm nur ähnlich. Das war vielleicht nicht nett, ich weiß, aber so hatte ich meist meine Ruhe. Doch ich habe gelernt, nicht mehr unhöflich zu sein. Ich will auch etwas zurückgeben. Denn die Leute sehen mich als einen aus ihrer Mitte an, als einen, der es im Leben geschafft hat, und das ist nur ganz wenigen vergönnt in Salvador, in ganz Bahia. Das Leben ist hart in meiner

Heimat. Und ich bin davon überzeugt, dass ich meine Heimat als Fußballer verlassen musste, um im Leben etwas zu erreichen. So schade das auch ist.

Eines ist mir aber trotz des Triples mit dem FC Bayern, trotz des Debüts in der Seleção geblieben: Ich fühle mich nicht wie ein Star, ich bin ein normaler Mensch wie alle anderen. Punkt. Wenn mich heute Leute kennenlernen und sich mit mir unterhalten, wundern sie sich nach einer Weile oft, dass ich so cool, ganz ruhig und normal bin. Ich antworte dann immer: »Wieso nicht? Ich bin wie du.« Klar habe ich immer davon geträumt, mal bei einem großen Verein und in der Nationalmannschaft zu spielen, aber nicht davon, ein Star zu sein.

Mein Halbbruder Lucas kann ein »normales Leben« führen. Er ist sieben Jahre jünger als ich und trägt wie mein Papa Dreadlocks bis zum Po. Wenn er mein Leben betrachtet, meint er zu mir: »Das ist die Realität berühmter Leute. Dein Leben ist toll, aber im Privaten limitiert. Wir Familienmitglieder können ein freies Leben führen.« Wenn wir uns darüber unterhalten, zitiert er gerne einen in Brasilien berühmten Samba-Musiker, sein Name ist Zeca Pagodinho. Er sagte einmal: »Diejenigen, die den Ruhm und das Geld am meisten genießen, das sind immer die Familienmitglieder, nicht der Prominente selbst.« Lucas findet die Vorstellung schlimm, nicht mehr unbehelligt zum Bäcker, zum Strand, zu all seinen Lieblingsplätzen gehen zu können. Er möchte nicht tauschen. Das macht mich schon nachdenklich, aber zugleich weiß ich auch, dass ich mein Talent so gut wie möglich nutzen muss – für meine Familie und für mich. Solange ich eben aktiv spielen kann als Profi.

Im Grunde möchte jeder brasilianische Junge Profifußballer werden und träumt zumindest davon. Bei etwas mehr als 192 Millionen Einwohnern soll es rund 30 Millionen Fußballer geben, die in knapp 800 Profivereinen und etwa 11 000 Amateurklubs organisiert sind.

Und alle, wirklich alle, die halbwegs professionell Fußball spielen, wollen nach Europa. Der erste Brasilianer, der in die Bundesliga geholt wurde, hieß Zézé und ist inzwischen verstorben. Der 1. FC Köln verpflichtete Zézé 1964 auf eine bloße Empfehlung hin, ohne ihn spielen gesehen zu haben – heutzutage undenkbar. 150 000 DM Ablöse war für damalige Verhältnisse eine stattliche Summe, also waren die Erwartungen an den exotischen Kicker natürlich enorm.

Doch das Heimweh war schließlich stärker als die Abenteuerlust. Nach nur fünf Einsätzen mit lediglich einem Treffer ließ sich Zézé von einem spanischen Arzt eine Schneeallergie attestieren und floh wieder in die Heimat. Sehr erfinderisch, der Mann!

Den ersten brasilianischen Treffer in der Bundesliga erzielte übrigens ein gewisser Raoul Eduardo Travassos Tagliari für den MSV Duisburg, der damals noch Meidericher SV hieß. Auf das Tor vom 21. November 1964 beim 2 : 0 gegen Nürnberg folgten noch drei weitere, doch die Einsatzzeiten des Brasilianers blieben überschaubar gering. Auch er wollte sich nicht völlig öffnen und die neuen Lebensumstände annehmen. 1966, nach nur neun Einsätzen, verließ Tagliari daher die Bundesliga. Wie sagt man so schön: nur ein bisschen mehr als eine Eintagsfliege.

Ich dagegen, so viel Eigenlob muss sein, bin etwas Einmaliges. Elf Brasilianer hat der FC Bayern bisher unter Vertrag genommen, und als Nummer elf bin ich der Erste aus meinem Bundesstaat Bahia. Das macht mich stolz. Fünf Spieler kommen aus dem Großraum São Paulo: mein

Nationalelfkollege Luiz Gustavo, Paulo Sérgio, Zé Roberto, Breno und Bernardo. Aus der Metropole Rio de Janeiro stammen Jorginho und Mazinho, jeweils aus Paraná sind Giovane Élber und unser Rechtsverteidiger Rafinha. Bayerns früherer Abwehrchef Lúcio ist in der Hauptstadt Brasilia geboren.

Zehn plus Dante. Man könnte auch sagen: Ich mache eine Mannschaft komplett als elfter Brasilianer beim FC Bayern. Nur einen Torwart hätten wir in dieser Samba-Truppe nicht. Macht nichts. Auch so wären wir eine richtig gute Elf. Bevor ich von Borussia Mönchengladbach zum FC Bayern gewechselt bin, habe ich mich aber bei keinem meiner Landsleute erkundigt. Wenn du zu Bayern gehst, brauchst du auch niemanden um Rat zu fragen. Wenn sie dich wollen, dann machst du das. Punkt. Du kannst bei der Unterschrift eigentlich nichts falsch machen.

1991 kamen Mazinho und Bernardo als Brasilienpioniere nach München, zur besseren Eingewöhnung wurden sie gemeinsam verpflichtet. Abwehrspieler Bernardo, der den Bayern als Dreingabe zu Stürmer Mazinho von deren Beratern aufgezwungen worden war, war ein großes Missverständnis. Nach nur drei Monaten und lediglich vier Bundesligaeinsätzen flüchtete er daher zurück in die Heimat. Aber Bernardo ging trotzdem in die Geschichtsbücher des Vereins ein: als erster, wirklich erster Brasilianer, der für den FC Bayern in einem Bundesligaspiel am Ball war, damals im August 1991. Zu Bernardo wurde mir, wie wahrscheinlich jedem brasilianischen Neuling an der Säbener Straße, die Story mit der Floßfahrt und den Krokodilen erzählt.

Im Sommer 1991 hatten die Bayern-Verantwortlichen eine Floßfahrt auf der Isar für ihre Profis organisiert, eine Art Teambildungsmaßnahme. Was manch einer anders interpretierte: Klaus Augenthaler, dieser Urbayer, warf Bernardo damals in den Fluss und rief dann vermeintlich erschrocken: »Crocodiles, Crocodiles!« Bernardo, aufgewachsen in São Paulo, wusste offenbar wenig über Krokodile und wohl auch nicht viel über Münchner Flüsse. Der arme Kerl schwamm daher um sein Leben, bis ihn Mitspieler unter lautem Gejohle wieder aus dem Wasser zogen. Es hatte ihn eiskalt erwischt.

Verschont blieb Angreifer Mazinho. Er war in der Folge auch erfolgreicher, machte immerhin 49 Ligaspiele und erzielte elf Tore. Ein Jahr später holten die Bayern Rechtsverteidiger Jorginho, er blieb fünf Jahre und wurde in dieser Zeit mit der Seleção Weltmeister: 1994 in den USA.

Das gelang bisher nur einem Bayern-Brasilianer und wäre doch eine für mich perfekte Parallele: Wie Jorginho bin ich auch von einem anderen Bundesligaverein zum FC Bayern gewechselt, er von Bayer Leverkusen, ich von Borussia Mönchengladbach. Und wie Jorginho werde ich im Anschluss an mein zweites Jahr an der Säbener Straße mit meiner Nationalelf Weltmeister. Na gut, man wird doch wohl noch Träume haben dürfen!

5.
Meine Kindheit in Salvador

Drei Knoten, das reicht. Und hält – ganz sicher. Sie sind die Markenzeichen meiner Heimat Bahia: die Fitinhas. Man begegnet diesen bunten Bändchen überall, an den Rückspiegeln in Autos, im Eingangsbereich von Wohnungen und Häusern. Ich trage eines am rechten Handgelenk wie die meisten Bahianos. Die Bändchen werden dreimal verknotet, und jeder Knoten steht für einen Wunsch. Aber ganz wichtig: beim Binden bitte einzeln wünschen! Wenn das Bändchen irgendwann von allein abfällt, gehen diese Wünsche in Erfüllung. Wer es zuvor abschneidet, muss mit den Folgen leben, selbst schuld.

Touristen, die Salvador besuchen, können es kaum verhindern, dass ihnen mitten in der Altstadt die Fitinhas ums Handgelenk gebunden werden. Aber keine Angst, es tut nicht weh und kostet fast nichts! Nur ein paar Reais. Wenn man etwas Gutes tun will, lässt man sich auf die Verkäufer ein, die damit Geld für einen guten Zweck sammeln.

Auf den Bändchen steht »Lembranca do Senhor do Bonfim da Bahia«. Sie sollen an den Schutzheiligen Senhor do Bonfim aus Salvadors gleichnamiger Wallfahrtskirche erinnern. Die vielen unterschiedlichen Farben der Fitinhas, die seit Anfang des 19. Jahrhunderts verbreitet sind, haben jeweils eine spezielle Bedeutung: Rot steht für Liebe und Leidenschaft, Rosa für die Freundschaft, Orange für die Glückseligkeit, Lila für die Seele, Hellblau für Liebe und Frieden, Dunkelblau für Gesundheit und Wohlbefinden, Grün steht für die Hoffnung und die Gesundheit, Gelb für Geld und Erfolg, Schwarz für die Würde, Weiß für Weisheit und inneren Frieden, Grau für das Gleichgewicht.

Ich trage ein grünes Bändchen. Meine Mutter Vera hat vor meiner Geburt ebenfalls ein grünes Bändchen am Arm gehabt und sich gewünscht, dass ich gesund zur Welt komme. Dieser Wunsch ging in Erfüllung. Am 18. Oktober 1983 erblickte ich in Salvador das Licht der Welt – und daher gab sie mir »Bonfim« als zweiten Namen. Dante spricht man in meiner Heimat übrigens »Daaaantsch« aus, mit langem »a«. Manchmal hört man noch ein kurzes »i« am Ende, also »Daaaantschi«. Aber ich bin ja anpassungsfähig, in Frankreich und Belgien hat man mich Danté genannt, mit Betonung auf der letzten Silbe. Als ich in die Bundesliga zu Borussia Mönchengladbach gekommen bin, haben die Leute »Dante« gesagt, ganz einfach. Aber okay, ich bin in Deutschland, also darf es auch eine deutsche Aussprache sein, kein Problem.

Salvador de Bahia liegt im tropischen Nordosten Brasiliens. Bahia bedeutet »Bucht«, der Bundesstaat am Atlantik ist auch bekannt für seine Traumstrände. Salvador ist die drittgrößte Stadt Brasiliens. Und ganz Bahia ist so bunt wie die Fitinhas. Wir sind afrikanisch geprägt, die Sklaverei, die erst 1888 abgeschafft wurde, hat hier mehr als anderswo im Land Spuren hinterlassen. Ab dem 16. Jahrhundert hatte Portugal Millionen Sklaven nach Brasilien verschifft, die meisten nach Bahia.

Capoeira und Karneval – der Kampftanz und das größte Fest des Jahres – sind typisch für Bahia. Es ist ein bisschen so, als würde das Herz dieses riesigen Landes, des größten Landes auf dem südamerikanischen Kontinent, nach afrikanischem Rhythmus schlagen. Kein Wunder, dass Salvador ein Museu du Ritmo, ein Rhythmusmuseum, als Touristenattraktion besitzt. Kein Wunder, denn schließlich ist auch die Samba auf die Deportation der Sklaven zurückzuführen. Und aus Afrika stammen die Trommelrhythmen des Batuque. All das hat auch mich sehr geprägt. Doch dazu später. Erst ein paar Sätze zu unserer Geschichte: Die Seefahrernation Portugal »entdeckte« Brasilien Anfang des 16. Jahrhunderts. Am 22. April 1500 erreichte Pedro Álvares Cabral die Küste bei der heutigen Stadt Porto Seguro, zu Deutsch »sicherer Hafen«. Diesen herrlichen Ort hat der Deutsche Fußball-Bund als Quartier für die Nationalmannschaft während der WM 2014 gewählt. Bekannt ist Europäern wohl die Allerheiligenbucht, denn dort landete der Italiener Amerigo Vespucci am 1. November 1501, damals im Auftrag der Portugiesen. Aufgrund des Datums nannte er, der spätere Namenspate Amerikas, die Bucht »Bahia de Todos os Santos«, also Allerheiligenbucht.

Die Leute in meiner Heimat behaupten, ich sei ein typischer Mann aus Bahia. Was das heißen soll? Ich will versuchen, es zu erklären: Den Menschen aus meiner Region ist Materielles nicht so wichtig, dafür stehen die Familie, die Freunde und der Spaß am Leben über allem. Egal, wie es ihnen geht oder wie viel sie zum Leben haben, die Bahianos sind immer fröhlich und locker. Wir brauchen nicht viel Geld, es ist die Lebensfreude, die zählt. Von daher unterscheidet sich das Leben ziemlich von dem in Europa. Ich sage es mal so: Wir können auch ohne Geld glücklich sein. Aber ohne Musik? Nein! Ohne Fußball? Unmöglich! Fußball ist Lebensfreude. Fußball ist Brasilien.

Und der Fußball lässt viele Menschen ihre Armut vergessen. Auch ich komme von ganz unten. Als ich ein kleiner Junge war, haben Mama und Papa, ein Kunstrestaurator, umgerechnet etwa 150 Euro im Monat verdient. Nachdem sich meine Eltern scheiden ließen – da war ich gerade einmal zwei Jahre alt –, arbeitete meine Mutter als Verkäuferin in einem Bekleidungsgeschäft und erhielt lediglich etwas mehr als den gesetzlichen Mindestlohn. Ich weiß also, was es bedeutet, mit sehr wenig auskommen zu müssen. Und nicht nur das, ich bin zum Teil ohne Vater aufgewachsen, denn er zog von Salvador weg nach Belém, in den Norden Brasiliens, über 2000 Kilometer von meiner Geburtsstadt entfernt. Seine Firma gab ihm eine Festanstellung als Kunstrestaurator in Belém. Natürlich war er immer für mich da, aber dennoch weit weg. Also kümmerte sich meine Mama allein um mich. Wir blieben im Haus von Oma und Opa, den Eltern meines Vaters, und lebten auf wenigen Quadratmetern in einer kleinen Wohnung in einem Viertel, das Binóculo heißt. Ein armes Viertel, doch zum Glück sind es nicht die Favelas der Stadt, dort leben die Ärmsten der Armen. Wir haben stets zu mehreren in einem Zimmer geschlafen, die kleine Küche war gleichzeitig der Aufenthaltsraum, weil im Wohnzimmer außer dem Sofa und dem Fernseher nicht viel reinpasste. Bis zu meinem 13. Lebensjahr war dies mein Zuhause. Danach konnte Mama sich eine eigene kleine Wohnung für meine zwei Jahre jüngere Schwester Dandara und für mich leisten. Wo wir zuvor ohne die Großeltern gelebt hätten? Auf der Straße? Gut möglich. Ich weiß es nicht.

Nachdem Papa uns verlassen hatte, wurde ich als der ältere Bruder für Dandara eine Art Vaterersatz, zu ihrer Hauptbezugsperson. Natürlich habe ich sie hin und wieder ein wenig herumkommandiert und irgendwelche Regeln aufgestellt, wenn Mama nicht da war. Ansonsten hat immer sie für Ordnung gesorgt und unsere Schulaufgaben kontrolliert. Ihr ist nichts entgangen. Sie war auch relativ streng, schließlich musste sie uns ja ihre Autorität zeigen. Ich erinnere mich noch gut an ein Beispiel: Mein Lieblingsgetränk hieß »Tubaína«, das war eine pappsüße, ungesunde Limonade, die in einer kleinen Flasche verkauft wurde, die wie eine Bierflasche aussah. Da wir die eigentlich nicht trinken durften, haben wir manchmal heimlich »Tubaína« gekauft und dann umgefüllt. Aber Mama kannte natürlich den Trick, und wenn sie von der Arbeit nach Hause kam, hat sie uns manchmal aufgefordert: »Hey, lasst mich mal sehen, was in den Flaschen drin ist.«

Meistens ging es zwar gut und sie hat nichts gemerkt, aber wenn doch, dann gab es Ärger und Strafen – Fußballverbot etwa.

Da meine Mutter von acht Uhr morgens bis 20 Uhr abends arbeiten musste, haben sich in der Zeit Oma und Opa um Dandara und mich gekümmert. Gestritten haben wir eigentlich nur um Leckereien, gefüllte Teigtaschen etwa. Im Ernst: Sie hat das Haus in Schuss gehalten, ich war der Aufpasser. Von Einbrüchen oder Überfällen sind wir aber zum Glück verschont geblieben. Wenn ich einmal ganz allein im Haus war, hatte ich Angst. War Dandara da, musste sie immer an der Haustüre Wache schieben – etwa wenn ich geduscht habe. In der Pubertät kam dann ein anderes »Problem« dazu: Dandaras erster Freund. Ich war sehr eifersüchtig, keiner der Jungs durfte ihr zu nahe kommen. Wenn sie sich mit einem Jungen getroffen hat, blieb ich oft einfach mit im Raum und saß nur da, stumm, wie ein Bodyguard. Das ist eben der Beschützerinstinkt eines älteren Bruders. Ihren ersten Freund kannte ich vorher auch nicht, denn er stammte nicht aus meinem Bekanntenkreis. Das machte die Sache nicht gerade einfacher.

Neben Dandara, die heute in einem Krankenhaus arbeitet, habe ich väterlicherseits noch zwei Halbbrüder: Lucas Luan und Ian Vital. Was für verrückte Namen sich unser Vater immer ausgedacht hat! Zu Lucas, der sieben Jahre jünger ist als ich, habe ich heute einen sehr guten Draht. Er studiert in Salvador Umwelttechnik, war sogar ein Jahr auf einer Universität in Australien. Wie Papa hat er Dreadlocks, hört Reggae und surft. In den Schulferien kamen sie aus Belém meist nach Salvador, dann habe ich den ganzen Tag mit Lucas verbracht. Natürlich wollte er mir, dem älteren Bruder, alles nachmachen. Er schaute zu mir auf und wollte immer mit in meinem Bett schlafen. Wir sind oft zum Strand gegangen, auf Portugiesisch »Praia«, haben Fußball gespielt oder Musik gemacht. Ich konnte ihm ein paar Samba-Rhythmen auf dem Pandeiro, dieser Rahmentrommel, beibringen. Der Strand von Ondina, einem Stadtteil von Salvador, war unser Treffpunkt: Dort konnten wir uns austoben, Spaß haben, essen und trinken. Die »Praia« ist allgemein das Zentrum der Lebenslust, der Freudenort aller Brasilianer. Auch Silvester haben wir immer dort gefeiert. Für die Party schmeißen dabei alle ihr Geld zusammen und um Mitternacht gibt es überall Feuerwerk.

Eines Tages, Lucas war vielleicht fünf Jahre alt, durfte er wieder einmal mit mir und meinen Kumpels zum Strand. Als wir jugendlichen Halbstarken im Meer herumtollten, drückte einer meiner Kumpel meinen Kopf ziemlich lange unter Wasser. Der kleine Lucas sah vom Strand aus zu, bekam plötzlich Panik, heulte und schrie um Hilfe: »Hey, ihr tötet meinen Bruder! Was macht ihr da?« Das Lustige war, dass er in der nächsten Sekunde ziemlich pragmatisch wurde. »Wie komme ich denn dann nach Hause?«, brüllte er. »Ich bin doch ganz allein!« Wir stoppten sofort unsere Blödelei, ich rannte aus dem Wasser zu Lucas und beruhigte ihn.

Weil Mama ja den ganzen Tag gearbeitet hat und erst spätabends nach Hause kam, war Opa João im Grunde mein Papa. Er war immer für mich da, ebenso meine Oma Odair, sie war auch sehr, sehr wichtig für mich. In Abwesenheit von Mama hat sie mich erzogen. Beide haben mir viel beigebracht. Die Großeltern haben alles für mich gemacht, in der Zeit habe ich sie irgendwie als meine Eltern angesehen. Klar, wir haben ja auch in ihrem Haus gelebt.

Opa war früher als Marinesoldat in Salvador stationiert gewesen. Zum Glück ist er nicht so viel gereist, denn er musste sich um die Familie kümmern. Er hat selbst zwölf Kinder – und dann musste er als älterer Mann auch noch auf meine Schwester Dandara und mich aufpassen.

Opa hat immer an mich geglaubt und mich darin bestärkt, meinen Traum vom Profifußball nicht aufzugeben. Und er hat stets davon geträumt, dass ich eines Tages bei einer WM für Brasilien antreten würde. Als ich in der Bundesliga spielte, hat er mir bei einem Besuch gesagt, dass er sehr glücklich sei, dass ich Profi geworden bin. »Dante, mein Junge! Dank dir hat es einer aus unserer Familie geschafft. Einer!« Es war immer seine Hoffnung, dass es einem von all seinen Kindern gelingen würde, genug Geld zu verdienen, um den Rest der Familie zu unterstützen. Opa meinte: »Ich hoffe, du wirst ein glücklicher und reicher Mann.« Ich habe geantwortet: »Glücklich werde ich sicher, aber reich? Nein, nie! Weil ich alles, was ich verdiene, verteile. Immer. Ich bin keiner, der Geld auf dem Konto ansammelt. Ich kann nicht nur an mich denken, ich will helfen. Das macht mich glücklich und stolz.« Heute unterstütze ich meine ganze Familie, so gut ich kann: nicht nur meine Eltern und Geschwister, alle, meine Cousins, meine Onkel und Tanten. Ich kann nicht zuschauen, wenn jemand Probleme hat. Meiner Mutter hatte ich einst versprochen, dass sie nicht mehr arbeiten müsse und zu Hause bleiben könne, wenn ich einmal genug verdienen würde. 2008 konnte ich mein Versprechen einlösen. Ich danke

Gott, dass ich helfen kann, und ich tue es mit Freude. Es ist für mich ein großes Glück.

Doch alles Geld der Welt kann Gesundheit nicht ersetzen. Mein Opa João leidet an Alzheimer. Als ich 2009 nach Gladbach gewechselt bin, konnte er das noch verstehen. Er fragte mich: »Wo bist du jetzt? Aha, in Deutschland. Bist du glücklich?« Doch ab 2010 verschlimmerte sich sein Zustand, die Krankheit nahm ihm mehr und mehr von seinem Verstand, von seinem Erinnerungsvermögen. Als er sich dessen noch bewusst war, hat er bei meinen Besuchen immer viel geweint, manchmal aus Trauer, manchmal vor Freude. Diese Momente, in denen ich meinen weinenden Opa in meinen Armen hielt, waren sehr hart für mich, kaum zu ertragen. Heute ist er von der Krankheit schwer gezeichnet und muss von der Familie rund um die Uhr betreut werden. Er kann nichts mehr allein machen und kann auch leider nicht mehr verstehen, dass ich nun für den FC Bayern spiele und für die Seleção. Wenn er einfach nur gesund wäre! All die Titel würde ich dafür eintauschen! Für mich wäre es das Schönste, wenn er meine jetzige Zeit noch erleben könnte, mir im Stadion von der Tribüne aus zuschauen könnte. Und wenn er mein Tor gegen Italien im Fonte de Nova gesehen hätte. Er wäre so stolz gewesen. Meine Oma Odair pflegt ihn, denn sie ist zum Glück gesund, noch topfit. Wenn die Spiele der Nationalelf im Fernsehen laufen, zieht sie das Seleção-Trikot mit meinem Namen und meiner Nummer, der »4«, an, das ich ihr geschenkt habe – aber nur, wenn ich auf dem Platz stehe. Auf das Trikot habe ich noch »para vó« geschrieben, »für Oma«. Als ich im Spiel des Confed Cup in Salvador gegen Italien eingewechselt wurde, hat sie das Trikot übergestreift, und prompt habe ich fünf Minuten später das 1 : 0 erzielt. Daran lag es also, Oma hat das Glück heraufbeschworen!

Alle aus unserer Familie sind in dieselbe Schule gegangen, in das Colégio Estadual Odorico Tavares in der Straße Sete de Setembro. Die Schule gibt es heute noch. Die ganze Straße sieht beinahe unverändert aus, auf der Seite der Schule steht das Hotel »Bahia do Sol«. Wie früher zu meiner Zeit sind die Bäume am Eingang zur Schule geschmückt mit einem weißen Tuch, das wie ein Geschenkband um den Baumstamm gewickelt ist, eine alte Tradition aus der Candomblé-Religion zu Ehren der Orixá-Gottheiten. In jener Straße war und ist auch eine private Highschool, für die Eltern bis zu 800 Reais im Monat zahlen müssen, rund 250 Euro. Ich weiß noch, wie wir da immer schüchtern herübergeschaut haben zu den Mädchen dort, die schicke, teure Klamotten trugen und sich sexy zurechtmachten. Meine Schule dagegen war staatlich und daher für die Eltern kostenfrei. Heute wie damals tragen die Schülerinnen und Schüler dort alle die gleichen T-Shirts in Weiß und Blau und mit dem Aufdruck »Odorico«.

Ich war immer als Erster der Familie wach und stand jeden Morgen um 6.30 Uhr auf. Duschen, anziehen, frühstücken und los. 40 Minuten dauerte es zu Fuß bis zur Schule. Meist bin ich gelaufen, damit ich ein bisschen von dem Geld sparen konnte, das mir meine Mutter mitgegeben hatte. Jeden Tag stand ich vor der Wahl: Entweder du gehst die 40 Minuten gemeinsam mit ein paar Freunden zu Fuß und kannst dir in der Schule etwas Süßes kaufen, oder du fährst mit dem Bus und isst nichts. Die Kekse, die wir uns mit dem gesparten Geld leisten konnten, waren oft das Highlight des Schultages. Manchmal haben wir uns auch nur einen Keks geteilt. Wenn es im Sommer schon morgens so heiß und schwül war, sind wir doch lieber mit dem Bus gefahren, weil wir sonst total nass geschwitzt in der Schule angekommen wären. Unterricht hatten wir von acht Uhr bis zwölf oder 13 Uhr, danach ging es nach Hause – wieder zu Fuß oder mit dem Bus. Geld sparen oder bequem sein – das war immer die Frage. Oma hat Mittagessen gekocht, und Opa hat aufgepasst, dass ich auch brav meine Hausaufgaben erledige. Ich habe mich immer beeilt, damit ich schnell fertig war und raus durfte zum Fußballspielen. In der Schule gab es einen eingezäunten Platz, etwa so groß wie ein Basketballplatz, da haben wir in den Pausen gebolzt. Auf Asphalt, an den Seiten lagen Steine. Das Feld haben wir selbst markiert: ein paar Hölzer oder Kleidungsstücke – fertig war ein Tor.

Ich war ein durchschnittlicher bis guter Schüler, nicht überragend, aber auch nicht schlecht. Ich habe meist nur so viel wie nötig gelernt. Mein Lieblingsfach war Mathematik, das konnte ich sehr gut. Alle Fächer, bei denen Zahlen eine Rolle spielten, lagen mir. Ebenso Physik und Chemie. Auch auf Geschichte hatte ich immer Lust, ich fand es sehr interessant, etwas über mein Land, meine Vorfahren zu erfahren. Nicht besonders gut war ich in Geografie, da konnte ich mich nicht richtig motivieren. Eine Sache wollte ich aber stets auf jeden Fall vermeiden: durchzufallen, denn dann hätte ich ein ganzes Jahr verloren.

Ich habe immer ganz hinten gesessen im Klassenzimmer, in der letzten Reihe, zusammen mit meinen Kumpels. Dort konnte man sich an die Wand anlehnen und wurde nicht so beobachtet. Man konnte besser schwätzen, mehr Quatsch machen, mit Papierkugeln werfen, solche Sachen.

Als Teenager musste ich im Laufe der Jahre oft die Schule wechseln, weil ich auf der Suche nach einem Verein immer wieder in neue Städte kam. Von dieser Odyssee erzähle ich später. Dies bedeutete für mich aber auch, ständig neue Lehrer zu bekommen, neue Mitschüler zu haben, mich an ein ganz anderes System gewöhnen zu müssen – das war alles nicht einfach. Aber es war auch eine gute Erfahrung, eine Schule fürs Leben.

Wahrscheinlich verdanke ich es auch dieser Zeit, dass ich mich als Profifußballer immer sehr schnell auf andere Umstände einstellen und eingewöhnen konnte.

Mit 18 Jahren habe ich dann Abitur gemacht und die Schule beendet, nachdem ich mein letztes Highschooljahr in Caxias verbracht hatte. Viele Leute in Brasilien brechen die Schule ab, mir war der Schulabschluss aber sehr wichtig. Wenn ich es nicht gepackt hätte mit der Karriere als Fußballprofi, dann wäre ich gerne auf die Universität gegangen. Es hätte mich gereizt, Fitnesstrainer zu werden, eine Mischung aus Sport, Medizin und Mathematik. Somit hätte ich vielleicht auch ins Fußballgeschäft reinrutschen können. Wenn ich heute in Behandlung beim Vereinsarzt oder bei den Physiotherapeuten bin, beobachte ich immer genau, was die Leute machen, und lasse mir alles erklären.

Mit 13 oder 14 Jahren musste ich übrigens kurzzeitig eine Brille tragen, mit sehr geringer Dioptrienzahl allerdings. Im Laufe der Jahre hat sich das dann zum Glück erledigt und ich brauchte die Brille nicht mehr. Wie jeder Junge fand ich das damals natürlich schrecklich, denn du willst doch gut ausschauen, hier und da ein bisschen mit den Mädchen flirten. Doch eigentlich war ich dafür viel zu schüchtern. Wie alle Jungs in unserer Klasse habe ich damals meine Geografielehrerin angehimmelt.

Eines Tages habe ich mir heimlich Opas Armbanduhr geschnappt und sie ganz stolz getragen. Eine elegante, wertvolle, aber keinesfalls protzige Uhr. Doch sie machte etwas her. Einem Mädchen fiel die Uhr auch sofort auf. Prompt wollte sie mit mir tanzen und wir haben uns kurz geküsst. Doch ich glaube, in Wahrheit hatte sie mehr meine Uhr im Auge als mich. Immerhin: Dank des Großvaters war ich plötzlich eine gute Partie.

Trotzdem bin ich damals kaum ausgegangen. Ich bekam ja nur wenig Taschengeld und wollte es nicht für Drinks auf irgendwelchen Partys ausgeben. Ich habe eigentlich immer nur an Fußball und Musik gedacht, schon damals habe ich meinen Freunden gesagt: »Ich will Fußballprofi werden!«

Als kleiner Junge habe ich mit nichts anderem gespielt als mit einem Ball. Und ich hatte bereits mit zwei Jahren einen ziemlich harten Schuss. Das hat alle verblüfft, darüber sprechen sie heute noch in meiner Familie. Matchbox-Autos haben mich nicht so sehr interessiert wie mein erster Fußball, den mir Papa gekauft hat. Ein Gummiball. Als er selbst ein Kind war, konnten sich Oma und Opa nichts anderes leisten als Bälle aus Hühnchen- oder Truthahnmägen. Die Jungs haben gespielt, bis dieses Ding explodiert ist. Da hatte ich es schon etwas besser. Wir haben damals überall gespielt, auf Bolzplätzen, auf der Straße, auf Parkplätzen zwischen den Autos – völlig egal. Auf Asche, im Staub, neben Abgasen, neben Mülltonnen – wo auch immer. Ohne Schuhe, oft nur mit Socken – kein Problem. Die Plastikbälle sprangen und hüpften wie verrückt – diese Kugeln zu kontrollieren war echt eine Kunst. Und eine gute Schule für später. Wie Wahnsinnige sind wir dem Ball bis zur Erschöpfung hinterhergelaufen. Wir haben Fußball geatmet, gelebt. Und alle von uns haben davon geträumt, eines Tages Fußballprofi zu werden.

Meinen ersten echten Fußball aus Leder habe ich mit zehn Jahren bekommen, von meiner Mama zu Weihnachten, natürlich kein Original, mit dem die Profis spielten, aber immerhin. Ich war so stolz und glücklich, von so einem Ding hatte ich immer geträumt. Ich habe auf meinen Ball aufgepasst wie auf einen Schatz und habe ihn nur ungern aus der Hand gegeben. Am Anfang wollte ich auch nicht, dass meine Kumpels damit spielen, damit er nicht verloren geht. Hatte ich den Ball dann doch mitgebracht zum Kicken, war ich so sauer, wenn ihn einer irgendwohin gebolzt hatte, raus auf eine Straße, unter ein Auto, über einen Zaun. Was habe ich mich da aufgeregt, geschimpft und geflucht! Eines Tages ist er kaputtgegangen, nach sechs, sieben Monaten war das gute Stück durch den täglichen Gebrauch eben verschlissen. Danach mussten wir leider wieder mit dem Plastikball vorliebnehmen, einen Ersatz gab es damals so schnell nicht. Denn so ein Lederball war für uns Kinder in Salvador ein echter Luxusgegenstand, auch wenn er umgerechnet nur 15 Euro kostete. Zum Vergleich: Für dieses Geld konnten damals zwei Erwachsene gut essen gehen. Oder eine Menge Brot für die ganze Familie kaufen. Warum also einen Ball? Bei uns sagte man: Alles, was du nicht essen kannst, macht dich nicht satt. Und ein Ball macht den Magen nicht voll.

Echte Fußballschuhe konnten mir meine Eltern auch nicht kaufen, dafür reichte das Geld ebenfalls nicht. Als Kind hatte ich nur ganz billige Treter aus Kunstleder. Erst mit 17 Jahren habe ich dann echte Fußballschuhe bekommen – bei Juventude, die hatten einen Ausrüstersponsor. Plötzlich habe ich mich wie ein richtiger Fußballspieler gefühlt.

Wie alle Kinder damals schwärmte ich für die Helden von 1994, Romário und Bebeto oder später Ronaldo, Ronaldinho und Rivaldo – sie waren unsere Idole. Aber richtig Fan war ich von Vampeta und Edílson aus der Weltmeistermannschaft von 2002. Vampeta, ein Bahiano, war defensiver Mittelfeldspieler und spielte in der Jugend für den Esporte Clube Vitória, einen der beiden großen Klubs in Salvador. Edílson, ein Stürmer, stammt aus meiner Heimatstadt und kickte am Ende seiner Karriere für EC Vitória.

Die meisten Kinder wollen Tore schießen und daher Stürmer sein. Doch angesichts meines Idols Vampeta fand ich es auch toll, zu verteidigen und

Bälle zu erobern. Ich habe mich damals immer öfter in die Abwehr gestellt und so gefielen mir dann auch Profis wie Juan und Aldair, gelernte Innenverteidiger. Beide waren bei Flamengo unter Vertrag, *dem* Klub aus Rio de Janeiro, und machten später in der Bundesliga, in der italienischen Serie A und in Portugal Karriere.

Um unsere Idole einmal live im Stadion zu sehen, mussten wir uns etwas einfallen lassen – auch wenn es nicht ganz legal war. Eines Tages stand das Erstligaspiel unseres EC Bahia gegen Flamengo im Stadion Fonte de Nova an. Doch die Tickets für solch ein Match gegen die Topstars konnten wir Teenager uns natürlich nicht leisten, aber Not macht bekanntlich erfinderisch. In einer Zeitung entdeckte ich eine Werbeanzeige, die einen gedruckten 50-Reais-Schein enthielt. Ich schnitt die Abbildung fein säuberlich aus – aber eine 50-Reais-Attrappe, lediglich auf einer Seite bedruckt, konnte das gut gehen? Dann erzählte ich den Jungs von meinem Plan und trotz der Angst aufzufliegen machten alle mit. Wir gingen also zum Stadion, stellten uns an den Kassenhäuschen an, und als ich dran war, bezahlte ich mit mehreren der 50-Reais-Attrappen, die ich zuvor geschickt gefaltet hatte. Der Typ merkte erst einmal nichts und gab mir sogar noch Restgeld heraus. Kaum hielten wir die Tickets in Händen, sind wir wie von Sinnen davongerannt und haben uns irgendwo auf der Tribüne verteilt. Als der Ticketverkäufer den Betrug bemerkte, lief er laut schimpfend hinter uns her. doch wir waren schon weit genug weg. Als das Spiel dann begann, trafen wir uns an der vorher vereinbarten Stelle auf den Stehrängen – mit reichlich Verpflegung! Wir konnten kaum den Spielern applaudieren, da wir die Hände voller Essen und Trinken hatten. Mit dem echten Wechselgeld hatten wir uns nämlich Hotdogs, Eis, Cola, Limo gekauft – alles, was wir uns sonst kaum leisten konnten. Ein herrlicher Nachmittag!

Als Fan von EC Bahia, dem großen Stadtrivalen von Vitória, war ich auch ein großer Fan von Bobô, dem absoluten »local hero«, einem der größten Idole in der Geschichte des EC Bahia. Er war dabei, als der Klub 1988 sensationell die brasilianische Meisterschaft gewann, später wurde er Sportdirektor. Ich sollte ihm noch begegnen – und unser Treffen sollte anders enden als erhofft.

Aus dem losen Spaßgekicke in der Nachbarschaft wurde langsam mehr. Da ich zu den talentierteren Jungs gehörte, durfte ich mit zwölf Jahren auf die Escolinha de Futebol Sistema solar. Unsere Eltern mussten dafür zum Glück nichts bezahlen. Danilo, mein bester Kumpel aus der Schule, war auch dabei, als ich mit 20 anderen Jungs auf einem Platz neben dem alten Stadion Pituaçu nachmittags trainiert wurde. Von einem Coach namens Magrão. Dreimal die Woche: montags, mittwochs und freitags. Der Platz war furchtbar, ein staubiger, dreckiger Ascheplatz unweit der mehrspurigen Stadtautobahn. Später wurde er zum Parkplatz des Stadions umfunktioniert. Manchmal durften wir freitags sogar im Pituaçu-Stadion trainieren. Um zu diesem schon semiprofessionellen Training zu kommen, mussten wir mit dem Bus quer durch die Stadt fahren. Wenn wir kein Geld hatten oder es lieber für Kekse und Säfte sparen wollten, sind wir zu Fuß gegangen.

Mit elf Jahren habe ich dann meine erste längere Busreise mit einer Mannschaft zu einem Auswärtsspiel gemacht. Das war ein tolles Erlebnis. Ab diesem Zeitpunkt habe ich noch intensiver davon geträumt, später Profi zu werden. Die Spiele häuften sich nun, und die Orte, zu denen wir fuhren, waren immer weiter entfernt. Manchmal mussten wir an den Wochenenden um fünf Uhr morgens aufstehen, um zu den Plätzen zu kommen. Da wir oft nicht genug Geld für die Busfahrkarte hatten, sind wir manchmal einfach schnell unter den Drehkreuzen der Ticketkontrolle durchgeschlüpft. Um an Extrageld für die Busfahrten zu kommen, waren unserem Erfindungsreichtum keine Grenzen gesetzt. Oma zum Beispiel hat zu Hause einen speziellen Drink gemixt in verschiedenen Geschmacksrichtungen, zum Beispiel Limone, den sie dann an Nachbarn verkauft hat. Mit den Einnahmen konnte sie mir T-Shirts und Sporthosen kaufen.

So half jeder, wie er konnte. Ob Familie oder Freunde. Als Alexandre, einer meiner Kumpels, der später acht Jahre lang mit meiner Schwester Dandara ausging, bei einem der zahllosen Sichtungscamps einen Aufnahmetest bestanden hatte, bat er die Ausbilder, auch meine Freunde und mich vorspielen zu lassen. In Brasilien war das der übliche Weg, in diesem Alter weiterempfohlen zu werden. Und so bin ich 1998 über Umwege mit 15 Jahren zu einem Verein namens Catuense Futebol S/A gekommen. Die Stadt Catu liegt rund 90 Kilometer nördlich von Salvador, daher musste ich ständig mit dem Bus hin- und herfahren. Nach einem Jahr gab es dann plötzlich die Chance, zu Galícia Esporte Clube zu wechseln, einem Verein in Salvador, der einst von Spaniern gegründet worden war und eine große Tradition in der Nachwuchsarbeit hat. Alle, die versuchen, bei den beiden großen Vereinen in Salvador, Bahia oder Vitória, unterzukommen und es nicht schaffen, gehen zu Galícia. Das ist der einfachere Weg. Und für mich war es der richtige Weg. Auch wenn es ein Umweg war – für mich war es ein weiterer großer Schritt.

Dann gab es zunächst einmal einen Rückschlag. Denn eines Tages wurde ich von einem Auto angefahren und verletzte mich schwer am rechten Knie. Es hatte stark geregnet, war schon dunkel und die Straßen zur Rushhour am späten Nachmittag überfüllt. Ich kam gerade vom Training und wollte eine Straße zur Bushaltestelle überqueren, als mich ein Autofahrer beim Abbiegen übersah und erwischte. Der Schreck war zunächst größer als die Schmerzen. Ich hatte nicht gut aufgepasst und der Fahrer ebenfalls nicht. Richtig schlimm war für mich, dass ich wegen dieser Knieverletzung drei Monate lang nicht spielen, nicht einmal trainieren und mich kaum bewegen konnte. Für mich die Höchststrafe! Natürlich hatte ich auch Angst um meine Karriere. Der EC Galícia kümmerte sich in dieser Zeit kein bisschen um mich – null. Kein Besuch, keinerlei Unterstützung, keine finanzielle Hilfe bei der ärztlichen Therapie. Opa bezahlte die Behandlung in einer Klinik über eine Versicherung, die er abgeschlossen hatte. Noch heute nehme ich das den Verantwortlichen von Galícia übel, denn einen jungen Kerl von 15 Jahren lässt man nicht so hängen.

In dieser schweren Zeit hat mir mein Onkel Jonílson sehr geholfen. Er war quasi mein »Personal Trainer«, mein Fitnesscoach. Auch vor meiner Verletzung sind wir schon immer gemeinsam laufen gegangen, am Strand oder an der Uferpromenade im Stadtteil Barra nahe dem Leuchtturm Forte de Santo Antônio da Barra. Bereits mit etwa 14 Jahren haben wir mit Laufeinheiten inklusive verschiedener Dehnübungen begonnen. Das Ganze meist zweimal pro Tag. Wenn es zu heiß war, sind wir erst um 18 oder 19 Uhr abends gelaufen. Jonílson hat immer gesagt: »Dante, wenn du Profi werden willst, musst du körperlich zu 100 Prozent fit sein. Das ist die Grundvoraussetzung.«

Er wusste genau, wovon er sprach, denn er war selbst früher einmal Profi, spielte einige Jahre außerhalb Bahias. Daher hatte er mich einige Jahre nicht regelmäßig gesehen, bis ich eben knapp 15 Jahre alt war. Eines Tages schaute Jonílson mir wieder einmal beim Training zu und war erstaunt, dass ich solch einen großen Sprung gemacht und ein anderes Level erreicht hatte. Endlich ging es nun auch in den Familiengesprächen nicht mehr immer nur um Bureco, meinen Cousin, der in der zweiten portugiesischen Liga aktiv war.

Ich war nie der Beste, nicht der Talentierteste, aber ich konnte mich quälen und hatte den absoluten Willen, es zu schaffen. Daher wollte ich immer und immer trainieren: Ausdauerläufe und kleine, kurze Sprints mit Richtungsänderungen – als Simulation der Bewegungen eines Innenverteidigers im Spiel. Damals hat man im brasilianischen Fußball nicht so viel Wert auf Athletik gelegt. Man hat gesagt: Du musst mit dem Ball laufen, nicht ohne. Heutzutage ist das anders, man muss ein Topathlet sein und ein Topfußballer.

Nicht mal sonntags habe ich mir eine Pause gegönnt, meine Vereinskollegen haben mich belächelt und sich darüber amüsiert. Unser Sonntagsritual sah so aus: aufwachen und aufwecken. Denn Jonílson war ein Langschläfer und ich sein Wecker. Dann haben wir gefrühstückt und sind anschließend los zum Trainieren. Einmal habe ich an seine Tür geklopft und gerufen: »Hey, was ist? Hast du mich vergessen? Wir müssen laufen gehen.« Die Tür blieb jedoch verschlossen, ich hörte ihn nur rufen: »Nein, aber geh allein heute, lass mich in Ruhe.« Was ich damals nicht ahnte: Jonílson lag gerade mit seiner Freundin im Bett. Wir müssen heute noch lachen, wenn wir uns diese Geschichte erzählen. Aber damals war ich eben ein kleiner Junge und wusste nicht, dass es noch schönere Dinge als das Laufen gibt. Viele Bekannte haben uns damals gewarnt: »Passt auf, Dante nimmt es zu ernst, er trainiert zu hart, übertreibt es.« Doch Jonílson hat mich stets verteidigt. Für ihn war ich wie ein kleiner Bruder, da ich sieben Jahre jünger bin. Und ich habe zu ihm aufgeschaut und all seine Tipps angenommen. Er hat mich auch immer ermahnt, dass ich mich

1987: Ich war schon immer der Aufpasser für meine zwei Jahre jüngere Schwester Dandara.

1988: mit Mama beim Zelten an einem Strand in Salvador, vier Tage waren wir dort, als ich fünf war.

1994: ganz in Weiß. Fesch waren wir bei der Kommunion, mein Kumpel Diego und ich.

1994: Karfreitagsessen (ohne Fisch!) mit Onkel Dologo (rotes Shirt), Onkel Jonílson (schwarzes Shirt), Marcela, einer Freundin, sowie Alexandre, einem Kumpel. Und ich – mit Brille!

2001: ganz stolz im grün-weißen Dress von Juventude (ganz links mein Kumpel Daniel, ich als Zweiter von rechts)

2002: ein Jugendderby im Süden Brasiliens – mit Juventude gegen Caxias.

2002: Strandfeeling mit Cousin Thiago, seiner Mama Edinha und Cousin Elder in Bahia.

2005: mein zweiter Winter mit Jocelina in Lille – eine Herausforderung für Brasilianer, dieser Schnee!

2006: lieber Sand als Schnee: Von Charleroi sind wir oft an den Strand bei Brügge gefahren.

2005: meine erste Station in Europa, der OSC Lille in Nordfrankreich (Januar 2004 bis Januar 2006).

2006: Danach spielte ich von Januar 2006 bis Juni 2007 bei RSC Charleroi in Belgien.

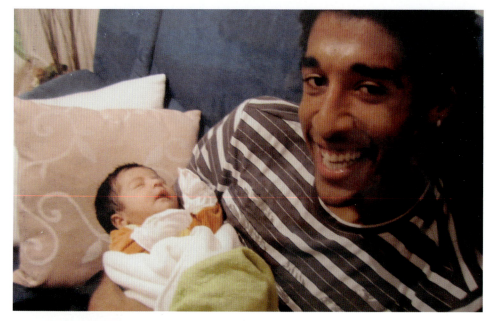

2007: ein Geschenk Gottes, meine Sophia. Hier im Dezember 2007, da war sie zwei Wochen alt.

2007: Ab Juni 2007 war ich bei Standard Lüttich unter Vertrag, bis zu meinem Wechsel nach Gladbach im Januar 2009.

2009: Mit Mama Vera, der kleinen Sophia sowie meiner Frau Jocelina auf Stadtbummel in Köln.

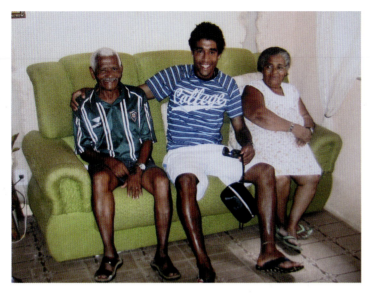

2008: zu Besuch bei meinen geliebten Großeltern, Opa João und Oma Odair – in diesem Haus bin ich aufgewachsen, im Stadtviertel Binóculo.

2008: vor der Kirche Nosso Senhor do Bonfim in Salvador.

2008: Ich liebe Fisch! Mit einer vollen Fischplatte in einem Strandlokal in Bahia.

2011: ein stolzer Borusse. Fotoshooting im Gladbacher Borussia-Park.

2012: meine Mama zu Besuch im Gladbacher Fanshop bei meinem Abschied von der Borussia 2012.

2011: Oh je! Mit Glatze und meinem Kumpel Marco Reus nach dem Klassenerhalt mit Borussia im Mai 2011 nach einem 1 : 1 in Bochum.

Mit Lucien Favre, meinem wichtigsten Trainer zu meiner Gladbacher Zeit. Ein ganz toller Coach.

Ich bin sehr stolz, das Trikot des FC Bayern München zu tragen. Daher habe ich meinen Vertrag bis 2017 verlängert.

Unter Trainer Jupp Heynckes gewann ich 2013 mit dem FC Bayern das Triple. Er war sehr wichtig für mich.

Oans, zwoa, gsuffa: mit Luiz Gustavo, Rafinha sowie einer frischen Maß und Apfelschorle auf dem Oktoberfest.

Deutscher Meister 2013! Was für ein tolles Gefühl – ein Jahr später haben wir den Triumph wiederholt.

Er ist ein super Musiker: mit meinem Kumpel Rafinha zu Gast bei einem Münchner Radiosender.

Mein größter Traum geht in Erfüllung! Champions-League-Sieger mit Bayern in London 2013.

Trainer Pep Guardiola kam 2013 zum FC Bayern. Er hat mich im ersten Jahr noch besser gemacht.

Und Weltmeister auch! Im Dezember 2013 holen wir (hier mit Rafinha) in Marokko den Titel des Klub-Weltmeisters. Der fünfte Titel in jenem Jahr. Wahnsinn!

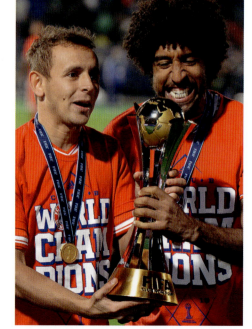

2013: mein erster Titel mit der Seleção, mein vierter in diesem Jahr – hier mit dem Confed-Cup-Pokal und Dani Alves, der so gut aussehen möchte wie ich.

Der Pelourinho: der berühmteste Platz Brasiliens im Herzen der Altstadt von Salvador. Hier wird sogar mein Seleção-Trikot mit Perücke verkauft.

Zu Hause bei Mama: mit Oma Sonia und meiner Schwester Dandara.

Meine beiden Rasta-Men: mein Bruder Lucas und Papa João.

Immer wieder schicke ich Trikots nach Brasilien: hier Mama und Lucas mit alten Dressen aus Frankreich und Belgien.

Meine Jungs! Danilo und Pee Moraes – beide gingen auf der Schule in meine Klasse – im Bayern- und im Gladbach-Trikot.

Dieses Bild entstand bei einem Shooting für meinen persönlichen Ausrüster PUMA.
Dante trägt den PUMA evoPOWER.

fernhalten solle von Kindern, die Drogen nehmen. Als ich 2013 zum ersten Mal in die Seleção berufen wurde, hat Jonílson vor Freude geweint. Weil er wusste, wie hart ich dafür gearbeitet hatte.

6.

Meine Odyssee als Teenager

Die Frage, die mir mein Vater stellte, war eine klare Entweder-oder-Frage. Da gab es kein Ausweichen, kein Jein, kein Vielleicht. Sie lautete: »Dante, du musst dich entscheiden: Fußball oder Musik? Was willst du im Leben? Wo willst du hin? Welchen Beruf willst du ergreifen? Fußballer oder Musiker?« Ich war gerade 15 Jahre alt und mir nicht sicher. Meine zwei großen Leidenschaften waren der Fußball und die Samba, doch ich neigte etwas mehr in Richtung Fußball. Papa betonte nur, dass ich die Schule auf jeden Fall beenden solle, der Rest stehe mir dann frei. Ich sollte mir einfach klar darüber werden, was ich wollte, und mich dann voll und ganz darauf konzentrieren, um meinen Lebensunterhalt damit verdienen zu können. Keine einfache Frage.

Ich hatte schon immer ein gutes Ohr für Musik, ein ganz gutes Rhythmusgefühl. Es liegt mir im Blut. Opa hat zu Hause immer Schallplatten aufgelegt. Als kleines Kind habe ich mich oft zu ihm gesetzt und gelauscht – oder wir haben zur Samba ein paar Schritte getanzt. Eigentlich war unsere ganze Familie sehr musikalisch. Auch Mama tanzte sehr gerne – und gut. Als ich alt genug war, nahm mich Onkel Jonílson in Klubs mit, wo die typischen Bahia-Rhythmen gespielt wurden: Samba, Pagode. Oft waren wir lange aus und sind erst spät in der Nacht zurückgekommen. Ich weiß noch, wie Oma uns dann immer geschimpft hat.

Ob auf dem Schulweg oder in der Schule – ich habe einfach immer Musik gemacht, etwas vor mich hingesungen oder auf die Rücken der Schulbücher getrommelt, ein paar Samba-Rhythmen. Mit zehn Jahren habe ich dann angefangen, selbst Instrumente zu spielen, natürlich zunächst die Pandeiro, diese brasilianische Rahmentrommel, danach die Cavaquinho, diese kleine Gitarre.

Aus Liebe zur Musik und den Instrumenten habe ich Dinge gemacht, für die mich meine Familie und meine Freunde für verrückt erklärt haben. Als Beispiel folgende Geschichte: Lange Zeit hatte ich mir unbedingt ein Fahrrad gewünscht und mit zwölf Jahren war es endlich so weit. Papa hatte ein tolles Fahrrad gekauft, musste es in zehn Raten abbezahlen. Der Wahnsinn! Ich war so stolz, so glücklich. Stundenlang bin ich herumgedüst und musste nun auch nicht mehr so weit laufen. Es war ein herrliches Gefühl. Viele meiner Kumpels waren natürlich neidisch und haben mich gebeten, ihnen das Rad einmal zu leihen. Das habe ich nur ungern gemacht und jeden, der mich rumgekriegt hatte, habe ich ermahnt: »Aber pass gut drauf auf!« Dieses Fahrrad habe ich gehütet wie meinen Augapfel. Ich habe es penibel geputzt, die Kette geölt und, wenn ich einen Platten hatte, sofort den Reifen geflickt. Doch eines Tages, mit etwa 15 Jahren, habe ich mein geliebtes Fahrrad weggegeben. Schweren Herzens zwar, aber ich wollte unbedingt ein eigenes Pandeiro besitzen. Damals war ich am Knie verletzt, konnte eine Zeit lang nicht Fußball spielen und durfte nicht mit dem Rad fahren – als einzige Freude blieb mir die Musik. Also habe ich mit einem Freund getauscht: Pandeiro gegen Fahrrad. Ich habe mich nicht getraut, meinem Vater das am Telefon zu beichten.

Und dennoch: Die Musik ist für mich ein Hobby geblieben. Der Wunsch, Profifußballer zu werden, war letztlich doch größer – und wohl auch das Talent. Ich wollte mein Ziel unbedingt erreichen, daher auch all das harte Lauftraining mit meinem Onkel. Mein Ehrgeiz wurde von Monat zu Monat größer. Ich wollte es allen beweisen – auch meiner Familie, da es immer hieß, mein Cousin Bureco, der in Portugals zweiter Liga unter Vertrag stand, sei der bessere, talentiertere Spieler. Also musste ich es über Fleiß und harte Arbeit schaffen. Schon früher, wenn ich mich mit Alexandre, Lazaro, Manga und Bizinho zum Kicken getroffen hatte, war ich meist der Erste, der beim Treffpunkt war, und der Letzte, der nach Hause ging. Wir Freunde haben uns stets gegenseitig angetrieben, auch das hat mich besser und besser werden lassen. Neid kannten wir untereinander nicht.

Obwohl er meist nicht körperlich anwesend war, da er in Belém lebte und arbeitete, half mir mein Vater in dieser Zeit sehr. War Onkel Jonílson mein Fitnesstrainer, dann war Papa João so etwas wie mein Mentalcoach. Als Hobbykicker war er früher selbst Abwehrspieler gewesen, aber darum ging es nicht. Er half mir in langen Telefonaten und persönlichen Gesprächen, mich richtig einzuschätzen, meinen Weg zu gehen. »Du kannst es schaffen«, sagte er und schärfte mir ein: »Alles ist möglich, Junge! Egal, was dir die Leute sagen. Hör nur auf die Leute, die für dich wichtig sind, die Trainer, die echten Freunde, die Familie. Du musst aber auch Ratschläge annehmen und dazulernen wollen. Du darfst nie glauben, dass du schon gut genug bist. Es geht immer mehr. Mach immer einen Schritt nach dem nächsten!« Papa und ich sahen uns jetzt wieder öfter. Als ich zehn Jahre alt gewesen war, hatte er seine Festanstellung verloren, da die Institution, für die er in Belém gearbeitet hatte, hatte schließen müssen. Fortan reiste er quer durchs Land, um seinen Lebensunterhalt als Kunstrestaurator zu verdienen, und kam so auch öfter zu mir nach Salvador.

Mein Vater betonte immer wieder, dass ich drei Dinge auf dem Weg zum Profifußballer nie vergessen solle: Disziplin, Hingabe und Geduld. Mit Disziplin meinte er, dass ich schon als Jugendlicher wie ein Profi leben müsse, wenn ich einer werden wolle. Denn die Einstellung entschied seiner Ansicht nach über die spätere Karriere. »Tu es für dich! Keine Partys, kein Alkohol und natürlich keine Drogen«, hämmerte er mir ein. Ein zweiter wichtiger Punkt war die Hingabe: Damals schon gab Papa mir einen Spruch mit auf den Weg, den er 2012 nur leicht abwandelte, als ich meinen Vertrag beim FC Bayern unterschrieb: »Du musst pro Tag 500 Löwen in dir töten!« Was heißen soll, dass man sich immer wieder überwinden, gegen alle Widrigkeiten ankämpfen muss und 110 Prozent geben soll. Am Ende des Tages sollte ich zu mir selbst sagen können: Ich habe alles getan, mein Bestes gegeben. Auch wenn das manchmal nicht für einen Sieg oder einen Stammplatz reichte, aber man hatte ein gutes Gefühl.

Der letzte Punkt war die Geduld: Hier lehrte mich Papa, die Dinge manchmal etwas langsamer anzugehen. »Du bekommst deine Chance! Konzentrier dich nur auf den Moment und überspring keine Schritte. Du kannst einen Berg nicht mit einem Schritt erklimmen. Und wenn du einen Fehler gemacht hast, dann lerne daraus und überleg dir, was du verbessern kannst.«

So habe ich es auch zu akzeptieren gelernt, dass ein Trainer mich auf die Bank setzt. Ich nehme mir dann immer vor: Wenn ich in die Partie komme – und sei es auch nur für fünf Minuten –, versuche ich, in dieser Zeit so zu spielen, als wäre es das Spiel meines Lebens. Mein Vater sagte auch immer: »Du musst nur für dich und deine Karriere spielen, die Trainer kommen und gehen.« Das Wichtigste in nahezu allen Situationen des Lebens habe ich schnell begriffen und möchte es gerne jüngeren Spielern mit auf den Karriereweg geben: Versuche, alles mit einem Lächeln im Gesicht zu machen. Das ist der Schlüssel zu den Herzen der Menschen. Sei offen und lächle, auch wenn es dir schlecht geht.

Weil ich beim Galícia Esporte Clube nach meiner Knieverletzung so schlecht behandelt worden war, wollte ich mir einen neuen Verein suchen. Dafür musste ich zu verschiedenen Probetrainings und mit dem Bus quer durch ganz Brasilien reisen. Natürlich hatte ich damals mit 15 Jahren keinen Berater oder Agenten, ich war auf mich allein gestellt, spürte aber, dass mehr in mir steckte. Schnell war mir auch klar, dass meine Zukunft nicht in Bahia lag, nicht in meiner Heimatstadt Salvador. Hier kam ich nicht weiter, hatte schon alles versucht. Meine Mutter erinnert sich heute noch an den Moment, als ich eines Abends im Wohnzimmer saß und sagte: »Mama, ich muss hier weg. Ich muss einen anderen Verein finden, egal wo in Brasilien.« Natürlich macht das einer Mutter erst einmal Angst, doch sie antwortete ganz ruhig: »Okay, wenn das dein Weg ist, dann mach es. Ich glaube an dich!« Als Nächstes musste ich noch meinen Vater von meinem Plan überzeugen. Das war kein einfaches Telefonat, das kann man sich vorstellen. Natürlich war Papa sehr skeptisch, hatte Angst um mich, um seinen Sohn, das ist doch klar. Aber schließlich konnte ich ihn überzeugen: »Papa, ich muss das machen, muss es versuchen. Lass mich meinem Traum weiter hinterherjagen. Wenn ich es nicht schaffe, komme ich wieder nach Hause.« In dem Gespräch erinnerte ich Papa an einen meiner Onkel, der auch Fußballer hatte werden wollen. Mit 16 Jahren hatte er plötzlich die Chance bekommen, zu einem Verein außerhalb von Bahia zu wechseln, doch mein Großvater hatte es ihm nicht erlaubt, weil die Angst zu groß gewesen war, dass ihm etwas hätte passieren können. So wurde letztlich nichts aus seiner Karriere. Ich glaube, dass Vater mir deshalb freie Hand ließ, weil er nicht denselben Fehler machen wollte wie Opa. Papa willigte also ein, wollte aber wissen, wie er in dieser Zeit mit mir Kontakt halten konnte, damit er immer im Bilde war, wie es mir ging. Da ich damals noch kein Handy hatte, versprach ich, mich regelmäßig über eine der »Orelhaos«, dieser für Brasilien typischen halb offenen Telefonzellen, zu melden.

Das Vorspielen bei den Vereinen fand stets in den Schulferien statt. Scouts und Beobachter reisen quer durchs Land, um irgendwo Talente aufzutreiben, die sie dann gegen eine Provision an interessierte Klubs vermitteln können. Mein erstes Probetraining hatte ich bei einem kleinen Verein, bei der Sociedade Esportiva Matsubara im Bundesstaat Paraná. 52 Stunden saß ich im Bus, um in die Stadt Cambará, südwestlich von São Paolo, zu kommen. Die Busfahrt hatte mir Papa bezahlt, Mama hatte mir Sandwiches eingepackt, dazu hatte ich umgerechnet 20 Euro bei mir. Es war brutal, kaum hatte der Bus Salvador verlassen, bekam ich Heimweh. Natürlich wollte ich stark und erwachsen sein, aber ich war ja doch beinahe noch ein Kind. Am liebsten hätte ich geweint, aber vor den anderen Passagieren wollte ich mir dann doch keine Blöße geben. Außerdem wusste ich ja, warum ich das alles auf mich nahm. Jemand hat einmal ausgerechnet, dass es in ganz Brasilien nur einer von 500 Jugendspielern schafft, Profi zu werden. War mein Traum also ein aussichtsloses Unterfangen?

Bei Matsubara fiel ich erst einmal durch. Als Nächstes bekam ich eine Chance beim Traditionsverein Fluminense FC in Rio de Janeiro, wohin man mich über einen Agenten vermittelt hatte. Zum Glück waren das von Cambará aus nur etwas mehr als 800 Kilometer. In Rio angekommen, bekam ich den Mund vor Staunen nicht mehr zu. Wie ein kleines Kind presste ich meine Nase an die Fensterscheibe des Busses. Nie zuvor war ich in dieser Millionenstadt gewesen. Doch hatte ich damals keine Zeit, mir den Strand, die Copacabana, anzuschauen. Und sowieso kein Geld, um essen oder feiern zu gehen. Bei Fluminense durfte ich drei Monate in der Jugend mittrainieren. Eine Zeit lang konnte ich im Haus der Tante eines Agenten in Rio übernachten, musste aber meist für mich selbst sorgen, auch kochen. Also gab es immer nur Reis mit schwarzen Bohnen. Na ja, da musste ich eben durch, ich hatte mir ja geschworen, keine Ausreden zuzulassen.

Doch auch diesmal bekam ich keinen Vertrag. Es gebe Probleme mit der Lizenz und den Papieren – hieß es. Unterm Strich bedeutete das: erneut nicht geschafft. Es war eine sehr schwierige Zeit, in der ich besonders unter der ständigen Ungewissheit litt. Ich wusste nie, was morgen kommen würde, hatte null Sicherheit. Heute hier, morgen da und übermorgen vielleicht schon wieder ganz woanders. Weiter zu einem anderen Verein. Dazu musste ich ja auch weiter in die Schule gehen. Die Vereine haben die Spieler zu Schulen geschickt, dort fand der Unterricht statt. Ich ermahnte mich selbst: lächeln, Dante, lächeln!

Auf all meinen Stationen habe ich versucht, Kontakt zu meiner Familie zu halten. Ich konnte aber nur einmal pro Woche mit meinen Eltern telefonieren, weil es erstens teuer war, und zweitens konnte ich es kaum ertragen. Wenn ich mit meiner Mutter gesprochen habe, musste ich mich sehr beherrschen, nicht zu weinen. Sie hat mich vermisst, war besorgt und traurig und ich wollte ihr keinen Grund geben, noch trauriger zu werden. Wenn ich mit Opa oder mit Papa gesprochen habe, sagte ich stets: »Es ist alles in Ordnung hier, mach dir keine Sorgen, es geht mir gut.« Ich musste schwindeln, denn wenn ich ihnen die Wahrheit erzählt hätte, hätten sie mir sicher sofort ein Busticket für die Heimfahrt geschickt. Als ich meinem Opa viel später, als ich schon Profi in Frankreich war, meine

Notlügen gebeichtet habe, meinte er entrüstet: »Wie konntest du mich nur anlügen? Das hast du nicht von mir gelernt.« Darauf antwortete ich: »Nein, nein, Opa, das war keine Lüge, ich habe dir nur nicht alles erzählt.«

Wenn man seinen großen Traum verfolgt, muss man eben bereit sein, Opfer zu bringen. Und ich war bereit, ein ganz, ganz großes Opfer zu bringen. Neben dem Pandeiro, für das ich im Tausch ja mein Fahrrad hergegeben hatte, war eine Playstation das Wertvollste, was ich als Jugendlicher besaß. Diese Konsole für Videospiele, die mir mein Vater geschenkt hatte, war mein Ein und Alles, mein ganzer Stolz. Fast täglich lud ich meine Freunde nach der Schule zu mir ein, um gemeinsam Fußball auf der Playstation zu spielen. Damit war ich der King in der Nachbarschaft, da ich als Einziger solch ein Ding besaß. Wer mitspielen oder die Konsole leihen wollte, musste kleine Centbeträge berappen, da war ich ein knallharter Geschäftsmann. Dafür konnte ich mir dann ein paar Süßigkeiten holen. Eines Tages habe ich zur Überraschung meiner Familie und zum Entsetzen meiner Kumpels die Playstation verkauft, weil ich Geld brauchte. Alexandre und die anderen Jungs erklärten mich für verrückt, waren völlig fassungslos. Wie konnte ich nur! Das war doch unser großer gemeinsamer Spaß! Für mich aber gab es etwas Wichtigeres, denn die 100 Reais, die ich für die Playstation bekam, waren genau die Summe, die ich für meine nächste Reise zu einem weiteren Probetraining brauchte – plus Verpflegung auf der langen, anstrengenden Tour.

Die nächste Station, die nächste Chance: Associação Portuguesa de Desportos. Der Verein aus São Paulo wird immer nur kurz Portuguesa genannt. Ich war den Verantwortlichen erneut empfohlen worden. So läuft das meist ab: Du trainierst, spielst vor, Scouts und Agenten beobachten dich und plötzlich sagt jemand: »Fahr da und dort hin, stell dich vor und such deine Chance.« Viele Jugendliche können sich die weiten Reisen gar nicht leisten oder müssen nach ein, zwei Fehlversuchen verzweifelt aufgeben. Das war es dann meistens. Aber ich wollte auf keinen Fall aufgeben.

Das Geld vom Verkauf der Playstation war aufgebraucht, ich konnte mir die Fahrt nach São Paulo nicht leisten. Also rief ich Papa an. Damit ich Geld für die Fahrkarte bekam, musste er Geld an das Bankkonto der Familie des Agenten in Rio de Janeiro überweisen, denn ich hatte ja noch kein Konto. Also reiste ich mit dem Zug nach São Paulo, diese Verbindung gibt es heute nicht mehr. Am Bahnhof von Rio machten mich plötzlich drei Halbstarke blöd an, denen wohl meine Armbanduhr aufgefallen war. Sie drängten mich in eine Ecke und wollten mir die Uhr abnehmen. Mir wurde heiß und kalt. Drei gegen einen! Und in so einer Situation hilft dir in der Menschenmenge keiner. In meiner Verzweiflung plapperte ich einfach drauflos, habe ihnen versichert, diese blöde Uhr sei gar nichts wert und ich hätte auch ansonsten nichts, was sie reich oder glücklich machen könnte. Ich spannte meine Muskeln an und erwartete eigentlich eine gehörige Tracht Prügel. Doch – welch Wunder! – sie glaubten mir und ließen mich tatsächlich in Ruhe. Ein Schock, aber wenigstens mal ein kleines Erfolgserlebnis!

Bei Portuguesa ging dann alles schief und ich wurde vorzeitig rausgeschmissen. Alle Jugendspieler, die das Probetraining mitmachten, waren im selben Hotel untergebracht. Natürlich kommt es bei einer Horde Teenager auch mal zu Raufereien, manche trinken zu viel. Ich verkroch mich lieber auf meinem Zimmer und wollte mich da heraushalten. Eines Tages hatte der Hotelmanager dann genug und schmiss alle raus, mich auch. Das war's. Der dritte Versuch, die dritte Pleite. Enttäuscht fuhr ich zurück nach Salvador. Als Verlierer. Das Lächeln fiel mir schwer. Um mich zu erholen, verbrachte ich einige Zeit zu Hause bei Mama. Ohne Verein, ohne Vertrag, ohne Perspektive auf eine Karriere als Fußballer. Nirgendwo hatte es geklappt. Nicht in der Heimat, nicht in der Fremde. Zwischen all den zermürbenden Busfahrten ist mein Vater einmal mit mir zu einer Jugendakademie des EC Bahia gegangen. Bobô, das Idol aller Bahianos, war damals dort Sportdirektor. Es wäre der Traum der ganzen Familie gewesen, dass ich eines Tages tatsächlich das Bahia-Trikot tragen würde. Wir sprachen also persönlich vor und baten um ein Probetraining. Doch Bobô reagierte ziemlich unterkühlt, etwas von oben herab. Man ließ uns auch lange auf die Entscheidung warten, dann hieß es: Die ganze Akademie ist voll, kein Platz mehr frei. Dabei hatte ich nicht einmal die Chance bekommen, vorzuspielen und zu zeigen, was ich konnte. Frustriert sind wir daraufhin wieder abgezogen. Von meinem Idol war ich schwer enttäuscht. Was blieb? Nur das Lächeln. Es war auch eine Art Crashkurs im Erwachsenwerden. Wenn du mit so vielen Schwierigkeiten fertig werden musst, wächst du daran, wirst stärker. Ich war teilweise darauf angewiesen, dass mir andere Leute etwas Geld gaben. Manchmal hatte ich nicht einmal genug zu essen und ich konnte mir nichts leisten. Selbst für Shampoo fehlte mir das Geld. Ganz ehrlich: Es war die schwierigste Zeit meines Lebens. Einige Jahre ging das so: Ich hörte von einem Probetraining, habe mir Geld besorgt, bin in einen Bus gestiegen und habe vorgespielt. Meist allerdings vergebens.

Doch selbst in den schwierigsten Momenten habe ich nie aufgehört, daran zu glauben, dass ich es irgendwann schaffen würde. Heute bin ich froh, dass ich diese Zeit erlebt habe, denn ohne all diese Erlebnisse, ohne all die Rückschläge wäre ich wohl ein anderer Mensch und könnte mein heutiges Glück vielleicht nicht so schätzen.

Im Jahr 2000 hatte ich dann mit 16 Jahren das erste Erfolgserlebnis: Eine Saison konnte ich in der Jugend des Capivariano Futebol Clube spielen. Dort in Capivari, in der Nähe von São Paulo, lernte ich sehr nette Leute kennen. Eltern von Jugendlichen, die auch um einen Vertrag kämpften, haben mich hin und wieder zu sich nach Hause zum Mittagessen eingeladen. Eines Tages bin ich einem Scout von Juventude bei einem großen Jugendturnier aufgefallen. Das war endgültig die Wende zum Guten.

So kam ich 2001 zum Esporte Clube Juventude, nach Caxias do Sul, in eine 400 000-Einwohner-Stadt im Bundesstaat Rio Grande do Sul, knapp 3000 Kilometer südlich von Salvador, unweit der Grenze zu Uruguay. Das bedeutete: 60 Busstunden von meiner Heimatstadt entfernt. Die Bedingungen dort waren gut. Wir trainierten rund fünf Minuten außerhalb des Stadtzentrums auf einem 30 Hektar großen Gelände mit sieben Fußballplätzen. Auch das Estádio Alfredo Jaconi war gut ausgestattet. Dennoch war auch hier die Anfangszeit hart. Die ersten drei Monate bekam ich kein Geld. Sie gaben mir einen Platz zum Schlafen und etwas zu essen, das war's.

Trotzdem sollte Juventude ein Glücksfall für mich werden, und das lag an einem Mann: Ricardo Gomes. Er betreute mich ab 2002 in der Profimannschaft von EC Juventude. Gomes, ein gelernter Innenverteidiger, hatte einst bei Fluminense in Rio gespielt und in Europa bei Benfica Lissabon und Paris St.-Germain (PSG) große Erfolge gefeiert. Im Fernsehen hatte ich seine Spielweise immer bewundert, vor allem bei den Weltmeisterschaften. Im Trikot unserer Seleção hatte er zwischen 1984 und 1994 45 Länderspiele bestritten und an der WM 1990 teilgenommen. Nach Ende seiner aktiven Karriere war er Trainer in Paris bei PSG geworden und danach zurück nach Brasilien gegangen und hatte unter anderem 1999/2000 bei Vitória gearbeitet.

Warum Gomes damals so entscheidend für mich war? Nun, er machte mich zum Innenverteidiger. Bis ich 19 Jahre alt war, habe ich im Mittelfeld gespielt, aber da auch defensiv, auf der Sechserposition zentral vor der Abwehr. Mir gefiel das schon immer, wenn ich das Spiel vor mir hatte und die Angriffszüge aufbauen konnte. Als Gomes mir den Vorschlag machte, mich zum zentralen Verteidiger umzuschulen, fragte ich ihn: »Warum? Ich werde nie so verteidigen können wie Sie!« Er antwortete: »Das stimmt – du wirst es noch viel besser können.« Ich hielt das damals für reines Gerede, konnte es einfach nicht glauben. Doch gerade weil er mich so bestärkt und an mich geglaubt hat, spielte ich in den ersten Partien auf der ungewohnten Position richtig gut. Dank der Laufeinheiten mit meinem Onkel Jonílson hatte ich ausreichend Kraft und den Willen sowie das Selbstvertrauen verdankte ich den Gesprächen mit meinem Vater. Nicht zuletzt spornte mich auch Gomes' Beispiel an, zumal ich schon als Kind für Innenverteidiger geschwärmt hatte. Gomes hat meiner Entwicklung eine neue Richtung gegeben und wurde zu einem meiner größten Förderer.

2011 übernahm er den Trainerposten bei Vasco da Gama und erlitt bei einem Ligaspiel gegen Flamengo Ende August 2011 eine Gehirnblutung. Er musste ins künstliche Koma versetzt werden, eine Notoperation überstehen und rang eine Zeit lang mit dem Tod. Und das im Alter von nur 46 Jahren! Es war furchtbar, eine ganz schlimme Zeit für seine Angehörigen. Ich habe für ihn gebetet, mit seiner Familie gelitten. Gott sei Dank hat er sich davon erholt. Dass er wieder arbeiten und im November 2012 den Posten des Sportdirektors bei Vasco da Gama übernehmen konnte, ist ein Geschenk des Himmels. Als ich im Februar 2013 mein Debüt für die brasilianische Nationalelf gegen England gab, sagte er in einem Fernsehinterview: »Dante hat es verdient, er hat sehr hart gearbeitet. Ich bin sehr glücklich, aber das ist nur der Beginn eines schwierigen Weges.« Seine

Worte haben mich unglaublich stolz und glücklich gemacht. Schön, dass er mein Debüt erleben konnte.

Während meines ersten Jahres bei Juventude kam mich mein Vater besuchen. Er nahm die Tortur dieser anstrengenden Reise in den Süden auf sich, um mich spielen zu sehen und natürlich – so sind die Väter – nachzuschauen, wie der Sohnemann abseits des Vereinslebens so zurechtkam. Mittlerweile hatte ich mich eingelebt und die Anfangsprobleme gelöst. Rein sportlich ging es ja ohnehin bergauf. Neuer Trainer, neue Position, neues Selbstvertrauen. Nur Papa bereitete mir bei seinem Besuch Sorgen. Bei einem Spiel wurde er am Spielfeldrand nämlich sehr laut. Auf diesem höchsten Jugendniveau hatte er mich noch nie spielen sehen, wahrscheinlich spürte er, dass sich hier bei Juventude entscheiden würde, ob ich die Profikarriere wirklich packen konnte. Papa fluchte an der Seitenlinie vor sich hin und rief schlechte Dinge über den Schiedsrichter. Ich fürchtete, dass er als Nächstes den Schiedsrichter richtig beleidigen würde, was dann womöglich auch für mich Konsequenzen gehabt hätte. Also bin ich während der Partie zu ihm gelaufen und musste ihn maßregeln. »Hey, Papa! Ruhe jetzt, sonst fliegen wir hier am Ende beide raus!« Der Anpfiff hat gewirkt, er hat sich dann zusammengerissen.

In den Ferien bin ich immer zurück nach Salvador gefahren und habe meine Mutter besucht, die ich sehr vermisst habe. Mittlerweile konnte ich mir von meinem Gehalt sogar die Bustickets leisten. Wenn ich zu Hause war, wollte ich oft nicht zurück, doch Mama hat mich stets bestärkt: »Zieh das jetzt bei Juventude durch und geh deinen Weg. Du schaffst das!«

Sie sollte recht behalten. Mit 18 Jahren durfte ich einige Spiele in der Profimannschaft von Juventude machen, trainiert habe ich damals schon immer mit den Besten – allerdings noch ohne Profivertrag. Was mit mir passieren würde, sollte recht bald entschieden werden. Im Herbst des Jahres 2002 stand ein wichtiges Regionalturnier in Curitiba auf dem Programm – für die Jugendmannschaft. Es hieß damals, ich hätte keine große Motivation, dort zu spielen, weil ich bereits Profieinsätze hinter mir hatte und mich so fühlte. Aber keine Lust? Niemals! Ich war doch derjenige, der meine Mitspieler immer antrieb und pushte, egal, bei welcher Mannschaft. Egal, in welchem Wettbewerb. Egal, in welchem Spiel.

Im Januar 2003 bin ich mit der Jugendmannschaft von Juventude zum wichtigsten Jugendwettbewerb des Landes, der Copa São Paulo de Juniores, gereist. Ein U-20-Turnier mit 64 Klubs, das größte Jugendturnier in Brasilien. Für alle Teenager bietet sich damit eine Chance, sich zu zeigen, denn alle großen Vereine schicken ihre Scouts dorthin.

Wir sind in São Paulo bis ins Finale gekommen, haben dort aber leider verloren – jedoch erst im Elfmeterschießen. Ich hatte meinen Elfmeter zwar verwandelt, dennoch reichte es nicht zum Turniersieg. Aber die Trainer waren mit meiner Leistung zufrieden.

Wieder zurück in Caxias, hörte ich, ich solle zu den Junioren geschickt werden. Ich verstand die Welt nicht mehr, denn vor dem Turnier hatte man mir versprochen, dass ich danach wieder mit den Profis trainieren dürfe. Deshalb hatte ich eingewilligt teilzunehmen, obwohl es für mich ein Rückschritt war. Also erschien ich am ersten Tag nach meiner Rückkehr bei den Profis, die im Gegensatz zu den Junioren im Januar schon wieder mit dem Training angefangen hatten.

Als der Sportdirektor von Juventude mich vor der Umkleidekabine sah, fragte er mich: »Dante, was machst du denn hier?« Ich antwortete höflich: »Wieso? Man hat mir vor der Abreise gesagt, ich könne hier wieder mittrainieren.« Aus heiterem Himmel begann der Sportdirektor zu schreien: »Du kannst deine Taschen packen und gehen. Ab nach Hause mit dir!« Er ließ nicht mit sich reden. »Das kann doch nicht sein«, flehte ich, »das muss ein Missverständnis sein!« Doch er schüttelte nur den Kopf und ließ mich abblitzen. Ich war entsetzt, total niedergeschlagen und sehr, sehr traurig. Das war's also mit der Profikarriere. Wenn ich hier keine Chance mehr bekam, wo dann?

Aber mir blieb keine Wahl, ich musste nach Hause. Nach zwei Tagen hatte ich genügend Geld für die Heimreise zusammengekratzt, ich musste dafür sogar ein paar meiner Mitspieler anbetteln. Meine geplante Reiseroute nach Salvador war: von Caxias nach São Paulo mit dem Flugzeug, danach weiter mit dem Bus. Ich wollte nicht die komplette Ochsentour mit dem Bus fahren. Nicht jetzt! Nicht nach dieser Enttäuschung!

Doch da das Flugticket zu teuer war, änderte ich meinen Plan und fuhr mit dem Bus von Caxias nach São Paulo, um dann von dort nach Salvador zu fliegen, was günstiger war. 18 Stunden saß ich im Bus, immer noch fassungslos über das, was passiert war. Traurig, kaputt, desillusioniert, verzweifelt. Auf der Fahrt habe ich immer mal wieder geweint.

In São Paulo konnte ich bei einem Freund übernachten, das hat mich wenigstens nichts gekostet. Wir haben uns an jenem Abend noch sehr lange unterhalten, und er konnte mich immerhin ein bisschen aufbauen. Mein Flug nach Salvador startete am nächsten Tag erst abends. Vor dem Schlafen legte ich neben das Bett mein neues Handy, mein erstes Handy überhaupt. Gekauft von den 300 Euro, die ich bei Juventude pro Monat verdient hatte. Dieses kleine einfache Ding hat fast nichts gekostet, vielleicht 50 Euro. Du konntest auf dem Display nicht mal die Nummer erkennen, wenn jemand angerufen hat.

Frühmorgens wurde ich von meinem Klingelton unsanft aus dem Schlaf gerissen. Völlig verschlafen ging ich ran, wurde aber auf einen Schlag hellwach. Der Sportdirektor von Juventude war dran und fragte: »Dante, wo bist du?« Ich antwortete: »In São Paulo, heute Abend fliege ich nach Hause.« Er sagte: »Hast du Lust, zu uns zurückzukommen? Ein Verteidiger hat sich verletzt, wir brauchen dich.« Das Herz klopfte mir bis zum Hals. Am liebsten hätte ich mich bei ihm als Erstes darüber beschwert, wie er mich zuvor behandelt hatte, doch ich konnte mich beherrschen und antwortete ganz ruhig: »Ja, auf jeden Fall!« Ich war überglücklich. Rasch habe ich meinem Kumpel Bescheid gesagt, meinen Vater angerufen, meine Sachen gepackt und bin zur Busstation. Kurz darauf saß ich im nächsten Bus zurück nach Caxias. Wieder 18 Stunden. Aber diese Fahrt war toll, die wohl schönste Busfahrt meines Lebens, diese 18 Stunden habe ich richtig genossen.

Ich glaube, dass Gott mir in diesem Moment geholfen hat, weil er dafür gesorgt hat, dass ich wieder zurückdurfte zu den Juventude-Profis. Eine unglaubliche Geschichte, ich war ja schon weg, schon abgereist. Ich habe damals wirklich gedacht, dass meine Karriere vorbei wäre – und plötzlich wendete sich doch noch alles zum Guten. Gut, dass ich mir das Handy zuvor gekauft hatte. Der Vertrag, den ich dann nach meiner Rückkehr bei den Profis unterschrieb, war fünf Jahre gültig. Nun konnte meine Karriere so richtig beginnen. Aber wer weiß, wo ich heute wäre, wenn der Sportdirektor mich damals nicht erreicht hätte.

Zu den meisten meiner Salvador-Kumpels aus der Zeit auf den Bolzplätzen in unserer Nachbarschaft und auf dem Trainingsgelände von Pituaçu habe ich heute noch Kontakt. Mit Alexandre, Lazaro, Manga und Bizinho bin ich ständig über WhatsApp in Verbindung, hin und wieder telefonieren wir auch. Mein bis heute bester Freund Danilo hat mich in Mönchengladbach und München sogar oft besucht und ich habe ihn 2013 zum Champions-League-Finale nach London eingeladen. Als ich kreuz und quer durch ganz Brasilien unterwegs war, um einen Verein zu finden, hatten wir uns aus den Augen verloren und zwei Jahre kaum voneinander gehört. Wir haben uns nur zufällig getroffen, wenn ich in der spielfreien Zeit nach Hause kam. Danilo spielte in der Jugend vier Monate für Vitória, bekam aber keinen Profivertrag. Heute ist er selbstständig und hat eine Firma für Alarmanlagen und Sicherheitssysteme.

Die Spiele des FC Bayern werden im brasilianischen TV übertragen, dann kommen alle meine Freunde zusammen und schauen gemeinsam. Oft treffen sie sich im Hause meiner Großeltern. Die meisten ziehen dann ein Trikot von mir über – ob von Gladbach, Bayern oder der Seleção. Es freut mich sehr, dass die Jungs stolz auf mich sind und dass es da auch heute keinen Neid gibt. Es geht darum, dass es einer von uns allen geschafft hat. Einer heißt: Im Grunde haben es alle geschafft. Das verbindet uns für immer. Für die Jungs bin ich noch der »Misso« von früher. Misso? Als ich ein Jugendlicher war, kickte bei EC Bahia ein Typ namens Misso, ein Linksverteidiger, dessen Spielweise meine Kumpels an mich erinnerte. So bekam ich den Spitznamen Misso verpasst. Bei Bayern kennt niemand diesen Spitznamen.

Ohne Gottes Hilfe und die Fügung des Schicksals, dass ich nach Caxias zurückkehren durfte, hätte ich auch meine heutige Frau nicht kennengelernt.

Kurz nachdem ich bei Juventude meinen Profivertrag unterschrieben hatte, bin ich Jocelina in Caxias zum ersten Mal begegnet. Sie hat damals in einem Fotostudio gejobbt. Ich hatte diesen Laden aufgesucht, weil ich ein Porträtfoto für ein Dokument machen lassen musste. Wir sind ins Gespräch gekommen, und das, obwohl ich ja eher schüchtern war. Ich habe schließlich all meinen Mut zusammengenommen, sie nach ihrer Handynummer gefragt und um ein Date gebeten. Also sind wir miteinander ausgegangen, zunächst nur am Nachmittag zum Shoppen. Es war Schicksal, musste einfach so passieren. Die große Liebe wurde es nicht sofort, es hat ein bisschen gedauert. Bei Mädchen war ich ja eher der langsame Typ.

Und dann kam, kurz nachdem wir uns verliebt hatten, die Chance für mich, nach Europa, nach Frankreich zu gehen. Unsere junge Beziehung musste daher eine erste schwere Probe bestehen.

7.

Mein Weg durchs kühle Europa

Es war Hochsommer damals, 2004, richtig schwül-heiß in Brasilien – wohlgemerkt im Januar, im südamerikanischen Sommer. Ich hatte im Herbst zuvor meinen 20. Geburtstag gefeiert und gerade mein erstes Profijahr bei EC Juventude in Caxias hinter mir. Nun wäre der nächste Schritt eigentlich gewesen, meine Leistung nach meinen ersten 20 Spielen in der brasilianischen Série A zu stabilisieren und mich weiter zu etablieren. Doch es kam alles anders, urplötzlich veränderte sich mein Leben völlig.

Eines Tages in jenem Januar – ich hatte gerade wegen einer kurzen Saisonpause ein paar Tage frei, die ich in Caxias verbrachte – sprach mich ein Agent an und erklärte mir, dass eine Chance bestünde, sofort nach Europa zu wechseln. Juventude hatte Schulden und wollte mich verkaufen, um dank der Ablösesumme zu etwas Geld zu kommen – und das beim ersten vernünftigen Angebot. Brasilianische Klubs waren zu dieser Zeit meist klamm und wollten mit einem Spieler daher das schnelle Geld machen und nicht warten, ob er sich noch verbesserte. Denn er konnte sich ja auch verletzen und so an Wert verlieren.

Zunächst war von einem Verein in Schweden die Rede, das stellte sich aber als wenig ernsthaft heraus. Interessierter waren die Franzosen, besser gesagt, der Erstligist OSC Lille. Ich hatte zu dieser Zeit noch nie von dieser Stadt oder diesem Verein gehört. Aber egal, das war die Gelegenheit.

Der Agent rief meinen Vater an, der in Belém war, und erklärte ihm alles. Mir wäre es am liebsten gewesen, wenn Papa mit mir nach Lille gereist wäre, aber er konnte wegen seines Jobs nicht weg. Dann musste es eben allein gehen! Ich musste das machen, schließlich träumen neun von zehn Spielern in Brasilien davon, irgendwann in Europa zu spielen. Und wer konnte damals schon wissen, ob es so eine Chance in meinem Leben noch einmal geben würde? Doch wie sollte ich das meiner frischen Liebe, meiner Jocelina, beibringen?

Die ganze Sache musste sehr schnell gehen. Der Flug war bereits gebucht – von Porto Alegre über Rio de Janeiro nach Paris. Start: Samstagnachmittag. Erst am Freitagabend davor habe ich mit meiner Freundin geredet, ihr vom Angebot und von meinem Entschluss erzählt. Jocelina war traurig, sehr traurig. Plötzlich sagte sie zu mir: »Ich denke, es ist besser, wenn wir uns trennen. Wir können keine Fernbeziehung führen und nur miteinander telefonieren, das ist mir zu wenig.« Ich war entsetzt, doch schließlich gelang es mir, sie davon zu überzeugen, dass wir es zumindest versuchen sollten und dass beides funktionieren konnte: mein Neubeginn in Europa und die Fortsetzung unserer Beziehung. Ich sagte ihr: »Ich will und muss das ausprobieren. Und ich möchte, dass du nach ein paar Wochen zu mir nach Frankreich kommst.« Nachdem sie dem zugestimmt hatte, war ich wahnsinnig erleichtert. Am nächsten Tag, dem 13. Januar, mussten wir uns trennen. Doch der Abschiedsschmerz war nicht ganz so furchtbar, weil ich wusste, dass sie mich bald besuchen würde.

Ich hatte Lille im Atlas gesucht, um zu sehen, wo diese Stadt überhaupt lag. Das Einzige, was ich von Frankreich kannte, war Paris, den Eiffelturm hatte ich auf Fotos oder Postkarten schon gesehen. Natürlich war ich nie zuvor in Europa gewesen und ich hatte nie zuvor eine so lange Flugreise gemacht. Aber ich wusste, dass auf der anderen Seite des Ozeans die größte Chance meines Lebens auf mich wartete.

»Das ist richtig kalt dort«, warnten mich Eltern und Freunde. War mir egal. Und richtig ernst genommen habe ich die Warnungen eh nicht. In einem Hemd, einen leichten Pulli übergeworfen, fuhr ich also zum Flughafen und setzte mich in die Maschine nach Europa. 100 amerikanische Dollar hatte ich dabei, mehr nicht, keine Kreditkarten. Das war alles, was ich besaß. Ich hatte mir überlegt, dass ich mit Dollars in Europa wohl eher weiterkommen würde als mit brasilianischen Reais. Vor dem Abflug hatte ich nur die Info bekommen, dass mich am Flughafen Charles-de-Gaulle in Paris jemand vom OSC Lille abholen würde. Über den Wolken schossen mir dann alle möglichen Gedanken durch den Kopf: Wirst du es schaffen? Ganz allein, ohne deine Familie und Freunde? Wirst du dich in der neuen, fremden Welt zurechtfinden? Doch ich war überzeugt von mir und wollte meine Familie und all die, die mich auf meinem Weg bisher unterstützt hatten, auch nicht enttäuschen. Nachdem ich in Paris gelandet war, holte ich zunächst meine Tasche vom Gepäckband. Schon mal gut, alles da. Dann ging ich zum Ausgang, meine Tür in eine neue Welt: Europa, ein neuer Verein, meine große Chance auf eine Karriere. Davon hatte ich immer geträumt, jetzt konnte es losgehen. Ich blickte mich in der Ankunftshalle um, ob jemand nach mir suchte oder meinen Namen auf einen Zettel geschrieben hatte. Nichts. Niemand. Nirgendwo. Anfangs redete ich mir noch ein: Mein Abholer hat sich sicher verspätet, ein Stau, was auch immer, er wird gleich kommen. Aus dem »gleich« wurde ein »bald«, nach einer Stunde ein »sicher noch«. Gebannt scannten meine Augen jede Bewegung, jeden Menschen, der auch nur ansatzweise nach jemandem aussah, der jemanden abholen wollte. Zwei Stunden lang habe ich mich nicht vom Fleck gerührt, nicht einmal hingesetzt, damit mich der Fremde nicht übersehen konnte.

Von Minute zu Minute wurde mir unwohler, Angst kroch in mir hoch. Da stand ich nun. Bestellt und nicht abgeholt. Ich fühlte mich schrecklich allein, das tat richtig weh, war brutal. Dann kamen die Zweifel, die Befürchtungen: Wie sollte ich zurückfliegen, wenn keiner kam? Ich konnte mir kein Flugticket leisten, verstand kein Französisch, konnte nur ein paar Brocken Englisch. »Dante? Lille?!«, sagte ich zu wildfremden Leuten und zog die Augenbrauen hoch. Aber wen ich auch fragte, alle schüttelten den Kopf. Was sollte ich nur tun? Ich wurde nervöser und nervöser. Ich bin von Haus aus ein ungeduldiger Mensch, dem es lieber ist, wenn etwas gleich und schnell passiert. Diese Ungewissheit, diese Warterei war eine Qual für mich. Um mich zu beruhigen, dachte ich an die Worte meines Vaters: »Bleib ruhig, entspann dich, nicht alles klappt im Leben. Nicht sofort und schon gar nicht so, wie du es willst.« Eine seiner Lieblingsaussagen war: »Die Früchte kommen erst zu dir, wenn sie reif sind. Du musst geduldig sein, es wird schon – aber alles zu seiner Zeit.« Kurzfristig halfen mir diese Gedanken.

Ich ging dann mit meinen 100 Dollar zu einer Wechselstube und sagte: »Trocar por favor!«, also »Tauschen, bitte!«. Die Dame schaute mich ratlos an, dann schob ich einfach die Scheine über den Tresen und meinte: »Euro! Euro!« Wenigstens das hat dann geklappt. Mit größter Anstrengung habe ich es schließlich sogar geschafft, eine französische Telefonkarte zu kaufen. Damit rief ich meinen Agenten in Brasilien an: »Was ist los? Wo sind die Leute vom Verein?« Er beruhigte mich und versicherte mir, sich darum zu kümmern. Ich solle nur bleiben, wo ich war, am Terminal F.

Allein unter lauter Passagieren und Abholern war ich der einsamste Mensch der Welt. Ich habe nichts gegessen oder getrunken, weil ich meinen Standort nicht verlassen wollte, da ich Angst hatte, meinen Abholer dann zu verpassen. Nach fünf Stunden kam endlich der Mann aus Lille. Er entschuldigte sich nur kurz, sagte aber nicht viel. Ich war nicht einmal sauer, nur erleichtert und müde. Auf der rund zweistündigen Autofahrt von Paris nach Lille schlief ich prompt ein. In Nordfrankreich angekommen, wurde ich zu einem Hotel gebracht, das nicht gerade den größten Komfort aufwies. Im Rückblick würde ich sagen: gerade mal Zweisterneniveau. Alles in allem war der Empfang in Europa also sehr bescheiden. Als ich am nächsten Morgen zum ersten Training auf das Gelände des OSC Lille kam, wunderte ich mich über einiges: Die Spieler sahen alle so jung aus, die Kabine war spartanisch und der Platz, auf den wir geschickt wurden, eines Erstligisten nicht würdig. Da ich die Anweisungen und Kommandos auf Französisch nicht verstand, lief ich einfach mit. Irgendwann begriff ich, dass ich bei der zweiten Mannschaft des Vereins gelandet war, einer Jugendmannschaft. Nach dem Duschen wollte ich den Chefcoach sprechen und ihn zur Rede stellen – so gut das eben ging. Mir war zwar bewusst, dass ich noch keinen Vertrag unterschrieben hatte und erst einmal getestet werden sollte. Doch ein Probetraining kam für mich nicht infrage. Auch wenn ich in Europa ein No-Name war – ich hatte immerhin ein Jahr als Profi in der ersten brasilianischen Liga gespielt.

Weder mein Berater noch mein Verein Juventude hatten mir offenbar die Wahrheit über den Transferdeal gesagt. Ich war wütend und traurig. Obwohl mir schließlich zugesichert wurde, ab dem nächsten Tag in der ersten Mannschaft trainieren zu dürfen, rief ich meinen Vater an, danach meinen Onkel Jonílson und schimpfte: »Das war's, ich gehe wieder!« Papa versuchte mich zu beruhigen und meinte: »Dann beweise ihnen doch, was du kannst, zeig es ihnen. Das ist deine Chance! Vielleicht kommt sie nur einmal. Der Coach will eben sehen, ob du in seine Mannschaft passt.« Mein Onkel sprach ganz ähnlich zu mir und so bauten sie mich wieder ein bisschen auf. Und tatsächlich: Nach drei Trainingseinheiten mit der Profimannschaft bekam ich einen Profivertrag, einen Leihvertrag für sechs Monate, bis Saisonende. Und Lille sicherte sich eine Kaufoption. Der Anfang war gemacht. Außerdem bekam ich 3000 Euro Gehalt. Was für ein Sprung! Das Zehnfache des Geldes, das ich bei Juventude verdient hatte. Auch aus dem etwas schäbigen Hotel konnte ich jetzt raus, denn der Verein hatte mir ein kleines Apartment gesucht. Mit einem Zimmer nur, aber immerhin war es eine eigene Wohnung.

So konnte ich auch verschmerzen, dass mich Trainer Claude Puel in den ersten beiden Partien der Ligue 1 nicht in den Kader nahm. Mir blieb nur, mich über das Training anzubieten, weiter um meine Chance zu kämpfen. Am 14. Februar war es dann so weit: Puel nahm mich mit nach Monaco zur Partie beim berühmten AS, dem Klub der Reichen und Schönen. So kam es, dass ich im Fürstentum mein erstes Pflichtspiel auf europäischem Boden bestreiten durfte. In der 85. Minute kam ich in die Partie gegen den souveränen Tabellenführer, sollte helfen, den 1:0-Vorsprung durch den Treffer von Matt Moussilou sieben Minuten zuvor zu sichern und über die Zeit zu retten. Job erfüllt – und das gegen die Startruppe von Coach Didier Deschamps mit den Superstürmern Morientes, Prso und Adebayor. Was für ein Gefühl, dieser süße Sieg!

Der Rückschlag folgte im darauffolgenden Heimspiel. Wir verloren gegen Nizza mit 1 : 2 – und das, obwohl ich bereits nach 20 Minuten eingewechselt wurde. Ich fühlte mich schuldig, doch Puel hielt dennoch zu mir.

Im März folgte dann die endgültige Erlösung. Lille hatte mit Juventude über einen endgültigen Transfer verhandelt, über das Ende der Leihe. Für mich war das endlich das Ende der Ungewissheit. Ich wurde für 300 000 Euro Ablöse gekauft und unterschrieb einen Vier-Jahres-Vertrag. Nun war ich einer von »Les Douges«, den Doggen, wie der Klub wegen seines Wappentieres genannt wird.

Nach der Unterschrift unter den Vertrag in Lille fehlte nur noch Jocelina zu meinem Glück. Schon zwei Wochen nach meiner Ankunft in Nordfrankreich hatte ich meine Mutter gebeten, Jocelina zu überreden, ihren Job in dem Fotogeschäft zu kündigen, um künftig bei mir in Lille zu leben. Ihre Eltern waren dagegen, und auch einer ihrer Brüder riet ihr ab. Doch zum Glück setzte sie ihren Kopf durch.

Im März, nach sechs Wochen, in denen ich in Lille ganz auf mich allein gestellt war, konnte sie mich erstmals besuchen. Leider hatte ich an diesem Tag Training, sodass eine Freundin sie vom Flughafen abholen musste. Ich schärfte ihr ein, ja pünktlich zu sein, damit Jocelina nicht warten musste – diese Erfahrung wollte ich ihr wirklich ersparen. Das Wiedersehen war fantastisch. Ich spürte, dass sie es ernst mit mir meinte, schließlich war sie wirklich zu mir gekommen. Leider bekam Jocelina immer nur ein Visum für drei Monate und musste dann wieder nach Brasilien fliegen.

Auch für sie waren das neue Leben und die erste Zeit nicht leicht. Es war eine extreme Umstellung, ein wirklicher Kulturschock. Als Erstes war da die Sprachbarriere. An Anfang hatte ich Schwierigkeiten, die Anweisungen unseres Trainerstabs zu verstehen. Dann gab es komische Dinge zu essen, die wir nicht kannten. Zudem noch diese extreme Kälte. Wir sahen beide zum ersten Mal in unserem Leben Schnee. Oh, was haben wir manchmal gefroren! Auch weil wir uns keinen angemessenen Anorak oder Mantel leisten konnten. Wegen der Zeitverschiebung schlief Jocelina in den ersten Tagen ihrer Ankunft oft bis mittags, dann kam ich schon vom Training nach Hause. Sie hat gekocht, jeden Tag mittags und abends. Wir hatten nicht genug Geld, um regelmäßig abends auszugehen, in Restaurants zu gehen. Außerdem wollten wir lieber für Flugtickets nach Brasilien sparen und für ein Auto. In den ersten Monaten ist Jocelina von unserer Wohnung mit dem Bus zum Markt oder zum Supermarkt gefahren.

Ich hatte mich schnell mit Héctor Tapia, einem Chilenen im Team des OSC Lille, angefreundet und er nahm mich immer in seinem Auto mit zum Training. Doch irgendwie fühlte es sich merkwürdig an, als Erstligaprofi mit einer Sporttasche auf der Straße zu stehen und zu warten, bis man abgeholt wurde. Erst nach Ende der Rückrunde und dem ersten Sommerurlaub in Brasilien kaufte ich endlich ein Auto für uns, einen Gebrauchtwagen. Langsam verbesserte sich unsere Situation. Ich machte einen Sprachkurs, verstand immer mehr Französisch, und wir fanden ein wenig Anschluss zu anderen Pärchen, sodass wir uns nicht mehr so allein fühlten. Was unsere Beziehung betraf, hatten wir die härteste Prüfung bestanden. Danach konnte uns so schnell nichts mehr schocken.

Leider verletzte ich mich dann, eine leidige Adduktorenblessur, und wurde in der ganzen Rückrunde nicht mehr richtig fit, kam lediglich am letzten Spieltag der Saison in Lyon noch einmal zum Einsatz. 45 Minuten nur, zur Pause musste ich raus. Wir verloren 0 : 3, wurden in der Endabrechnung Tabellenzehnter. Ein ebenso durchwachsenes Ergebnis wie meine Bilanz nach fünf Monaten Profifußball in Frankreich: Neunmal war ich im Kader gewesen, hatte sechsmal von Beginn an gespielt und war dreimal eingewechselt worden.

Was ich zu diesem Zeitpunkt nicht ahnen konnte: Es sollte noch mein bestes Halbjahr in Lille gewesen sein, rein sportlich gesehen. Dabei hatte ich mich wirklich schnell eingewöhnt, auf dem Platz und außerhalb – auch wenn ich mir ein wenig mehr Hilfe dabei seitens des Vereins gewünscht hätte. Dass die Menschen in Brasilien etwas warmherziger miteinander umgehen, wurde mir schnell bewusst, dafür lernte ich die Zuverlässigkeit und Pünktlichkeit der Europäer schätzen. Als Fußballer erkannte ich, dass in Europa eher das Kollektiv im Vordergrund steht, dass man effektiv verteidigt und kraftvoll angreift. Aus meiner Heimat war ich eher das technische Spiel gewohnt, in dem Ballbesitz oft zu übertriebener Ballverliebtheit wird.

Ab der zweiten Saison in Lille streikte dann mein Körper. Ich hatte ständig Leistenprobleme und habe sechs Monate gefehlt. Eine Operation schien unumgänglich, doch Trainer Puel war dagegen. Auf seinen Wunsch hin wurde ich konservativ behandelt. In der Reha habe ich wirklich versucht, richtig fit und beschwerdefrei zu werden – nichts zu machen, die Schmerzen waren einfach zu groß. Schließlich setzte ich Puel die Pistole auf die Brust: »Ich muss jetzt operiert werden. Punkt. Sie sind kein Arzt, aber ich spüre es. Sonst mache ich mir hier meine Karriere kaputt.«

Der Eingriff wurde vorgenommen, danach schuftete ich für mein Comeback. Im September war es endlich so weit. Doch es reichte nur für ein paar Einsätze, der Trainer vertraute nun eher anderen. 2004/05 konnte ich nur zwei Matches im Herbst bestreiten, in der Saison darauf nach der Leisten-OP nur noch eine Partie am 3. Dezember 2005 in Bordeaux. Wir verloren 0 : 1 – es war mein Abschiedsspiel vom OSC Lille, was ich damals natürlich noch nicht wissen konnte. Aber mir war klar: Ich musste weg, brauchte mehr Spielpraxis. Außerdem fühlte ich mich für die Bank zu stark, vollständige Gesundheit und Fitness vorausgesetzt. Ich hatte mit der Zeit aber auch den Eindruck gewonnen, dass man nicht mehr an mich glaubte. Also habe ich rasch zugestimmt, als ich im Januar 2006 zum RSC Sporting Charleroi in die erste belgische Liga ausgeliehen werden sollte. Für manche Beobachter war mein Weg nach Belgien im Grunde schon das Eingeständnis eines Versagens. Dieser Dante hat es in Frankreichs höchster Liga nicht geschafft, nun geht es bergab nach Charleroi. Doch manchmal ist ein Schritt zurück wichtig, um danach zwei Schritte nach vorne zu machen. Meine Motivation war, es allen zu beweisen, die mich schon abgeschrieben hatten.

Charleroi bot mir eine neue Chance, wenn auch nur zur Ausleihe. Egal, ich war Feuer und Flamme für die neue Aufgabe. Ab 24. Januar 2006 war ich in Charleroi ein Mitglied der »Zebras«, so der Spitzname des Teams wegen der schwarz-weiß gestreiften Trikots. Kaum angekommen, habe ich mich sofort wohlgefühlt, vor allem, weil mir das Gefühl gegeben wurde, dass ich gebraucht wurde. Wenn ich das Vertrauen des Trainers habe und spielen kann, dann ist, rein sportlich gesehen, alles okay.

Die deutschen Fußballfans werden die flämische Stadt und das Stade du Pays de Charleroi wahrscheinlich in schlechter Erinnerung haben, denn während der EM 2000 in Belgien und den Niederlanden verlor die DFB-Elf dort ihr zweites Vorrundenspiel gegen England mit 0 : 1. Wirklich schön ist Charleroi nicht gerade, eine Arbeiter- und Industriestadt. Für meine Freundin war der Schritt naturgemäß schwieriger als für mich, sie hatte sich nach zwei Jahren in Lille gut eingewöhnt und auch ein paar Freunde gefunden. Nun musste ihr Mann mit dem Vagabundenjob Fußballprofi weiterziehen. Zu Beginn blieb Jocelina meist in der Wohnung, wir waren neu, alles war fremd und in der Stadt gab es nicht wirklich viel zu tun. Sie war sehr stark in dieser Zeit und ich bin ihr sehr dankbar, dass sie das alles mitgemacht hat. Klar gab es schwierige Momente, natürlich hatte man mal ein Tief, gerade als Paar, aber das ist normal. Wir haben jedoch alles gemeinsam durchgestanden.

Die Tatsache, dass Charleroi nicht so weit von Lille entfernt war, nur etwa 120 Kilometer, war ein Vorteil, so konnten wir immer mal wieder Freunde in der alten Heimat besuchen. Ein weiterer Pluspunkt war, dass die Sprache dieselbe war. Na ja, fast. Aber auch das merkwürdige Flämisch der Belgier konnte ich ganz gut verstehen.

Der Trainer von Sporting hieß damals Dante Brogno, von daher passte das also schon mal. Er war bereits seit November 2002 im Amt und hatte früher selbst für Charleroi gespielt. Mein Debüt in der Eersten Klasse, so heißt die höchste Liga in Belgien, durfte ich gleich zu Beginn der Rückrunde feiern. Ab dem 21. Februar, als ich beim 0 : 2 beim KSV Roeselare nur elf Minuten als Einwechselspieler mitmachen durfte, habe ich in der Rückrunde bis auf eine Ausnahme jedes Spiel von Beginn an bestritten – bis zum Saisonende. Insgesamt zwölf Einsätze in vier Monaten, das war mehr als in den zwei Jahren in Lille. Dazu kam eine echte Premiere: mein erstes Tor in Europa. Am vorletzten Spieltag mussten wir bei RAA La Louviéroise antreten. Schnell lagen wir 0 : 2 zurück, doch Majid Oulmers, ein Marokkaner, schaffte den Anschluss und ich erzielte in der 85. Minute dann das 2 : 2 – ein tolles Gefühl. Nach dem 0 : 1 gegen Cercle Brügge am letzten Spieltag wurden wir schließlich Elfter in der Liga. Zu wenig für die Vereinsziele, daher musste Brogno den Verein am Ende der Saison verlassen.

Sein Nachfolger hieß Jacky Mathijssen, ein Belgier, der zuvor als Aktiver Torwart gewesen war. Charleroi war als Trainer seine erste Station in der belgischen Profiliga. Auch in der Hinrunde 2006/07 kam ich auf ordentliche zwölf Einsätze, alle von Beginn an, und wieder gelang mir ein Tor. Dazu machte ich eine weitere neue, aber eher unangenehme Erfahrung: Im Heimspiel gegen Cercle Brügge sah ich nach 56 Minuten die Rote Karte. Zum Glück blieb es trotz unserer Unterzahl beim 2 : 1.

Meine Leistungen in dieser Zeit beobachtete Michel Preud'homme, eine Torwartlegende in Belgien, ganz genau. Der Trainer von Standard Lüttich wollte mich schließlich unbedingt in seine Mannschaft holen, verhandeln musste Lüttich aber mit dem OSC Lille, der ja noch die Transferrechte an mir besaß. Wieder sollte der Januar ein entscheidender Monat in meiner Karriere werden. Erst der Januar 2004, mein Schritt von Brasilien nach Europa, zu Lille. Danach der Ausweg aus der Sackgasse mit der Leihe zu Sporting Charleroi zwei Jahre darauf. Und nun, im Januar 2007, folgte mein nächster Karriereschritt. Doch es war wie so oft in meinem Leben. Ohne den einen kleineren Schritt hätte ich den großen nicht geschafft. Von einem durchschnittlichen Team kam ich zu einer Topmannschaft der Liga, zu einem Verein mit viel mehr Fans, mit jahrelanger Tradition. Also lastete natürlich auch ein größerer Druck auf der Mannschaft.

Die Spieler von Standard werden »Les Rouches«, die Roten, genannt. Nicht zu verwechseln mit den »Diables Rouges«, den »Roten Teufeln«, der belgischen Nationalmannschaft.

Mein Debüt für Lüttich war phänomenal. Am 26. Januar führte es mich ausgerechnet nach Charleroi, zum Duell Sechster gegen Dritter. Wir gewannen 5 : 2 nach einem 1:2-Rückstand. In den ersten Partien musste ich linker Verteidiger spielen, nicht gerade meine Idealposition, aber ich kam zurecht. Später durfte ich auf meinen angestammten Posten: in die

Mitte der Abwehr, als Linksfuß halb links. Von den folgenden 15 Spielen bis zum Ende der Rückrunde absolvierte ich 14 und stand jeweils in der Startelf. Die eine Partie Pause hatte ich selbst verschuldet: eine Gelb-Rote Karte.

Das einzige Manko dieses Jahres: Wir verloren Ende Mai 2007 das Finale um den belgischen Pokal im Nationalstadion Stade Roi-Baudouin in Brüssel gegen den FC Brügge mit 0 : 1. Mein erstes Finale überhaupt im Profibereich, aber leider wurde es nur eine Silbermedaille.

Unterm Strich war der Wechsel dennoch Gold wert. Ich konnte auf einem höheren Niveau arbeiten und erreichte so das nächste Level. Noch wichtiger aber: Ich spürte erstmals in meiner Zeit in Europa das uneingeschränkte Vertrauen eines Trainers. Michel Preud'homme setzte auf mich und ich konnte unheimlich viel von ihm lernen. Ein toller Coach, sehr intelligent, sehr clever. Er spricht fünf Sprachen, unter anderem Portugiesisch aus seiner Zeit in Lissabon. Das half manchmal sehr, wenn er mir spezielle taktische Details erklären wollte. Auch abseits des Platzes verstand ich mich ausgezeichnet mit ihm. Ich schätzte unsere Gespräche über all die Dinge des Lebens sehr. Er war fast eine Art Papa für mich. Michel hat mich auch bestätigt in meiner Überzeugung, dass ich immer hart arbeiten musste, in jedem Training, immer voll da sein musste, aber auch immer auf den Körper aufpassen, fit bleiben musste. Meine Situation hatte sich jetzt um einiges verbessert und zum ersten Mal waren Jocelina und ich richtig glücklich in Europa. In der Arbeiterstadt an der Maas hatten wir das Gefühl, endlich angekommen zu sein. Wir lebten in einer Wohnung direkt gegenüber der Kathedrale von Lüttich, in die ich hin und wieder gegangen bin, um zu beten. Uns gefiel die Stadt, wir konnten Französisch und für mich erfüllte sich der Wunsch, in einer Mannschaft mit hoher sportlicher Qualität Stammspieler zu sein. Die Rückennummer »4«, die ich bei Lüttich hatte, sollte meine Glücksnummer werden, doch nach dem Ende meiner Zeit in Belgien sollte ich sie erst beim FC Bayern München ab 2012 wieder bekommen.

In der zweiten Saison blieb ich verletzungsfrei, kam auf 33 Einsätze in der Jupiler Pro League, fehlte also nur einmal. Es wurde ein sensationelles Jahr, das bisher beste, schönste und erfolgreichste meiner Karriere.

Zu einem engen Kumpel wurde Marcos Camozzato, der wie ich ab Januar 2007 bei Standard spielte. Ebenfalls Brasilianer, ebenfalls 24 Jahre alt, ebenfalls Hobbymusiker. Im fernen Belgien spielten wir mit Gitarre und Cavaquinho die Lieder von Gilberto Gil nach. Mit Marcos, Fred und Igor de Camargo bildeten wir die Brasil-Clique, waren aber keine Außenseiter im Team. In unserem Quartett war ich ein wenig der Anführer und konnte den anderen bei der Eingewöhnung etwas helfen, da ich ja schon mit Belgien und den Gewohnheiten des Landes vertraut war. Vor allem mit diesem Aberglauben! Bei mir hält sich das ja in Grenzen. Nur eine kleine Macke habe ich, das muss ich zugeben: Wenn ich auf das Spielfeld laufe, springe ich immer mit dem rechten Fuß dreimal auf, der linke Fuß hängt dabei in der Luft, darf das Gras nicht berühren. Es ist mein festes Ritual: ob vor dem Anpfiff, nach der Pause oder bei einer Einwechslung.

Einmal gab es einen kleinen Konflikt mit Trainer Preud'homme, weil er so unglaublich abergläubisch war. Ich trug meine Haare zu dieser Zeit gern als Cornrows, die ich mir eng geflochten habe. Nach ein paar Niederlagen kam Michel eines Tages zu mir und sagte: »Immer wenn du dir diese komische Frisur machst, verlieren wir. Hör auf damit!« Ich habe geantwortet: »Okay, Trainer, wenn Sie meinen, trage ich die Haare einfach wieder offen.« Natürlich haben wir das nächste Spiel dann gewonnen und natürlich lag das nur an meiner Frisur.

Von Januar 2008 an hat Michel immer einen orangefarbenen Pulli beim Spiel getragen – bis wir dann tatsächlich Meister geworden sind. Nur wegen des Pullis! Oh Mann, die Belgier sind wirklich wahnsinnig abergläubisch.

Am 20. April 2008 sind wir tatsächlich Meister geworden. Mein erster Titel, das »Championnat de Belgique de Football«! Wir gewannen das Heimspiel gegen unseren härtesten Verfolger RSC Anderlecht im Maurice-Dufrasne-Stadion vor knapp 30 000 frenetischen Fans mit 2 : 0 – und hatten dann zehn Punkte Vorsprung. Beide Tore erzielte Dieumerci Mbokani, das zweite nach einer Kopfballvorlage von mir per Heber. Danach ging es richtig ab im Stadion. Die Fans fluteten den Rasen, trugen uns auf den Schultern. Noch irrer war aber die Feier am Abend in der ganzen Stadt. Wir fuhren in einem offenen Bus zum Marktplatz, überall Menschen, überall Musik und bengalische Feuer. Party ohne Ende – schließlich war Standard erstmals nach 25 Jahren Abstinenz wieder belgischer Meister geworden.

Am 32. Spieltag hat es uns dann allerdings erwischt, ein 1 : 2 – ausgerechnet in meiner alten Heimat Charleroi. Danach haben wir noch mal ein bisschen Gas gegeben, uns zusammengerissen und zum Abschluss zwei Siege eingefahren. Nach all den Feierlichkeiten folgte dann Ende Mai der Schock. Weil sich Standard und Preud'homme nicht über die Laufzeit des neuen Vertrages einigen konnten, wechselte mein Förderer, mein bisher wichtigster Coach, »mein Papa«, zur neuen Saison zu KAA Gent. Sein Nachfolger wurde der Rumäne László Bölöni, ebenfalls ein sehr guter Trainer, sehr clever, ein guter Taktiker, wenn auch ein bisschen verrückt.

Mit ihm gewannen wir den Belgischen Supercup mit 3 : 1 gegen den belgischen Pokalsieger RSC Anderlecht. Mein zweiter und letzter Coup mit Standard.

Im August stand dann die letzte Runde der Qualifikation für die Champions League an. Unser Gegner: der FC Liverpool, der englische Traditionsklub. Es ging um das Erreichen der Gruppenphase der Königsklasse, für jeden Einzelnen von uns ein Lebenstraum. Wir traten gegen ein Team aus Weltklassespielern an mit den Spaniern Pepe Reina, Xabi Alonso und Fernando Torres, mit Dirk Kuyt und Robbie Keane. Ich spielte vor allem gegen Torres, der gerade bei der EM 2008 das Siegtor für Spanien im Finale von Wien gegen die DFB-Elf erzielt hatte. Was für eine Ehre und was für eine Aufgabe! Nach zwölf Minuten bekamen wir einen Elfmeter. Ich sollte schießen – nicht mein Kumpel Igor de Camargo, nicht einer der belgischen Jungstars Axel Witsel oder Marouane Fellaini. Leider vergab ich den Elfmeter, schoss mit links, Innenseite, viel zu zentral, halbhoch, leichte Beute für den Keeper. Vielleicht war ich zu cool. Ich hatte schon darüber nachgedacht, was ich nach dem Tor machen würde, wie ich jubeln würde. Ein absolutes Unding für einen Elfmeterschützen, ein großer Fehler! Die Partie endete schließlich 0 : 0. Für uns war das kein so schlechtes Ergebnis, konnten wir doch mit einem 1 : 1 – oder jedem höheren Unentschieden – dank der Auswärtstorregel weiterkommen, und das an der legendären Liverpooler Anfield Road.

Die Reise nach Liverpool bedeutete nicht mein erstes Europacup-Auswärtsspiel. Mein Debüt hatte ich bereits ein Jahr zuvor in Käerjéng, in Luxemburg, in einem Ministadion vor 7100 Zuschauern gefeiert. Wir siegten locker 3 : 0, im Rückspiel 1 : 0 und hatten uns so für die erste Runde des UEFA-Cups qualifiziert. Dort scheiterten wir dann jedoch an

Zenit St. Petersburg. Nach dem 0 : 3 in Russland war das 1 : 1 in der heimischen Arena wertlos.

Im Rückspiel im Liverpooler Anfield-Stadion lieferten wir einen großen Kampf ab. Ich war nach meinem Elfmeterfehlschuss vom Hinspiel natürlich doppelt motiviert. Nach 90 Minuten stand es wieder 0 : 0, das hieß Verlängerung. Bisher hatten wir in der Abwehr sicher und souverän gestanden. Als wir uns alle innerlich schon auf das Elfmeterschießen vorbereiteten, kam mein persönliches Desaster, die 117. Minute: Auf dem linken Flügel setzte sich Ryan Babel durch, flankte mit rechts in den Strafraum, zweiter Pfosten. Im Laufduell mit Kuyt versuchte ich, mit dem linken Fuß die Flanke zu klären, er drückte seinen Körper geschickt an meinem vorbei und war mit rechts eher am Ball – 1 : 0 für die Reds aus kurzer Distanz. Ich warf mich mit dem Gesicht auf den Rasen, das hätte ich verhindern müssen. Kurz danach war es aus und vorbei, unser Traum war geplatzt. Es dauerte ein paar Tage, bis ich über diesen Tiefschlag hinweg war.

Durch das Aus in der Champions-League-Qualifikation ging es für Standard Lüttich eine Etage tiefer im europäischen Fußball, in die Europa League. Über ein K.-o.-Duell gegen den FC Everton kämpften wir uns in die Zwischenrunde und überstanden die Gruppe mit Sampdoria Genua, dem FC Sevilla, Partizan Belgrad und dem VfB Stuttgart. Ich absolvierte alle Spiele über 90 Minuten – nur in Stuttgart fehlte ich wegen einer Gelbsperre. Als die Mannschaft in der nächsten Runde im Februar 2009 an Sporting Braga scheiterte, hatte ich schon zu Borussia Mönchengladbach gewechselt.

Für alle um mich herum war dieser Wechsel eine riesige Überraschung und für manchen Fan von Standard ein echter Affront. Für mich jedoch war es lediglich eine logische Konsequenz. Zum Zeitpunkt des Wechsels in der Winterpause 2008/09 waren wir mit Lüttich Tabellenführer in Belgien und standen im Sechzehntelfinale der Europa League. Also war es für die Leute in Belgien unverständlich, dass ich plötzlich zum aktuellen Tabellenletzten der deutschen Bundesliga gehen wollte. Trotzdem hatten dieser Verein sowie die Bundesliga allgemein für mich einen ganz besonderen Stellenwert, ja eine fast magische Anziehungskraft. Während all der Jahre in Belgien habe ich die Bundesliga immer im Fernsehen verfolgt und dabei gedacht: Dort musst du einmal in deiner Karriere spielen. Die Primera División in Spanien hat natürlich auch ihren Reiz, aber ich mag die Bundesliga wegen dieses intensiven, aggressiven Spiels, wegen des Spektakels, wegen der Tore. Manchmal gehen Spiele 3 : 2 oder 4 : 3 oder gar 5 : 4 aus. Wunderbar! Ich mag das, selbst als Abwehrspieler. Dazu kommen dann noch diese begeisterungsfähigen Fans, die Stadien sind immer voll.

Daher fiel mir die Entscheidung eigentlich recht leicht, als es erste Kontakte nach Gladbach gab. Ich habe mich bewusst für den schwierigeren Weg entschieden, was ganz typisch ist für meinen Lebensweg. Ich habe mich nie lange auf bereits Erreichtem ausgeruht, sondern habe neue Herausforderungen gesucht, die mich weiterbringen. Erst der Wechsel von Brasilien nach Lille. Dann kam Belgien, zunächst Charleroi, im Grunde ein Rückschritt in eine erneut fremde Liga, dann die sportlich größere Herausforderung Lüttich. Und nun wollte ich den nächsten Schritt in meiner Entwicklung gehen und zu einem Klub in einer anspruchsvolleren Liga wechseln.

Für mich selbst war meine Entwicklung ganz logisch. Mir war während meiner Karriere, vor allem bei den ersten Schritten, immer klar: Du musst auch deinen Kopf trainieren. Wenn dein Kopf glücklich ist, wenn du stark bist, geht alles von allein. Dann kann der Körper volle Leistung bringen. Diese Erfahrung, diese Erkenntnis hat mich noch selbstbewusster gemacht, alle Stationen auf dem Weg in die Bundesliga waren meines Erachtens richtig und sinnvoll. Jetzt war ich bereit für neue Aufgaben.

8.
Jocelina und die Geschenke Gottes

Sophia, unser erstes gemeinsames Kind, ist wahrlich ein Geschenk Gottes. Daher habe ich mir »Cadeau de Dieu« auf meinen rechten Unterarm tätowieren lassen. Sophia kam am 10. Dezember 2007 auf die Welt, im französischsprachigen Lüttich in Belgien, in der Klinik Saint-Vincent de Rosann. Daher entschied ich mich für ein Tattoo auf Französisch.

Um etwa 23 Uhr sind wir am Abend zuvor ins Krankenhaus gefahren, nachdem bei Jocelina die Wehen eingesetzt hatten. Es hat ganz schön lange gedauert, bis die Kleine da war – bis fünf vor zehn Uhr am nächsten Tag. Ich habe versucht, meiner Freundin – damals waren wir ja noch nicht verheiratet – zu helfen, habe ihre Hand gehalten, sie beruhigt, ihr gesagt, dass ich bei ihr sei und sie sich keine Sorgen machen müsse. Natürlich war sie nervös und hatte Schmerzen, aber es ging dann alles gut und Frau und Kind waren nach der Geburt wohlauf und gesund. 54 Zentimeter groß, 3,4 Kilogramm schwer – die Maße meines kleinen, aber doch großen Glücks. Zuvor hatten wir lange überlegt, wie wir unsere Tochter nennen sollten: Julia? Lara? Sophia? Wir entschieden uns schließlich für Sophia, der Name passte einfach perfekt.

Als ich Sophia das erste Mal im Arm hielt, war ich so stolz und ergriffen – es war einfach fantastisch. Geweint habe ich nicht, dafür bin ich nicht der

Typ, aber ich war sehr, sehr bewegt. Es war einer der glücklichsten Tage meines Lebens. Ich konnte dieses neuartige, seltsame und zugleich wunderschöne Gefühl kaum fassen: Plötzlich war ich Papa. Irgendwie begann damit für mich das richtige Leben. Dabei war ich erst 24 Jahre alt. Dennoch war der Zeitpunkt ideal. Damals wollten wir unbedingt eine Familie gründen, Jocelina und ich haben schon immer davon geträumt, Kinder zu haben. Wir waren im Ausland, weit weg von unserer Heimat und unseren Familien – und nun hatten wir unsere eigene kleine Familie. Dass ich ab diesem Zeitpunkt auch für meine Sophia arbeiten und Geld verdienen musste, war ebenfalls ein ganz besonderes Gefühl. Es war zugleich eine große Motivation und eine große Verantwortung.

Nachdem ich einen Tag freibekommen hatte, musste ich natürlich wieder trainieren. Denn das nächste Spiel mit Standard Lüttich stand schon vier Tage später auf dem Programm. Ich muss zugeben, dass ich beim Spiel ein bisschen müde war, weil ich in den Nächten zuvor wenig geschlafen hatte. Ich hatte auch plötzlich ein ganz anderes Gefühl auf dem Platz, meine kleine Sophia war immer in meinem Hinterkopf. Es ging alles wie von allein, weil mich dieser Gedanke so glücklich machte und antrieb. Wir haben beim FCV Dender zwar nur 0 : 0 gespielt, kein optimales Ergebnis, aber das konnte ich verkraften, ich war einfach nur glücklich.

Im Heimspiel gegen Zulte-Waregem wenige Wochen später habe ich das 1 : 0 per Elfmeter erzielt und dann meine Jocelina auf der Tribüne gegrüßt: mit dem Daumen im Mund, als wäre es ein Schnuller.

In der ersten Zeit nach Sophias Geburt machte ich eine für mich völlig neue Erfahrung: Ich konnte nachts plötzlich nicht mehr durchschlafen, egal, wie müde ich vom Training oder den Spielen war. Immer mal wieder bin ich wach geworden und hatte das Gefühl, nach meiner Tochter sehen, sie beschützen zu müssen, damit nichts passierte. Es hat mir auch nichts ausgemacht, nachts aufzustehen, wenn die Kleine geschrien hat. Aber grundsätzlich haben wir es uns schon so aufgeteilt, dass ich mehr tagsüber, vor, nach oder zwischen den Trainingseinheiten, auf das Baby aufgepasst habe und sich Jocelina dann ausruhen konnte. Dafür war sie dann nachts dran, damit ich einigermaßen regelmäßigen Schlaf bekam. Was für uns Eltern wunderbar war: Schon nach 14 Tagen hat Sophia durchgeschlafen. Aber sie hatte immer mal wieder Bauchschmerzen, das war weniger schön.

Neben »Cadeau de Dieu« und Sophias Namen trage ich voller Stolz auch den Vornamen meines Sohnes Diogo auf dem Unterarm, mit dem Zusatz »Presente de Deus«, was auf Portugiesisch »Geschenk Gottes« heißt. Jocelina hat ebenfalls mit diesen drei Worten mich und unsere Kinder als Tattoo verewigt: Sophia auf Portugiesisch, Diogo auf Deutsch, weil er in Deutschland zur Welt kam. Und zwar am 5. September 2010 in Mönchengladbach, im Krankenhaus Neuwerk. Er ist also ein echter Gladbacher und ein Sonntagskind: 51 Zentimeter groß, 3865 Gramm schwer. Da wir am Sonntag kein Training hatten, konnte ich wie bei Sophias Geburt dabei sein und Jocelina unterstützen. Perfektes Timing von Diogo, schon früh zeigte sich: ein guter Junge.

Dass wir im zweiten Anlauf einen Sohn bekommen hatten, machte mich unendlich glücklich. Vor allem weil ich mir ehrlicherweise nach Sophia einen Sohn, einen Stammhalter, gewünscht hatte. Und das Verrückte war: Bei all den Ultraschalluntersuchungen während der Schwangerschaft haben die Ärzte bis zum fünften Monat, Ende Mai, immer gesagt, dass es ein Mädchen werden würde. Eines Tages rief mich Jocelina nach einem Arzttermin in ihrer Heimatstadt Caxias an – sie war damals in Brasilien im

Urlaub – und sagte: »Es wird ein Junge!« Ich war total happy und habe mir sofort ausgemalt, wie es sein würde, später einmal mit ihm Fußball zu spielen. Davon träumt doch wohl jeder Papa. Eigentlich wünsche ich mir drei Kinder, aber Jocelina meint: Zwei reichen. Daher war ich so glücklich, dass es im zweiten Anlauf ein Junge geworden ist. Wie ein kleines Kind habe ich mich gefreut.

All meine Tattoos habe ich in Brasilien stechen lassen, mein Onkel Doga besitzt nämlich ein Studio im Zentrum von Salvador. Er ist ein Vollprofi und ein bunter Hund – man kennt ihn. Viele Fußballer kommen zu ihm. Als er mich einmal in Deutschland besucht hat, ließ sich mein Kumpel Bamba Anderson, der für Mönchengladbach und Frankfurt in der Bundesliga gespielt hat, von ihm »verarzten«.

Auch Jérôme Boateng, mein Abwehrkollege vom FC Bayern, ist ein Tattooliebhaber, er hat seinen ganzen Familienstammbaum auf dem Rücken. Das gefällt mir, eine super Idee. Allerdings: Bei dem Riesenkerl mit dem breiten Kreuz ist ja auch viel Platz. Vielleicht sollte ich ihn mal an Doga vermitteln. In der Kabine sprechen wir ab und zu über unsere Tattoos, tauschen uns aus, was uns gefällt, was nicht. Rafinha, Thiago und Mario Mandžukić sind da die Spezialisten.

Doga hat alle meine fünf Tattoos gestochen. Auf der rechten Schulter trage ich die Abwandlung eines Maori-Kriegstattoos, eines uralten Symbols, das der Körperkunst der Maori entstammt. Vier, fünf Stunden hat das Ganze gedauert. Dabei ging es mir nicht um die Symbolik, mir hat einfach dieses Zeichen gefallen und Doga hat es dann noch ein wenig verändert. Mein allererstes Tattoo war eine Jesusfigur auf dem linken Oberarm, das neueste ist der Name meiner Frau auf meiner rechten

Handgelenkinnenseite. In naher Zukunft wird wohl kein Tattoo mehr dazukommen, höchstens nach dem Ende der Karriere. Oder wenn ich mit Brasilien 2014 tatsächlich Weltmeister werde.

Wahrscheinlich habe ich die Leidenschaft für Tattoos von meinem Vater geerbt, der sich ebenfalls oft in Dogas Hände begeben hat. Eigentlich trägt unsere ganze Familie Tattoos: meine Onkel, Cousins und Cousinen, meine Schwester, einer meiner Brüder, sogar meine Mutter. Nur zwei oder drei aus der ganzen Familie sind ohne Tattoo. Wir bekommen einen speziellen Preis von Doga oder müssen, wenn er gut drauf ist, gar nichts bezahlen. Es freut mich für ihn, dass er jetzt so viele Kunden hat und es ihm gut geht. Vor einigen Jahren habe ich ihm finanziell ein bisschen geholfen, damit er sein Studio eröffnen konnte. Ich habe das Geld gerne investiert, will es auch nie zurückhaben. Mir ist einfach wichtig, dass er eine Arbeit hat, vernünftig leben kann und zufrieden ist.

Sophia ist mittlerweile sechs Jahre alt, Diogo drei. Wenn ich vom Training an der Säbener Straße, nach Matches oder Reisen nach Hause komme und die Haustüre öffne, laufen mir die beiden in die Arme und fordern sofort lautstark ihre Rechte ein: »Papa, Papa, lass uns spielen!« Ich liebe das. Wir setzen uns dann zu den Spielsachen auf den Boden oder an die Playstation, schauen zusammen Fernsehen oder malen etwas. Dann will ich zu 100 Prozent für sie da sein. Ich glaube, ich bin ein guter Papa. Das sagt jedenfalls Jocelina, sie tadelt mich nur dann, wenn ich den Kleinen zu viel erlaube.

Gerade weil ich zum Teil ohne Vater aufgewachsen bin und meine berufstätige Mutter relativ selten gesehen habe, tut es mir immer weh, wenn ich als Fußballprofi wieder wegmuss auf eine der vielen Dienstreisen. Als ich

2012 beim FC Bayern unterschrieben habe, habe ich Jocelina gewarnt: »Nun werde ich leider noch weniger Zeit für dich und die Kinder haben. Du musst jetzt alles sein, nicht nur die Mutter-, sondern auch die Vaterrolle übernehmen.« Denn mir war klar, dass ich als Bayern-Spieler noch mehr unterwegs sein würde: die Bundesligaeinsätze, der DFB-Pokal, dazu die Champions League, die Freundschaftsspiele, die Trainingslager. Doch meine Frau kriegt das alles wunderbar hin, sie ist sehr stark. Ich bin sehr glücklich und stolz auf meine Familie.

Es gibt zwei Dinge, die ich allerdings bedaure: erstens, dass unsere Eltern sich nie getroffen haben. Jocelinas Vater ist vor 14 Jahren gestorben und ihre Mutter vor fünf Jahren. Leider hat ihre Mutter meine Eltern nie gesehen. Jetzt wäre das alles leicht möglich, aber damals, als wir jung waren und ich wenig verdient habe, konnten wir die Flugtickets von Salvador nach Caxias und zurück einfach nicht bezahlen. Diese innerbrasilianischen Flüge waren – und sind – einfach viel zu teuer. Geeignete Zugverbindungen gibt es nicht und eine Busreise dauert elend lange. Sehr schade.

Das Zweite ist, dass wir nicht kirchlich geheiratet und keine Hochzeitsfeier gemacht haben. 2009, zwei Jahre nach der Geburt von Sophia, haben wir uns in Brasilien trauen lassen, damals habe ich schon für Gladbach gespielt. Aber es war nur ein formeller Akt, nichts Besonderes. Wir haben die Formalitäten erledigt und unterschrieben – zack, zack, fertig. Leider hatten wir damals auch keine Zeit für eine richtige Hochzeitsreise. Am liebsten würde ich 2015 in der Sommerpause noch einmal, und diesmal kirchlich, heiraten und eine richtig schöne Feier mit der Familie und allen Freunden veranstalten. Wenigstens hatten wir damals durch unsere standesamtliche Hochzeit das leidige Visumproblem gelöst. Während der Zeit in Lille musste Jocelina ja immer wieder nach drei Monaten nach

Brasilien zurückfliegen, bis sie sich an der Universität einschrieb. Später dann in Lüttich bekam sie ein Visum, weil Sophia geboren war, aber nach der Heirat gab es dann gar keine Probleme mehr.

Neben der Familie ist der Glaube ein ganz wesentlicher Teil meines Lebens. Ich trage immer zwei Ketten, einen »Terco do Rosario«, einen Rosenkranz, außerdem eine Medaille von São Jorge, dem heiligen Georg, der mich bei all meinen Taten beschützen soll. Diese Medaille bedeutet mir sehr viel. Beide Ketten lege ich nur zum Training und zum Spiel ab, denn beim Fußball ist Schmuck nicht gestattet – zu gefährlich. Ansonsten trage ich sie Tag und Nacht, immer und überall.

Damit aber nicht genug: Eine kleine Plastikfigur meines Schutzengels São Jorge darf ich auf Reisen nicht vergessen, sie muss immer bei mir sein. In der Umkleidekabine stelle ich sie bei jedem Spiel in meinem Spind auf. Es beruhigt mich, wenn ich mich in stillen Momenten an jemanden wenden kann, wenn ich beten kann. Das hat mir vor allem in schwierigen Phasen sehr geholfen.

Ich habe auch speziell für mich Schienbeinschoner anfertigen lassen, auf einem ist ein Bild von São Jorge, auf dem anderen sind meine beiden Kinder Sophia und Diogo dargestellt. Ich hoffe, dass ich so vor fiesen Tritten der Gegenspieler geschützt bin. Ich glaube wirklich an die Kraft von São Jorge.

Dargestellt wird der heilige Georg meist als Ritter in glänzender Rüstung, der von seinem sich aufbäumenden Pferd aus einen Drachen aufspießt. Außerdem ist er der Heilige der Pagodeiros, der Leute, die eine Pagode spielen. Mein Vater hat mir eines Tages meine erste Figur geschenkt und gemeint, dass dieser Heilige perfekt zu mir passe, denn er steht für Durchsetzungskraft und Zielstrebigkeit. Auch das Geburtsdatum spielt eine Rolle bei der Verteilung der einzelnen Schutzpatrone. Mein Vater hat mir auch beigebracht, dass dieser São Jorge schützend seine Hand über mich und meine Lieben hält. Zugleich betonte er aber auch, dass ich mein Leben dennoch selbst gestalten müsse. Doch es gibt nach Ansicht meines Vaters eine höhere Macht, die uns Menschen lenkt. Meine Familie ist überzeugt davon, dass es richtig ist, an etwas Abstraktes zu glauben. Man kann schließlich nicht nur an das glauben, was man in der Hand halten kann, sonst glaubt man am Ende nur an Geld und daran, dass nur Geld das Leben verändern kann.

Mein Vater gehört der Glaubensrichtung Candomblé an wie meine Schwester Dandara. Candomblé ist eine afrobrasilianische Religion, eine sehr spirituelle Religion, die überall in Brasilien gelebt wird, aber besonders bei uns in Bahia sehr verbreitet ist. Candomblé hat afrikanische Wurzeln und geht auf die versklavten Afrikaner zurück, die ab dem 16. Jahrhundert, vor allem aber zwischen dem 18. und dem 19. Jahrhundert nach Brasilien verschleppt wurden. Mit den afrikanischen Sklaven kamen auch deren Religion und ihre Orixás, ihrer Götter, zu uns. Laut dieser Lehre ist jeder Mensch mit seinem Orixá, einem geistigen Wesen, von Geburt an für immer verbunden. Dessen Erscheinen wird allerdings erst dadurch möglich, dass den Orixás ein menschlicher Körper zur Verfügung gestellt wird.

Candomblé ist mittlerweile eine in allen Gesellschaftsklassen etablierte und weitgehend anerkannte Religion, es gibt Zehntausende Tempel in meiner Heimat. Rund zwei Millionen Brasilianer, also etwa 1,5 Prozent der Gesamtbevölkerung, praktizieren sie. Bei uns in Bahia gibt es auch viele Katholiken, die den Gottheiten der Candomblé Opfergaben bringen.

Meine Mutter ist ebenfalls sehr religiös, sie trägt immer ein Holzkreuz um den Hals, das sie und die Familie beschützen, ihr Kraft und Stärke verleihen soll. Mama hat mir den Katholizismus nahegebracht und mich ebenfalls darin bestärkt, an etwas zu glauben. Gerade in schweren Zeiten kann man daraus Kraft ziehen. Ich finde es großartig, dass ich von meinen Eltern nicht gezwungen wurde, einen bestimmten Glauben anzunehmen. So konnte ich mich, als ich alt genug war, selbst mit dem Thema befassen und mir eine eigene Meinung bilden. Der katholische Glaube sowie Candomblé sagten mir generell beide zu, grundsätzlich respektiere ich aber ohnehin alle Glaubensrichtungen. Nun versuche ich, Sophia und Diogo ähnlich zu erziehen. Man sollte Kinder sich selbst entfalten lassen, kann Hilfen geben, darf sie aber niemals zu etwas zwingen. Denn dann werden Kinder bockig. So wie ich früher, wenn es um den Kommunionsunterricht ging. Ich hatte da immer Ärger mit Mama. Sie wurde richtig sauer, wenn ich mal wieder eine Stunde geschwänzt hatte. Auch zur Sonntagsmesse in der Kirche wollte ich nur selten mitgehen, höchstens an Feiertagen wie der »Festa de São João«, dem Johannisfest. Für mich zählte nur Fußball und da hatte ich natürlich auch eine gute Ausrede, weil Spiele mit den Jugendmannschaften meist sonntags stattfanden.

Bei der Zeremonie zur Erstkommunion musste ich vor all den Leuten in der Kirche eine kleine Rede halten, das heißt, ich sollte einfach erzählen, wie glücklich wir alle an diesem Tag waren, und die anderen Kinder dazu auffordern, auch künftig in die Kirche zu gehen. Von allen Erstkommunianten wurde einer dafür ausgewählt – und das war ich. Im Grunde hatte ich keine große Angst, ich habe meinen Text aufgesagt und fertig. Bei solchen Sachen war ich nie sonderlich nervös. Danach gab es dann eine kleine Feier, wir haben gegessen und getrunken.

Der Glaube wird von manchen Menschen gern mit dem Aberglauben vermischt, und da habe ich ja nur diesen kleinen Tick beim Sprint auf den Platz. Mit meinen Eltern habe ich keine festen Rituale vor den Spielen wie manche meiner Mitspieler. Philipp Lahm und seine Mutter zum Beispiel schreiben sich vor dem Spiel immer exakt dieselbe SMS. Aber ich weiß, dass Mama und Papa immer für mich beten und somit bei mir sind. Das hilft mir.

Auch wenn ich weiß, dass meine Eltern in Gedanken oft bei mir sind, ist es natürlich immer besonders schön, wenn ich sie wieder einmal besuchen kann. Leider geht das meist nur im Urlaub. Für uns Brasilianer gibt es nichts Wichtigeres im Leben als die Familie, und daher ist die Zeit, die ich mit den Großeltern sowie Mama, Papa und meinen Geschwistern in Salvador verbringen kann, stets viel zu knapp. Logisch also, dass das Ende des Urlaubs stets zu einem kleinen Drama wird. Wenn ich im Januar und Juni zum Flughafen muss, um zurück nach Europa, zurück zu meinem Arbeitgeber zu fliegen, bricht es mir fast das Herz. Natürlich freue ich mich andererseits auch darauf, meine Mitspieler wiederzusehen, mit ihnen zu quatschen, zu lachen, zu trainieren, aber dennoch ist es schwer. Vor allem um Silvester herum, wenn einen in Europa Kälte, Dunkelheit und eventuell sogar Schnee erwarten. Denn zu Hause in Brasilien heißt es zu dieser Jahreszeit: Sommer, Strand, Samba, Familie und Freunde.

Ich spiele nun schon seit etwas mehr als zehn Jahren als Profi in Europa, dennoch tut es jedes Mal weh, meine Mutter zu sehen, wie sie am Flughafen ein paar Tränen vergießt, wenn ich wieder abreise. Wenn dann auch noch die Kinder anfangen zu weinen, oh Mann, das ist das Schlimmste. Ich steige natürlich trotzdem in den Flieger, aber wirklich gut fühle ich mich dabei nie. Das alles sollte man vielleicht bedenken, wenn man mal wieder liest, dass der eine oder andere brasilianische Spieler zu spät aus seinem Heimaturlaub zu seinem Bundesligaverein zurückkehrt ist. Vielleicht kann man bei aller geforderten Professionalität doch ein klein wenig Verständnis dafür haben, dass jemandem der Abschied aus der Heimat so schwerfällt. Ich weiß auf jeden Fall genau, was bei diesen Spielern im Kopf vor sich geht.

Für meinen Teil kann ich dennoch nur sagen, dass ich immer pünktlich zurückkomme. Denn ich finde, dass wir Spieler als Angestellte gegenüber unseren Vereinen eine gewisse Verantwortung tragen. Würden wir unser Gehalt zu spät überwiesen bekommen, fänden wir das ja auch nicht okay. Und es geht ebenso um Fairness gegenüber den Mitspielern, die pünktlich zum Trainingsauftakt erscheinen. Auch was die täglichen Einheiten, Besprechungen, Treffpunkte oder Abfahrten mit dem Bus betrifft – ich war fast nie zu spät. Das kann ich nicht leiden, als Profi darf man sich das eigentlich nicht erlauben. Freunde von mir in Brasilien meinen, da sei ich eher ein Deutscher als ein Brasilianer.

Eine Strafe habe ich bisher nie wegen Unpünktlichkeit bekommen. In Gladbach habe ich nur einmal in die Mannschaftskasse einzahlen müssen, die unser Kapitän Filip Daems geführt hat, weil ich meine Handschuhe nach dem Training auf dem Rasen liegen gelassen habe. Von den gesammelten Strafen sind wir am Saisonende schön essen gegangen oder ein paar der Junggesellen sind ein paar Tage nach Mallorca gefahren – das war aber nichts für mich.

Wie überall im Berufsleben geht es auch im Fußball um Anpassung. Und wenn ich auf einem anderen Kontinent, in einem anderen Land spiele, muss ich meines Erachtens auch so schnell wie möglich die jeweilige Sprache lernen. Mir fiel das leicht – ob in Frankreich oder in Deutschland. Ich bin eben ein offener Typ und kommuniziere viel.

Für mich ist Deutschland längst zur zweiten Heimat geworden, auch wenn es meiner Frau und mir in Frankreich und Belgien ebenfalls sehr gut gefallen hat. Doch in Deutschland passt nahezu alles. Wenn ich in der Heimat bin, werde ich oft gefragt: Was ist typisch deutsch? Meine Antwort: die Mülltrennung, braune Tonne, schwarze Tonne, blaue Tonne. Nein, im Ernst. Wichtiger ist: In Deutschland gibt es immer eine klare Linie bei einer Entscheidung, kein Wenn und Aber. Man weicht dann nicht davon ab oder sucht nach Auswegen. Wird in Deutschland etwas gesagt und beschlossen, gilt das. Punkt. Hast du etwas ausgehandelt und gibst jemandem die Hand, ist dies so verlässlich wie ein geschlossener Vertrag. Du weißt, das Gegenüber hält sich an die Abmachung. Dieses Miteinander, diese Kultur sagt mir sehr zu. Für mich ist das eine Frage des Respekts und der Seriosität.

Vereinbart man in Deutschland ein Treffen um 17 Uhr, dann kommen die meisten Leute auch um Punkt 17 Uhr. Bei uns in Brasilien ist das anders. Macht man etwas aus, kann das auch mal nicht ganz so ernst genommen werden oder ist nur eine ungefähre Angabe. So funktionieren auch Absprachen für Besprechungstermine. Was natürlich auch am höllischen Verkehr der Megacitys São Paulo oder Rio de Janeiro liegt. Kein Wunder, bei über 15 Millionen Einwohnern samt Außenbezirken in São Paulo sowie etwa zehn Millionen am Zuckerhut. In diesen Metropolen verabreden sich Geschäftsleute nicht wirklich, sie rufen spontan bei anderen Firmen und Geschäftspartnern an, wenn sie gerade mit dem Auto in der Nähe sind. Und dann macht man ein Meeting oder kurzes Gespräch aus. Aber zu sagen: Nächsten Dienstag, 14 Uhr, Raum sowieso, das funktioniert in der Regel selten. Übrigens benutzen viele Firmenbosse, die es sich leisten können, einen Hubschrauber, um leichter von einem Ort zum anderen zu kommen.

Alles in allem kann man wohl kaum besser leben als in Deutschland. Mir gefällt auch, dass alle Menschen die Regeln respektieren und gleich behandelt werden. Da ist es egal, ob du ein Promi bist oder nicht. Im Straßenverkehr muss sich jeder an die Regeln halten, in einer Tempo-30-Zone fährt man 30 Stundenkilometer, sonst droht eine Strafe. Wenn mich die Polizei im Auto anhält und kontrollieren möchte, dann sagt der Beamte nicht: »Oh, hallo! Sie sind Dante, fahren Sie weiter, kein Problem!« So würden sicher manche Kontrollen in meiner Heimat ablaufen. Nein, in Deutschland muss jeder seine Papiere, Führerschein und Fahrzeugschein, vorzeigen. Jeder ist gleich. Das finde ich toll.

Selbst das Wetter ist, na ja, ich würde mal sagen: in Ordnung. Mittlerweile habe ich mich daran gewöhnt, sogar an den Schnee. Die Kinder lieben es, dann Schlitten zu fahren oder einen Schneemann zu bauen. Nur das Trainieren ist bei heftigem Schneefall schwieriger, aber beim FC Bayern haben wir ja immerhin einen Trainingsplatz mit Rasenheizung, so bleibt der Schnee nicht liegen.

Während ich in Mönchengladbach gespielt habe, konnte mich mein Vater leider nie besuchen, weil er zu Hause arbeiten musste. Meine Mutter dagegen war zweimal zu Besuch da, und wir sind dann auch mal nach Düsseldorf gefahren zum Shopping. Meine Frau und ich haben uns in Gladbach sehr wohlgefühlt – aber München ist noch besser. Die Stadt ist wunderschön, hat ein sehr spezielles Flair und dann das Oktoberfest!

In München habe ich den »Obatzdn« lieben gelernt, eine Käsecreme, die gern zur Brotzeit gegessen wird. Dazu eine Breze – lecker! Wenn wir sonntags ab und zu gemütlich mit den Kindern zu Hause frühstücken, ist Obatzda immer dabei.

Man muss das Leben in München einfach lieben, trotzdem haben wir uns dafür entschieden, am südlichen Stadtrand in Grünwald zu leben. Vor dem Vertragsbeginn in München im Juli 2012 haben meine Frau und ich uns fünf Häuser angeschaut und uns am Ende für das ehemalige Haus von Danijel Pranjić entschieden, dem Kroaten, der von 2009 bis 2012 beim FC Bayern unter Vertrag war. Wir wohnen in München, wie schon zuvor in Mönchengladbach und all meinen anderen Stationen, zur Miete, das gibt uns mehr Flexibilität. Denn so gut es uns in München gefällt, das Leben eines Fußballprofis kann sich ja sehr schnell ändern. Ein neuer Trainer, eine andere Philosophie kann bedeuten: eine neue Stadt, ein anderer Verein. Aktuell ist unser Lebensmittelpunkt München und wir reisen nur in den Ferien zurück nach Hause. Dennoch ist und bleibt Brasilien unsere Heimat.

Dass wir uns für das ruhigere Grünwald und nicht für die Münchner City entschieden haben, liegt auch daran, dass unsere Kinder hier in Ruhe aufwachsen können. Es gibt hier weniger Menschen, weniger Verkehr, weniger Stress. Der Kindergarten, die Schule – alles ist da, alles ist perfekt. Wir können im Sommer in den Wald gehen, in einen Kletterpark oder im Winter in die Coco-Loco-Kinderwelt, einen Hallenspielplatz. Das lieben die Kinder. Außerdem ist man ja mit dem Auto schnell in der Stadt, meine Frau macht das sehr gerne, entweder allein oder mit Freunden. Für mich ist das meist relativ anstrengend, da ich oft erkannt werde. Fotos hier, Autogramme dort. In München sind die meisten Leute zwar angenehm zurückhaltend, aber Fans gibt es überall. Was ja auch schön ist. Ich mache das wirklich gerne, aber manchmal stresst es auch ein bisschen, gerade wenn man ein paar ruhige Stunden mit der Familie verbringen will.

Für Grünwald sprach zudem, dass viele Bayern-Profis wie Rafinha, Claudio Pizarro, Arjen Robben und Franck Ribéry mit ihren Familien hier wohnen, auch Matthias Sammer, der Bayern-Sportvorstand, mit Frau.

Eine gewisse Nähe zu anderen Familien war uns wichtig. Zum Glück haben wir jetzt aber auch das Geld, Freunde und Familie aus der Heimat nach München kommen zu lassen. Als wir 2004 nach Lille kamen, war das schon schwieriger. Besuch war finanziell einfach nicht drin, wir konnten die Flugtickets nicht bezahlen. Heute sind wir da flexibler und freier, so können Mama und Papa hin und wieder mal vorbeikommen und ihre Enkel sehen.

Meiner Frau Jocelina bin ich sehr dankbar, dass sie all die Veränderungen und Umstände, die meine Karriere mit sich bringt, erträgt und mitmacht. Immer wenn ich den Verein gewechselt habe und wir umgezogen sind, war das auch für sie eine neue Herausforderung. Wir haben uns dabei stets aufeinander verlassen können, jeder hat dem anderen vertraut, den anderen stark gemacht. Sie hat meine Entscheidung auch immer unterstützt, nie gesagt: Nein, ich gehe nicht mit.

Ich kenne viele brasilianische Profis, die im Ausland spielen und den Klagen ihrer Frauen nachgegeben haben, die dann mehr als die Hälfte des Jahres in ihrer Heimat verbringen. Aber das kommt für uns nicht infrage. Jocelina hat meist nicht einmal länger Urlaub in Brasilien gemacht, sondern ist mit mir nach Deutschland zurückgereist. Zum Glück ticken wir da sehr ähnlich. Das ist auch ein Grund, warum wir nun schon seit über zehn Jahren glücklich miteinander sind.

9.

Vom Pechvogel zum Kultkicker

Keine Ahnung, wie meine Karriere verlaufen wäre, wenn Werder Bremen schneller Tatsachen geschaffen hätte. Im Herbst 2008, ich spielte damals knapp zwei Jahre bei Standard Lüttich, waren die Bremer mit meinem Berater und mir in Kontakt getreten, weil sie mich an die Weser locken wollten. Doch es blieb bei ersten ganz unverbindlichen Gesprächen. Ein anderer Interessent aus der Bundesliga wurde da schon viel konkreter: Borussia Mönchengladbach. Die Verantwortlichen vermittelten mir den Eindruck, dass sie mich unbedingt haben wollten. Das imponierte mir. Die Bremer dagegen meinten, sie müssten noch etwas abwarten – aber das kam für mich nicht infrage. Also willigte ich ein und es kam zu einem ersten Treffen mit der Borussia.

Am Tisch saßen Gladbachs Trainer Hans Meyer, der Teammanager Steffen Korell, ein Übersetzer, mein Berater und ich. Meyer hat mich gefragt, wie ich taktisch spielte und wie ich meine Rolle in der Abwehr der Borussia sähe. Eine ungewöhnliche, aber sehr spannende Unterhaltung, fühlte sich ein bisschen an wie ein Vorstellungsgespräch. Meyer wollte wahrscheinlich mein taktisches Verständnis testen. Ich muss ihn wohl überzeugt haben, denn Gladbach einigte sich schließlich mit Standard Lüttich auf eine Ablösesumme von 2,5 Millionen Euro. Am 25. Dezember unterschrieb ich einen ab Januar 2009 gültigen Vertrag für viereinhalb Jahre, datiert bis Ende Juni 2013. Meine neue Rückennummer war die »31«, da meine präferierte »4« an Roel Brouwers vergeben war.

Die Fans von Standard konnten meinen Abschied nicht verstehen, immerhin war Lüttich 2008 Meister geworden, stand in der Tabelle aktuell wieder ganz oben und war auch in der Europa League nach der Winterpause noch dabei. Viele meinten, ich sei verrückt, dieses Paradies zu verlassen und zum Tabellenletzten der Bundesliga zu wechseln. Aber ich hatte meine Entscheidung getroffen. Und wenn ich mir einer Sache sicher bin, dann kann ich ein ziemlicher Sturkopf sein.

So wurde Hans Meyer, damals auch schon 66 Jahre alt, mein erster Trainer in der Bundesliga. Was für ein Typ! Ein ganz spezieller Trainer, der es wagte, beim damaligen Abstiegskandidaten als Retter anzuheuern. Aber das war ihm ja zuvor auch schon in Nürnberg und bei Hertha BSC Berlin gelungen.

Anfangs hatte ich Probleme, mich an sein Spielsystem zu gewöhnen. Rein theoretisch lässt er ein 4-4-2-System spielen, aber im Grunde bedeutet seine Philosophie, dass du über den ganzen Platz Mann gegen Mann spielst. Du musst dabei viel laufen, wirklich sehr viel laufen. Meyer hatte ein hohes taktisches Verständnis, ein gutes Gespür für das Spiel und den Gegner. Um uns sein Wissen zu vermitteln, hat er sehr lange Besprechungen abgehalten, manchmal zwei pro Tag. Anstrengend, aber auch lehrreich. Er hat uns, dem Tabellenschlusslicht, auch stets eingebläut: »Männer, ihr könnt es schaffen, wenn ihr nur wollt!« Er hat uns starkgeredet. Was ich damals noch nicht verstehen konnte, habe ich mir übersetzen lassen. Von ihm konnte ich viel lernen: die Motivation, das Anpassen an den jeweiligen Gegner, das Taktische. Ohne Hans Meyer wäre ich vielleicht jetzt nicht beim FC Bayern. Weil er es war, der mir in der Bundesliga eine Chance gegeben hat.

Eines Abends im Dezember haben mir die Gladbacher Verantwortlichen das Stadion gezeigt inklusive einer Logenführung. Der Borussia-Park leuchtete in den Vereinsfarben Grün-Weiß. Ich war begeistert. Was für ein wunderschönes Stadion mit einer Kapazität von 54 000 Zuschauern. Da habe ich zu Teammanager Korell und den anderen Gladbacher Verantwortlichen, die bei dem Rundgang dabei waren, gesagt: »Mit solch einem Stadion könnt ihr doch nicht in der zweiten Liga spielen – das ist unmöglich. Das kommt ja gar nicht infrage. Wir steigen nie im Leben ab!« Während ich das sagte, habe ich ein Leuchten in ihren Augen gesehen. Ich habe gespürt, dass sie von mir und meinem Optimismus angetan waren. Kurz danach habe ich den Vertrag unterschrieben. Alle waren zufrieden.

Bei meiner Präsentation im Rahmen einer Pressekonferenz sagte Hans Meyer über mich: »Das ist der Mann, der uns aus der Abstiegszone nach oben bringen wird. Wir müssen aufhören, die Schießbude der Liga zu sein.« Da war ich erst einmal ganz schön erschrocken: eine enorme Verantwortung für einen Neuzugang, eine ordentliche Portion Druck. Doch Meyer verstand es, den Druck auf mehrere Schultern zu verteilen. Neben mir verpflichtete Borussia für die Mission Klassenerhalt den belgischen Torhüter Logan Bailly, den kanadischen Allrounder Paul Stalteri und den tschechischen Routinier Tomás Galásek. Meyer hat auch innerhalb der bestehenden Mannschaft hart durchgegriffen und den Kader ausgemistet. Vier Spieler hat er zur zweiten Mannschaft in die vierte Liga geschickt oder zum Verkauf angeboten. Als großer Hoffnungsträger und mit den hohen Erwartungen der um den Klassenerhalt zitternden Fans habe ich dann das Training nach dem Weihnachtsurlaub aufgenommen.

Und dann? Tja, manchmal ist das Leben hart. Im Januar reisten wir mit Borussia ins Trainingslager nach Gran Canaria. Die ideale Zeit, um mich einzugewöhnen, alle kennenzulernen und mich mit den anderen Abwehrspielern einzuspielen. Doch was passierte? Ich verletzte mich. Eine Oberschenkelverletzung, ein Muskelfaserriss. In den Jahren zuvor in Belgien hatte ich durchgespielt, ohne Verletzung. Und jetzt das! Ich versuchte alles, um so schnell wie möglich wieder fit zu werden. Doch die Verletzung war hartnäckig, einen Versuch, wieder ins Mannschaftstraining einzusteigen, musste ich abbrechen. Es war ein Spagat. In Belgien hatte ich einmal eine ähnliche Muskelblessur erlitten. Damals war ich zu ungeduldig gewesen und hatte zu schnell wieder gespielt, sodass die Verletzung erneut aufgebrochen war und eine noch längere Pause die Konsequenz war.

Diesmal sagte ich zur Presse: »Ich will Gladbach bald zeigen, wer Dante ist.« Schließlich war ich als Weihnachtsgeschenk gekommen und kurz vor Ostern war ich noch immer ohne Einsatz. Die ersten sieben Rückrundenspiele konnte ich nur zuschauen, immerhin gewannen wir davon drei und standen schon auf Rang 16, vor Karlsruhe und Cottbus.

Es war eine quälend lange Zeit bis zu meinem Bundesligadebüt am 20. März im Heimspiel gegen Bochum. Ich kam nach 67 Minuten rein, aber wir verloren 0 : 1. Das ging kräftig in die Hose. Nach meiner Verletzung war ich bei einigen Partien nicht bei 100 Prozent Leistungsfähigkeit, versuchte aber dennoch, der Mannschaft, dem Trainer und dem Verein zu helfen. Ich wollte auch unbedingt spielen. Von da an machte ich jedes der letzten neun Saisonspiele von Beginn an mit. Zum ersten Mal in Karlsruhe, ein 0 : 0. Harte Arbeit, Abstiegskampf. Wichtig war zunächst, kein Gegentor zu bekommen. »Wir werden dich in den nächsten Wochen noch brauchen«, machte mir Meyer Mut und unser Sportdirektor Max

Eberl lobte mich: »Das war super, Junge! Du hast gezeigt, warum wir dich geholt haben, warst zweikampfstark und passsicher. Ein richtiger Eisvogel!« Was auf die Minusgrade bei der Partie in Karlsruhe gemünzt war.

In meinem dritten Spiel, in Wolfsburg, erzielte ich dann mein erstes Tor – half aber wieder nichts. Ein Kopfball zum 1 : 1 nach einem Freistoß von Marko Marin. Am Ende verloren wir dennoch mit 1 : 2. Als würde ein Fluch auf uns lasten. Es folgten: eine 1:4-Klatsche in Frankfurt, ein mageres 1 : 1 gegen Bielefeld, dann das gute, aber doch verlorene Spiel bei den Bayern. Mit 1 : 2 unterlagen wir in München gegen die Mannschaft von Jupp Heynckes, der damals gerade sein Kurzcomeback für Bayern gegeben hatte. Damals hätte ich mich kaputtgelacht, wenn jemand gemeint hätte: »Hier in diesem Stadion, in der Allianz Arena, wirst du einmal deine größte sportliche Saison erleben, vier Titel gewinnen – mit Heynckes als Trainer.«

Schon sechs Spiele hatte ich nun für Gladbach bestritten, war aber immer noch ohne Sieg. Viele Experten und Journalisten hatten mich wegen meiner Verletzung schon als Fehleinkauf abgestempelt, das tat weh. Mir gingen so viele Dinge durch den Kopf, aber ich habe mich zusammengerissen und die Situation durch den Rückhalt meiner Familie, meiner Frau und meiner Tochter, gemeistert.

Vier Spieltage vor dem Saisonende waren wir Vorletzter mit drei Punkten Rückstand auf Energie Cottbus auf Rang 15, dem rettenden Rang. Und das, obwohl ich versprochen hatte, dass Gladbach mit mir nicht absteigen würde. 2,5 Millionen Euro Ablöse hatten sie für mich ausgegeben. Mann, Mann, Mann! Die Anspannung stieg und stieg.

Dann das drittletzte Spiel: Der Gegner hieß Schalke. Ein harter Fight, Marin verschoss nach 23 Minuten einen Elfmeter gegen Manuel Neuer. Es sollte wohl einfach nicht sein, alles sah nach einem 0:0-Spiel aus, doch dann traf Roberto Colautti in der 90. Minute nach Vorarbeit von Oliver Neuville. Was für eine Erleichterung, eine Erlösung! Mein erster Bundesligasieg! Damit kletterten wir auf Platz 15, punktgleich mit Bielefeld und Cottbus, vorne lediglich dank der Tordifferenz.

Dieser Kampf gegen den Abstieg war eine schlimme Zeit. Mir tat es in meinem Herzen weh, die traurigen, zitternden Fans zu sehen. Ich bin kein Profi, dem es nur um sein Gehalt geht und dem der Rest egal ist. Natürlich ist das Geld wichtig, aber es bedeutet mir nicht alles. Wenn wir verlieren, bin ich tagelang unzufrieden, unglücklich. Und wenn ich sehe, dass jemand aus meiner Mannschaft nicht so intensiv mit dem Herzen dabei ist wie ich, werde ich sauer. Alle aus unserer Familie sind da sehr emotional: Als meine Mama in Gladbach zu Besuch war und die Spiele im Borussia-Park angeschaut hat, blieb sie oft in der Loge und nahm einen Beruhigungsdrink. Auf der Tribüne konnte sie manchmal vor Aufregung nicht mehr hinschauen.

Ein paar Tage später ging es nach Cottbus. Wir spürten: Wer verliert, würde absteigen, wer gewinnt, drinbleiben. Ein Sechs-Punkte-Spiel. Okay, mit einem Punkt auswärts hätten wir zur Not leben können, mehr noch als Gastgeber Cottbus.

Wieder ein Kampfspiel, wieder entwickelte sich ein zähes 0 : 0. Als die Nachspielzeit bereits begonnen hatte, bekamen wir eine Ecke. Ich wollte nach vorne, lief Richtung Mittellinie. Trainer Meyer schrie von der Seitenlinie auf den Platz: »Nein! Nicht! Bleib, Dante! Bleib, wo du bist!« Ich bin trotzdem nach vorne gesprintet, habe nicht mehr zur Seite geschaut, habe Meyer nur schimpfen gehört. Mir egal, ich wollte es riskieren. Ecke Marin, ich erwischte den Ball perfekt mit dem Kopf – das 1 : 0 in der 91. Minute. Ein brutales Gefühl! Ich lief zurück zur Mitte und zeigte in den Himmel. Da oben hatte mir wieder jemand geholfen.

Nun waren wir Vierzehnter, drei Punkte vor Cottbus und Bielefeld. Aber es war noch nicht vorbei, wir waren noch nicht gerettet. Noch am Abend sind wir nach Hause geflogen und zur Vorbereitung auf die Partie in Leverkusen gleich im Hotel geblieben. Diese Maßnahme, die Mannschaft zusammenzuhalten, nutzte aber leider nichts. Wir verloren in Leverkusen mit 0 : 5, eine richtige Ohrfeige. Der letzte Gegentreffer war auch noch ein Eigentor von mir – was für eine Schlappe. Ich saß völlig niedergeschlagen in der Kabine, total sauer. Als ich ein paar Mitspieler sah, die lachten und scherzten, brüllte ich sie an: »Was ist denn mit euch los? Nach einem 0 : 5!« Sie lachten wieder, und einer klärte mich auf: »Ruhig, Amigo! Bielefeld hat in Dortmund 0 : 6 verloren, Cottbus in Stuttgart 0 : 2.« Das bedeutete: Nur Karlsruhe war definitiv schon abgestiegen, und wir hatten vor dem letzten Spieltag die besten Karten – mit jeweils drei Punkten Vorsprung. Ein Zähler also würde reichen, das jedoch gegen Dortmund.

Der Borussia-Park war ausverkauft, das Duell der beiden Borussias ist ja ein Traditionsduell. Und wieder konnte ich unter Beweis stellen, dass man mich nicht umsonst geholt hatte. Nach einer Ecke von meinem Kumpel Alexander Baumjohann traf ich in der 57. Minute per Kopf zum 1 : 0. Dortmund gelang nur noch der Ausgleich, wir waren gerettet. Geschafft! Bielefeld stieg ab, wir nicht. 31 Punkte holten wir lediglich, ein Rekord – so wenige hatten noch nie für den Klassenerhalt gereicht. Auch wenn ich jetzt keinen Titel feiern konnte, war es dennoch einer der glücklichsten

Tage meines Lebens! Wir mussten auch dem lieben Gott dafür danken, dass er in den engen Spielen gleich zweimal auf unserer Seite gestanden hatte und wir dadurch nicht abstiegen. Was für ein Himmelsgeschenk! Ein unglaubliches Gefühl, fast noch schöner als der Meistertitel mit Lüttich.

Die viel zu lange andauernde Verletzung, der Abstiegskampf, die Angst vor einer ungewissen Zukunft – das alles hatte wahnsinnig an meinen Nerven gezehrt. Ich hatte ständig überlegt, was ich bei einem Abstieg machen sollte. Ich hatte zwar einen Vertrag für die zweite Liga, hätte für die gleiche Ablösesumme Gladbach aber auch verlassen können. Aber wohin? Ich wollte auf keinen Fall einen Schritt zurück machen, außerdem wäre das Gehalt in der zweiten Liga um einiges niedriger gewesen. Und so ein Abstieg steht ja immer in deiner Vita, das ist richtiger Mist. So etwas wie diesen Abstiegskampf wollte ich nie mehr in meiner Karriere erleben müssen.

Nachdem der Klassenerhalt geschafft war, wusste ich, dass ich ab der neuen Saison im Sommer eine richtige Bundesligavorbereitung machen konnte, und das hoffentlich verletzungsfrei. Ich wollte endlich allen zeigen, was ich draufhatte. Meine Identifikation mit Gladbach wuchs zunehmend, obwohl ich mich wieder an einen neuen Trainer gewöhnen musste. Ende Mai hatte Hans Meyer nämlich trotz des Klassenerhalts darum gebeten, seinen bis Juni 2010 laufenden Vertrag vorzeitig aufzulösen. Diesem Wunsch entsprach die Borussia. Daraufhin kam Michael Frontzeck, der als Spieler eine Gladbacher Legende war.

Doch zunächst waren Ferien und ich konnte mit meiner Frau Jocelina in die Heimat reisen. Mittlerweile hatten wir uns in Mönchengladbach bereits gut eingelebt und konnten auch schon etwas Deutsch verstehen.

Nach einem Monat im Hotel zogen wir in ein Haus, zur Miete. In den ersten zwei Monaten sind wir auch öfter mal zu Freunden nach Lüttich gefahren, das war nur eine Stunde Fahrtzeit. Dann haben wir aber festgestellt, dass wir im Hier und Jetzt leben müssen.

Leider war mein guter Kumpel Alexander Baumjohann im Sommer 2009 zum FC Bayern München gewechselt. Wir haben ihn einmal in München besucht. Er holte uns vom Flughafen ab und wir fuhren an der Allianz Arena, die gerade in Bayern-Rot leuchtete, vorbei in die Stadt. Wir haben ein bisschen geflachst im Auto.

»Glaubst du, dass du eines Tages hier spielen wirst?«, fragte mich Baumi. »Warum nicht?«, sagte ich, dachte dabei aber, dass das momentan noch eine Stufe zu hoch für mich sei. Ich war und bin keiner, der gerne prahlt, meine Ziele habe ich meist heimlich, still und leise verfolgt und keine großen Reden geschwungen.

Die Saison 2009/10 war eine einzige Wohltat. Wir erlebten mit der Borussia und Neutrainer Frontzeck eine sorgenfreie Zeit. Es lief einfach. Da ich noch besser Deutsch gelernt hatte, konnte ich das Bindeglied für Juan Arango, den Venezolaner, sein, der aus Mallorca kam. Und für Raúl Bobadilla, den Argentinier, der aus Zürich kam. Mit ihm bin ich heute noch gut befreundet, er besucht mich in München. Ein weiterer guter Kumpel wurde Karim Matmour, ein Algerier, mit dem ich mich auch auf Französisch unterhalten konnte. Bei Frontzeck war ich Stammspieler und bildete mit Brouwers die Innenverteidigung. Obwohl wir nach einem ordentlichen Start im Herbst bis auf Rang 17 abstürzten, weil wir fünf Spiele in Folge verloren, erholten wir uns schnell davon. Wir hatten viel Qualität im Kader.

Ich machte 32 Spiele und kam ohne größere Verletzung durch die Saison. Die einzigen zwei Partien, die ich fehlte, hatte ich mir selbst eingebrockt: eine Rotsperre, und das schon am ersten Spieltag. Wir starteten in Bochum, spielten überragend und führten zur Pause mit 3 : 0. Dann nahmen wir die Dinge etwas zu leicht, sodass der VfL auf 3 : 2 herankam. In der 60. Minute musste ich in ein Laufduell mit Bochums Stürmer Stanislav Šesták, wir arbeiteten beide mit dem Körper, ich fuhr meinen linken Arm aus, er fiel. Clever gemacht! Da war nichts, aber ich sah Rot wegen Notbremse, weil ich letzter Mann war. Ich schlug die Hände über dem Kopf zusammen, das konnte doch nicht wahr sein. Für mich war es ein harter, aber doch normaler Zweikampf gewesen. Und weil ein Unglück selten allein kommt: Drei Minuten später traf Šesták auch noch zum 3 : 3. Doch wir konnten dagegenhalten und das Remis retten. Ich war ziemlich erleichtert. Sonst wäre ich schuld gewesen, dass wir nach einer 3:0-Führung die Partie noch vergeigt hätten. Wegen der Roten Karte bekam ich zwei Spiele Sperre, na ja – okay.

Danach absolvierte ich alle Spiele über je 90 Minuten, es hätten ein paar mehr als drei Treffer sein können, aber gut, das Wichtigste war, dass wir uns bereits frühzeitig retten konnten und am Saisonende Zwölfter wurden. Und das Schönste war: Die Borussen-Fans haben mich zum besten Verteidiger gewählt, das hat mich sehr gefreut.

Die darauffolgende Saison 2010/11 wurde chaotisch. Wir hatten sehr viel Pech mit Verletzungen, mich hat es zweimal übel erwischt. Dabei ging es ganz passabel los. Mit einem furiosen 6:3-Auswärtssieg überraschten wir die Leverkusener in deren Stadion, doch der Höhenflug endete mit einem harten Crash auf dem Boden der Realität. Es folgten ein 0 : 4 gegen Frankfurt und noch schlimmer ein 0 : 7 in Stuttgart

Mitte September. Erst nach dieser Klatsche stellten die Ärzte fest, dass ich mich zuvor schwer verletzt hatte: ein Knickungsbruch im linken Fußwurzelknochen. Auch Brouwers, mein Partner in der Innenverteidigung, konnte in der gesamten Saison nur zehnmal von Beginn an spielen, es war eine Katastrophe. So gerieten wir in einen negativen Strudel. Am zehnten Spieltag waren wir nach nur einem Sieg, dem 6 : 3 in Leverkusen, ganz unten angekommen: Letzter! Durch ein 3 : 3 gegen Bayern schöpften wir dann etwas Hoffnung – es ging doch! Ich kämpfte mich an das Mannschaftstraining heran und hatte schließlich meinen Fußbruch wieder auskuriert.

Eine Woche später, am 13. November, siegten wir mit 4 : 0 beim Gladbacher Erzrivalen 1. FC Köln, doch die drei Punkte waren für mich nur Nebensache. Denn in Köln schlug das Schicksal gleich doppelt zu. Erst verletzte sich unser Abwehrchef Brouwers und musste mit einem Muskelfaserriss zur Halbzeit in der Kabine bleiben. Danach schickte Frontzeck mich ins Spiel, mein erster Einsatz seit September, und das nach nur zwei Trainingseinheiten mit der Mannschaft. Nach knapp 20 Minuten verdrehte ich mir in einem Zweikampf das linke Knie, hatte höllische Schmerzen und musste auf einer Trage vom Platz geschafft werden. Für mich war das der schlimmste Moment in meiner gesamten Gladbacher Zeit. Ich hatte der Mannschaft zwei Monate nicht helfen können, hatte zuschauen müssen, dann konnte ich endlich spielen und verletzte mich erneut. Die schockierende Diagnose kam am nächsten Tag: ein Innenbandanriss im Knie. Wieder eine lange Pause, wieder eine quälende Reha. Den Fans versprach ich: »Ich komme wieder, stärker als zuvor.« Ich wollte ihnen im Abstiegskampf Mut machen, dabei brauchte ich eigentlich selbst Trost. Meine Familie half mir in dieser schwierigen Zeit sehr.

Ich verpasste weitere sechs Bundesligaspiele und sollte erst im Januar 2011 mein Comeback feiern können. Insgesamt war ich in dieser Saison fast fünf Monate verletzt. Es war furchtbar, ich konnte nichts tun, um der Mannschaft, die in so großen Schwierigkeiten steckte, zu helfen. So etwas will ich nie wieder erleben in meinem Leben.

Schließlich gingen wir als Schlusslicht in die Winterpause, doch der Verein hielt an Trainer Frontzeck fest. Beim 1 : 0 in Nürnberg zum Rückrundenstart war ich nach meiner Verletzung noch nicht fit genug, feierte dann aber mein Comeback im Heimspiel gegen Leverkusen. Feierte? Bayer revanchierte sich für die Hinspielpleite und gewann im Borussia-Park mit 3 : 1. Wir spielten insgesamt wenig konstant, auf einen Sieg folgten immer wieder Niederlagen. Am Tag nach dem 1 : 3 bei St. Pauli, bei dem ich wegen einer Sperre nach einer Gelb-Roten Karte fehlte, wurde Coach Frontzeck dann entlassen. Und am 14. Februar, dem Valentinstag, übernahm Lucien Favre. Und im Rückblick sage ich, auch wenn es vielleicht kitschig klingt: Zwischen Favre und mir, das passte einfach – fast wie in einer Liebesbeziehung. Im Ernst: Wir verstanden uns auf Anhieb super. Wir konnten uns auch mal auf Französisch unterhalten, da er ja aus der französischen Schweiz stammt. Favre kannte die Bundesliga bereits aus seiner Zeit in Berlin bei Hertha BSC, wo er 2007 bis 2009 gearbeitet hatte. Nun sollte die gesamte Borussia mit ihm einen Neuanfang wagen.

Favre impfte uns sofort Selbstvertrauen ein, sorgte dafür, dass wir vor allem in Heimspielen wieder selbstbewusster auftraten. Sein Debüt gewannen wir mit 2 : 1 gegen Schalke, überhaupt holten wir aus den letzten sechs Heimpartien fünfmal die drei Punkte. Unter Favre fand ich auch die Konstanz in meinem Spiel wieder und konnte zehn der letzten zwölf Matches absolvieren. Zweimal musste ich wegen einer Muskelverhärtung passen, aber die Mannschaft siegte auch ohne mich. Im März erlitt ich dann einen Nasenbeinbruch und musste einen blauen Gesichtsschutz tragen. Das Ding nervte vielleicht auf dem Platz! Wenn ich nach links oder rechts schaute, sah ich nur blau. Aber egal, Augen zu und durch. In Bremen lagen wir 0 : 1 zurück, die nächste Pleite drohte. In der Nachspielzeit bekamen wir einen Freistoß.. Ich stürmte nach vorne, Juan Arango servierte mir die Kugel perfekt auf die Stirn – zum Glück nicht auf die Nase – und so konnte ich das 1 : 1 köpfen. Was für ein Adrenalinschub! Wieder ein wenig Extrapower im Abstiegskampf. Die hatten wir auch bitter nötig. Abstiegskampf ist schrecklich, macht keinen Spaß. Auf dem Platz kenne ich keine Angst, aber wenn die Fans leiden und um den Abstieg bangen, dann tut mir das weh. Doch Favre nahm uns alle Sorgen. Er ist wirklich ein ganz großer Trainer, er lehrte uns nicht nur Disziplin und Aggressivität, sondern auch, immer positiv zu denken. Wir haben oft stundenlange Videoanalysen gemacht, für mich war das eine neue und zugleich sehr lehrreiche Erfahrung. Nicht nur die Mannschaft, auch ich persönlich habe unter ihm eine große Entwicklung durchlaufen. Ohne ihn wäre ich sicher nicht da, wo ich jetzt bin.

Zwei Spieltage vor Saisonschluss waren wir schließlich noch Vorletzter. Durch ein 2 : 0 gegen Freiburg und ein 1 : 1 in Hamburg sicherten wir uns immerhin Rang 16, den Relegationsplatz. In unserer Situation war es das Maximum dessen, was wir erreichen konnten, die beste Platzierung seit dem achten Spieltag. In den beiden Relegationspartien ging es gegen den Dritten der zweiten Bundesliga, den VfL Bochum.

Ich fühlte mich irgendwie persönlich dafür verantwortlich, dass wir nicht absteigen. Nach eineinhalb Jahren in Gladbach war ich zum Publikumsliebling geworden. Eines Tages fiel mir ein Fan am Stadion auf, der aussah wie ich. Denn er trug eine Perücke, eine Dante-Perücke! Ich war sprachlos. Zu dieser Zeit besuchte mich mein Onkel Jonílson und bei einem Stadionbesuch sah er viele Gladbach-Fans mit einem Dante-Trikot, manche mit Dante-Perücken. Ich habe ihm angemerkt, wie stolz er war und wie sehr ihn das berührt hat.

Als Bundesligist mussten wir zunächst das Heimspiel bestreiten. Ein echter Überlebenskampf, beide Teams hatten viel zu viel Respekt voreinander. Bis zur 90. Minute stand es 0 : 0. Kein tolles Ergebnis, aber wir wollten auf jeden Fall vermeiden, einen Gegentreffer zu kassieren. Mit dem Österreicher Martin Stranzl, der ein stabilisierender Faktor unserer Abwehr war, konnten wir die Null halten. Mit letztem Mut versuchten wir in der Nachspielzeit noch etwas nach vorne. Nach einem Kopfball von Arango und skurrilem Pingpongfußball im Bochumer Strafraum traf schließlich Igor de Camargo mit dem rechten Außenrist zum 1 : 0. Wie Kinder freuten wir uns vor der Gladbacher Kurve, doch wir wussten: Es war nur ein erster Schritt, sechs Tage später wartete in Bochum ein schweres Rückspiel. Und der Moment, der über meine künftige Frisur entscheiden sollte. Zunächst mussten wir das 0 : 1 hinnehmen. Weil ich einen Pass von Bochums Kapitän Christoph Dabrowski in den Fünfmeterraum nicht unterbinden konnte, bekam unser Norweger Havard Nordtveit den Ball unglücklich vor die Füße: Eigentor – Rückstand und nach dem Hinspiel Gleichstand, 1 : 1. Über eine Stunde kämpften wir gegen den Abstieg, rannten um unser Leben. Bis uns de Camargo, erst vier Minuten zuvor eingewechselt, mit einem feinen Pass auf Marco Reus den Klassenerhalt ebnete. Marco vollstreckte cool zum 1 : 1, der Bochumer Widerstand war gebrochen. Aber ich rannte nicht über den gesamten Platz zur Jubeltraube, denn für mich war das Ding noch nicht durch. Erst mit dem Abpfiff war es vorbei. Genau wie mit meiner Lockenpracht.

Wenige Wochen zuvor hatte ich mich nämlich auf eine Wette mit der Zeitschrift »Sport Bild« eingelassen. Und die entstand so: Meine Kumpel de Camargo und Mo Idrissou haben mich immer geärgert wegen meiner Frisur: »Du siehst aus wie ein Hund, mach die Haare ab!« Also entschloss ich mich zu dieser Wette: »Wenn wir mit Gladbach die Klasse halten, rasiere ich meine Haare ab!« Mit diesem Versprechen hatte ich mir ganz schön was eingebrockt.

Die Jungs hatten nach dem Abpfiff in Bochum selbstverständlich nur ein Ziel: Sie wollten meine Haare. Natürlich hatten sie einen Trockenrasierer dabei, doch zunächst mussten die langen Locken mit einer Schere gestutzt werden. Also zogen sie aus dem Arztkoffer eine Schere, mit der sonst Tapeverbände aufgeschnitten werden. Ich saß auf meinem Platz in der Kabine, hielt mir die Hände vors Gesicht und schrie. Wie wild schnibbelte dann einer unserer Physiotherapeuten drauflos. Meine Mitspieler standen auf den Bänken, machten Fotos, Handyvideos und grölten vor Freude. Zwischendrin musste ich einen richtig großen Schluck Pils nehmen – zur Beruhigung. Es fühlte sich schon ziemlich luftig an da oben, doch dann ging es weiter, zweiter Teil: Kahlrasur mit dem Trockenrasierer. Ich half sogar selbst ein wenig mit und betrachtete das Schauspiel im Spiegel. Dieses Geräusch des Rasierers, dieses metallene, schlimme Geräusch, das habe ich heute noch im Ohr. Um mich zu ärgern, ließen die Jungs mir zunächst einen Irokesenschnitt stehen. Aber nein, es musste alles runter. Als es vollbracht war, stürmte ich mit einer Pulle Bier in der Hand nach draußen. Ich wollte doch meinen Kojak-Kopf unseren Anhängern zeigen. In Badeschlappen tanzte ich über den Rasen, Marco Reus rannte hinter mir her. Auch Mike Hanke kam aus der Kabine, einen Büschel Locken in der Hand. Ich weiß, dass er heute noch ein paar Locken von mir zu Hause in der Schublade aufbewahrt. Die Fans feierten mich mit Sprechchören:

»Dan-te! Bamm, bamm, bamm! Dan-te! Bamm, bamm, bamm!« Was für ein Moment! Ich klopfte auf das Borussia-Wappen und meinte das auch so: Denn diese Aufholjagd, dieser Klassenerhalt war für die Fans!

Meine Frau und die Kinder fanden das Ganze nicht so lustig. Als mich die Kinder am nächsten Morgen – nach unserer Nichtabstiegsparty war ich sehr spät ins Bett gekommen – zum ersten Mal mit Glatze sahen, hatten sie ein bisschen Angst. Mein Sohn Diogo war damals ein Jahr alt, meine Tochter Sophia drei. Sie kannten ihren Papa nicht anders als mit vollen Haaren. Heute noch sagen die beiden ab und zu: »Papa, mach das bitte nie wieder!« Das kann ich versprechen. Auch Jocelina meinte, dass es wegen dieser Wette zwar in Ordnung gewesen sei, die Aktion aber doch bitte eine einmalige Sache bleiben solle. Ein Jahr hat es gedauert, bis die Haare wieder nachgewachsen waren.

Solch eine Wette werde ich auf keinen Fall mehr machen, denn so will ich nie wieder aussehen. Der Vorteil von meinem Lockenkopf ist ja, dass ich im Winter nicht so friere, da fühle ich mich wohl. Nur im Sommer in Brasilien kann's ein bisschen heiß unter der Haube werden, aber das bin ich ja gewohnt. Ich gehe nur einmal im Jahr zum Friseur, und das nur bei mir zu Hause in Salvador. Da kennen sich die Leute mit solchen Haaren besser aus als in Deutschland. Wenn ich früher in Frankreich oder Belgien zum Friseur gegangen bin, habe ich jedes Mal gesagt: »Bitte nur die Spitzen schneiden, und zwar langsam.« Das betonte ich immer: »Gaaanz langsam und vorsichtig!« Einmal war ich in Belgien beim Friseur und habe gleich gesagt, dass er die Haare bitte nur ein bisschen kürzen solle. Der Typ schnitt einfach drauflos und es wurde viel zu kurz. Schrecklich! Eine Katastrophe! Seitdem lasse ich nur noch meinen Stammfriseur in Salvador ran.

Als Kind habe ich meine Haare übrigens immer kurz getragen. Es war einfach praktischer, vor allem beim Fußballspielen. Mein Onkel Jonílson hat mir damals die Haare geschnitten, so mussten wir kein Geld für einen Friseur ausgeben. Als ich dann mit 18 Jahren Profi bei Juventude wurde, habe ich mir die Haare wachsen lassen – auch weil ich das Geld sparen wollte. So wurde aus der Not mit der Zeit ein Markenzeichen.

In Sachen Mode probiere ich übrigens gerne mal was aus. Heute kann ich es mir auch zum Glück leisten, ausgefallene Sachen zu tragen. Hauptsache, es ist ein bisschen verrückt. Wenn ich im Urlaub in meiner Heimat Salvador bin, liebe ich lässige Kleidung. Dann darf es gerne bunt und knallig sein. Und tagsüber laufe ich fast nur in Flip-Flops herum, zu Hause in München habe ich solche »Havaianas« im gelb-grünen Design der Seleção, logo. Bei Bayern sprechen wir natürlich auch hin und wieder über Mode, über das, was wir aktuell am liebsten tragen. Da gehört es auch dazu, dass man sich ehrlich die Meinung sagt: »Mann, das geht ja gar nicht!« Oder aber auch: »Hey, Junge, das ist cool.« Mario Gomez, der im Juli 2013 zum AC Florenz gewechselt ist, war immer sehr stylisch unterwegs, aber natürlich auch Claudio Pizarro und vor allem Bastian Schweinsteiger. Insgesamt sind wir Brasilianer jedoch modemäßig natürlich weit vorne – ist doch klar.

Die Saison mit der Verlängerung durch die Relegation hatte uns sehr viel Kraft gekostet, dennoch hatten wir auch viel daraus gelernt und waren als Mannschaft gereift. In der Winterpause hatten uns alle bereits abgeschrieben und den Abstieg prophezeit. Dennoch hatten wir es geschafft. Mit diesem Selbstvertrauen – und recht kurzen Haaren – ging es dann in die Saison 2011/12.

Es wurde meine letzte Spielzeit im Borussen-Trikot, aber auch meine beste. Seit dem 1 : 0 zum Auftakt beim FC Bayern hatten wir einen richtigen Lauf. Am dritten Spieltag standen wir für eine Woche sogar ganz oben. Ein herrliches Gefühl – waren wir doch wenige Monate zuvor noch mit einem Bein in der zweiten Liga. Unsere Poleposition war ein historisches Ereignis, zum ersten Mal seit August 1998 stand der Verein mal an der Spitze, nach 13 Jahren! Durch das 0 : 1 bei Schalke stürzten wir wieder etwas ab, fingen uns aber schnell. Unsere schlechteste Saisonplatzierung war Rang sieben, wir überwinterten sogar auf Platz vier. Spielerisch und taktisch hatten wir unter Trainer Favre große Fortschritte gemacht, wir agierten offensiv und mit der Selbstverständlichkeit einer Spitzenmannschaft. Unsere Spiele waren plötzlich sehr gut anzuschauen, richtig attraktiv. In den Medien wurden wir bereits »Borussia Barcelona« genannt. Damit konnten einige allerdings nicht gut umgehen, denn trotz des vielen Lobes ist es ja wichtig, cool zu bleiben und sich Spiel für Spiel zu konzentrieren und zu motivieren. Ich sagte damals in der Kabine: »Jungs, wir dürfen nicht so viel träumen, nicht so viel Olé, Olé machen! Wir müssen weiter hart arbeiten. Dann kommt der Erfolg von allein.«

Natürlich stiegen mit dem Erfolg auch die Erwartungen, die Fans träumten schon von der Teilnahme am Europapokal, sogar von der Champions League. Es ärgerte mich, wenn es Pfiffe gegen uns gab nach einem Unentschieden. Manche hatten offenbar vergessen, dass wir vor nicht allzu langer Zeit beinahe abgestiegen wären.

In dieser Saison blieb ich komplett von Verletzungen verschont, machte 33 der 34 Bundesligaspiele. Alle von Beginn an, alle über 90 Minuten. Nur einmal fehlte ich wegen einer Gelbsperre, ausgerechnet beim 3 : 1 zum Rückrundenstart gegen den FC Bayern, gegen meinen künftigen Arbeitgeber. Aber das konnte ich Mitte Januar 2012 noch nicht wissen.

Auch nicht, dass wir im Pokalhalbfinale noch einmal auf die Bayern treffen würden. Dieses Duell hatten wir uns hart erarbeitet, Runde für Runde, wenn es sein musste, mit Überstunden: ein 3 : 1 in Regensburg, ein mühevoller 4:3-Erfolg im Elfmeterschießen nach einem 0 : 0 bei Drittligist Heidenheim – dabei verwandelte ich einen der Elfmeter –, anschließend das 3 : 1 gegen Schalke sowie der 2:0-Sieg nach Verlängerung in Berlin gegen Hertha BSC. Und dann standen wir am 21. März 2012 den Bayern im Halbfinale gegenüber.

Was ich damals nicht verraten durfte: Mit dem FC Bayern war zu diesem Zeitpunkt bereits alles klar, mein Wechsel nach München zum 1. Juli beschlossen. Schon Anfang des Jahres 2012 hatte es erste Gespräch gegeben, Christian Nerlinger, der Sportdirektor des FC Bayern, hatte Gladbach informiert und meinen Berater kontaktiert. Wir blieben danach in Verbindung. Dass wir mit den Bayern schon vor dem Halbfinalduell zu einer Einigung gekommen waren, konnten wir den Fans und den Journalisten natürlich nicht verraten. Das hätte zu viel Ärger gegeben, zu viel Ablenkung auch für die Mannschaft bedeutet. Das wollten und konnten wir nicht machen.

Für Gladbach war es das Spiel des Jahres. Das ist es ja irgendwie immer, wenn die Bayern zu Gast sind, aber diesmal ging es um den Einzug ins Pokalfinale. Die Münchner hatten es ja in den letzten Jahren fast jedes Mal nach Berlin geschafft, die Borussia hatte zuletzt 1995 ein Endspiel im Olympiastadion bestritten. Allein daran konnte man schon die Bedeutung dieses Halbfinals für uns sehen. Es herrschte eine riesige Euphorie im Umfeld, weil wir die beiden Ligaspiele dieser Saison gegen die Bayern mit 1 : 0 und 3 : 1 gewonnen hatten. Alle Spieler träumten natürlich vom Finale. Berlin war nur 90 Minuten entfernt. Oder 120.

Das Spiel war ausgeglichen, wir spürten, dass die Bayern durchaus Respekt hatten. Wie bei einem Boxkampf lauerten beide auf den entscheidenden Punch, doch keiner konnte den K.-o.-Schlag setzen. Nicht in den 90 regulären Minuten. Nicht in den 30 Minuten der Verlängerung. Also hieß es: Elfmeterschießen. Ich hatte schon vorher entschieden: Wenn es so weit kommt, will ich einer der fünf Schützen sein. Trainer Favre sprach in der Pause vor dem Elfmeterschießen mit allen Spielern, kam auch zu mir: »Dante, alles okay bei dir? Willst du schießen?« Ich habe geantwortet: »Ja, klar. Ich muss.« Ich bin kein Mensch, der sich versteckt, und ich wollte auch Verantwortung übernehmen. Noch ein letztes Mal wollte ich die Jungs motivieren, jetzt, da wir so nahe dran waren. Wir bildeten also einen Kreis mit allen Spielern, Ersatzspielern, Trainern und Betreuern. Dann klatschte ich in die Hände und hielt eine kurze Ansprache: »Jetzt müssen wir es mit Herz machen, ganz ruhig, aber mit Herz!« Auch wenn ich nicht der Kapitän war, habe ich immer versucht, die Jungs anzutreiben.

Favre teilte mich als dritten Schützen ein. Los ging's. David Alaba, Franck Ribéry und Philipp Lahm trafen für die Bayern, Filip Daems sowie Patrick Herrmann für uns – 2 : 3. Dann war ich dran. Ich versuchte, mich einzig und allein auf den Schuss zu konzentrieren, war ganz ruhig. Während des Anlaufs sah ich, dass Bayern-Torhüter Manuel Neuer nach links hechtete – und schoss drüber. Ich dachte zunächst, der Ball geht rein. Ich wollte schon die Arme hochreißen und jubeln, doch als ich die Kugel Richtung Tribüne fliegen sah, zog sich in mir alles zusammen. Es war ein beklemmendes Gefühl, als würde die ganze Welt über einem zusammenstürzen. Wir sind ja Mannschaftssportler und plötzlich bist du allein schuld, dass dein Team nicht ins Finale kommt. Dass ich durch die Spekulationen um meinen Wechsel zu Bayern unter besonderer Beobachtung stand, daran dachte ich in diesem Moment überhaupt nicht, wirklich nicht. Denn noch war das Ding ja zu drehen. Doch nach mir verwandelte Bayerns Toni Kroos sicher, anschließend parierte Neuer den Schuss von Havard Nordtveit. Aus. Ende. Vorbei.

Die Jungs haben versucht, mich zu trösten. Aber es blieb ein Versuch. Ich hatte alles gegeben, um zu gewinnen. Und nun diese gewaltige Enttäuschung, ich war unendlich frustriert.

Viele Reporter sprachen mich daraufhin auf Lothar Matthäus und dessen verschossenen Elfmeter 1984 im Pokalfinale der Gladbacher gegen die Bayern an. Auch er hatte den Ball über das Tor geschossen. Auch er war danach zu den Bayern gewechselt. Über meinen Fehlschuss sagte Bayern-Präsident Uli Hoeneß später: »Auf der Tribüne haben viele Leute um mich herum von dem Matthäus-Elfer gesprochen. Ich hätte Dante nicht schießen lassen, weil er besonders unter Druck stand wegen der Diskussionen um seine Zukunft. Das war nicht sehr klug.«

Hinterher ist man immer schlauer, aber ich kann versichern: Mir schwirrte mein bevorstehender Transfer zu Bayern während der Partie auf dem Platz nie im Kopf herum, das hat mich nicht abgelenkt.

Als ich spät in der Nacht nach dem Spiel nach Hause kam, habe ich mich vor den Fernseher gesetzt. Wie paralysiert habe ich mir die Partie ab der zweiten Halbzeit noch einmal komplett angesehen, das Elfmeterschießen und meinen Fehlschuss sogar mehrmals. Ich war noch voller Adrenalin und zugleich völlig frustriert. Wenn ich das nur hätte rückgängig machen können, den Elfmeter einfach noch mal hätte schießen können.

Nach wenigen Stunden Schlaf kam am nächsten Morgen meine Tochter Sophia zu mir und fragte: »Papa, hast du gewonnen?« Erneut ein Stich ins Herz. Ganz ruhig erwiderte ich: »Nein, leider nicht. Diesmal hat Papa verloren.« Ihre Antwort war so herzzerreißend schön: »Beim nächsten Mal gewinnst du wieder, Papa.« Mir huschte ein Lächeln übers Gesicht. Niemand kann einen besser trösten als Kinder. Sophia half mir, mein positives Denken wiederzufinden: Schließlich geht es auch im Fußball ständig weiter. Du musst den Kopf oben behalten. Elfmeterschießen hat letztlich immer auch etwas mit Glück zu tun und tatsächlich konnten wir richtig stolz sein auf unsere Leistung gegen Bayern. Trotz allem blieben der Frust und dieses ungute Gefühl wegen meines Wechsels im Sommer zu Bayern.

Dabei kann ich an dieser Stelle nur noch einmal versichern, dass ich im Spiel zu 100 Prozent konzentriert war, an nichts anderes gedacht habe. Diesen Elfmeter hätte ich auch gegen andere Teams verschossen. Ich hatte mich gut gefühlt und war mir sicher, dass ich treffen würde. Aber so ist Fußball. Und was meinen Wechsel betrifft: Auch ein Jahr zuvor, nach dem Klassenerhalt in der Relegation gegen Bochum, hatte ich zahlreiche Anfragen und hätte Gladbach verlassen können. Doch nach der Vertragsverlängerung im Jahr 2010, als mein Kontrakt um ein Jahr bis 2014 ausgedehnt wurde, wollte ich das Vertrauen zurückzahlen und den Verein nicht im Stich lassen.

Bereits im Januar war der Wechsel meines Kumpels Marco Reus zu Borussia Dortmund im Sommer 2012 fixiert worden und Roman Neustädter ging zum FC Schalke. Ich war damals geschockt und auch traurig, aber das sind die Gesetze des Profigeschäfts, das muss man akzeptieren. Für meine eigene Entscheidung spielte das keine Rolle. Die Bayern hatten Gladbachs Sportdirektor Max Eberl informiert, dass sie Interesse an mir hatten. Für die festgeschriebene Ablösesumme von rund fünf Millionen Euro durfte ich die Borussia dann schon vor Vertragsende 2014 verlassen. Da lief alles sauber ab. Natürlich versuchte Sportdirektor Max Eberl, mich zu überreden, und bot mir einen langfristigen Vertrag an. Ich sollte meine Karriere dort beenden und danach sofort die Chance bekommen, Jugendtrainer zu werden. Das ehrte mich zwar sehr, aber ich wollte keinen Rentenvertrag. Ich hätte es mir auch in diesem Fall einfacher machen können, doch ich wollte den nächsten Schritt in meiner Karriere gehen, die Herausforderung FC Bayern annehmen.

Es gab auch Anfragen aus dem Ausland. Aber ich wollte in Deutschland bleiben, weil sich meine Familie hier wohlfühlt. Außerdem wollte ich Titel gewinnen und so meine Chancen auf ein Debüt in der brasilianischen Nationalmannschaft erhöhen. Dass sich schon im ersten Jahr meine Träume so gut erfüllen würden, hätte ich damals noch nicht gedacht.

Den Medizincheck haben wir im März gemacht, ganz geheim. Niemand hat etwas gewusst, niemand hat etwas mitbekommen, aber das Risiko, dass unsere Aktion auffliegt, war natürlich groß. Ein Mitarbeiter vom FC Bayern holte mich vom Flughafen ab in einem Auto mit verdunkelten Scheiben. Um von keinem Fan erkannt zu werden, zog ich meine Kapuze tief über den Kopf. So sind wir direkt in die Innenstadt zur Praxis von Vereinsarzt Hans-Wilhelm Müller-Wohlfahrt gefahren. Ich war ziemlich aufgeregt, doch alles ging gut. Medizincheck bestanden!

Danach brachte man mich zum Haus von Bayerns Vorstandsboss Karl-Heinz Rummenigge. Was für eine Ehre! Wir haben uns sehr nett unterhalten, und ich habe dort gleich meinen Vertrag unterschrieben, mit einer

Laufzeit bis 2016. Am Ende sagte ich zu ihm: »Herr Rummenigge, Sie werden diesen Transfer nicht bereuen.«

Als ich am Abend wieder zu Hause bei Jocelina war, haben wir spontan eine Flasche Champagner aufgemacht und angestoßen, weil wir das tolle Gefühl hatten, es geschafft zu haben. Ich hatte einen Vertrag bei einem großen Verein zu deutlich besseren Konditionen. Wir sprachen über unsere ersten Wochen in Lille, das Probetraining, dieses Zweisternehotel, die Miniwohnung und all die Schwierigkeiten. Mein Umweg über Belgien in die Bundesliga. Und nun Bayern! Die Mühen all der Jahre hatten sich gelohnt. Dennoch: Einen Vertrag zu unterschreiben ist einfach. Danach muss man aber immer auf dem Platz beweisen, was man wirklich draufhat. Aber ich war überzeugt, dass ich es auch bei Bayern packen würde.

Am 26. April, am Tag nachdem die Bayern bei Real Madrid den Einzug ins Champions-League-Finale geschafft hatten, wurde mein Wechsel per Pressemitteilung offiziell bekannt gegeben. Endlich konnte ich den Medien meine Beweggründe erklären: »Bayern München ist einer der drei, vier größten Klubs der Welt. Bei den Bayern habe ich die Chance, auf allerhöchstem Niveau zu spielen und Titel zu gewinnen. Ich bin jetzt 28 Jahre alt und möchte diesen Schritt in meiner Karriere noch machen. Es tut mir weh, aus Gladbach wegzugehen, aber solche Entscheidungen gehören in der Laufbahn eines Fußballers nun einmal dazu.«

Unangenehm wurde es, als mich manche Leute danach als Judas beschimpften. In Brasilien ist es ganz normal, dass Spieler den Verein wechseln, auch mal zum direkten Stadtkonkurrenten gehen. Das gehört zu unserem Job, es ist ein Geschäft. Wir müssen versuchen, in den zwölf bis 15 Jahren unserer Karriere das Beste für uns und unsere Familien herauszuholen. Da sind die Fans in Brasilien, obwohl sie sonst so wahnsinnig emotional und impulsiv sind, viel entspannter als in Europa. Doch der Großteil der Gladbacher Fans hatte zum Glück Verständnis für meinen Wechsel.

Mein letztes Heimspiel für Gladbach, am vorletzten Spieltag gegen den FC Augsburg, war dann schon ein sehr emotionaler Moment. Es war nicht einfach, mich ausschließlich auf die Partie zu konzentrieren. Aber es stand ja eine Menge auf dem Spiel. Wir brauchten noch mindestens einen Punkt, um uns Platz vier zu sichern und uns vom Verfolger VfB Stuttgart zu distanzieren. Ich hatte nicht gedacht, dass mich die Borussen-Fans auspfeifen würden wegen meines Wechsels zum FC Bayern, und das haben sie auch nicht. Schließlich hatte ich mir nichts vorzuwerfen in den dreieinhalb Jahren, hatte jeden Tag alles gegeben.

Es wurde ein herrlicher Tag, ein toller Abschied. Wir zeigten zwar kein brillantes Spiel und erzielten nur ein 0 : 0, aber damit standen wir auf Platz vier und hatten das K.-o.-Duell um die Teilnahme an der Champions League erreicht. Wir feierten ein wenig in der Kabine, die große Sensation war es aber nicht mehr, denn der Erfolg hatte sich abgezeichnet. Ich war happy, dass ich den Abend mit meiner Familie und Freunden verbringen konnte.

Meine Frau Jocelina war mit den Kindern im Stadion gewesen und meine Mutter ebenfalls, da sie gerade wie auch ein paar Freunde aus Brasilien zu Besuch war. Vom Verein bekam ich zum Abschied ein großes gerahmtes Bild mit Szenen aus meiner Gladbach-Zeit und von den Fans viel Liebe, viel Applaus. Was mich richtig gefreut hat: Im Stadion waren so viele Leute, die eine Dante-Perücke aufgesetzt hatten. Wenn ich während des Spiels mal auf die Ränge schaute, sah ich hier und da diese schwarzen Dinger – herrlich!

Was mir meine Frau erst hinterher erzählte: Meine kleine Sophia wollte keine Perücke aufsetzen, sie konnte es nicht leiden, wenn fremde Leute ihren Vater nachmachten, wenn Fans Autogramme und Fotos von mir wollten. Sie sagte dann trotzig: »Warum muss ich Papa mit all den Leuten teilen, warum wollen die alle was von Papa?« Während der Spiele blieb sie daher meist in der Kinderlounge des Borussia-Parks, Fußball hat sie nicht sonderlich interessiert. Diogo dagegen findet es bis heute sehr spannend im Stadion. Er wird im September vier Jahre alt, liebt Fußball, auch wenn er natürlich noch nicht alles versteht. Diogo will immer mit. Aber wenn wir ein Abendspiel haben, kann Jocelina die beiden natürlich nicht mitnehmen ins Stadion.

Von der Gladbacher Mannschaft habe ich mich dann mit einer Einladung zum Essen verabschiedet. Im Mai bin ich nach München gereist und wir haben uns in Grünwald Häuser angeschaut, Kindergärten. Danach bin ich zu meiner Familie nach Salvador geflogen. Endlich Urlaub.

10.

Klub-Weltmeister mit Pep

Ideal ist das natürlich nicht, dein neuer Vereinstrainer legt los und du bist Tausende Kilometer entfernt. Für den 26. Juni 2013 hatte Pep Guardiola, der Nachfolger von Jupp Heynckes, den Trainingsauftakt angesetzt. Zu dieser Zeit reiste ich mit unserer Seleção beim Confed Cup von Spiel zu Spiel durch Brasilien. Als ich in Belo Horizonte war, stellte sich Guardiola auf einer Pressekonferenz in der Münchner Allianz Arena vor. Das wollte ich natürlich nicht verpassen. Da es wegen der Zeitverschiebung in Brasilien noch früh am Morgen war, konnte ich mir das Spektakel vor einer unserer Trainingseinheiten online anschauen. Ich war beeindruckt. Pep hat das überragend hinbekommen, nach einem knappen halben Jahr mit Sprachlehrer so gut Deutsch zu sprechen. Ihn da sitzen zu sehen gab mir ein gutes Gefühl, weil Guardiola überzeugend rüberbrachte, dass er richtig Bock auf den Job hatte. Ich telefonierte und chattete in den Tagen häufig mit meinem Teamkollegen Rafinha, um zu erfahren, wie es bei Bayern lief. Es war ja eine spannende Zeit, die ich verpasste: ein neuer Trainer, der seinen Stab mitbringt, der eine neue Philosophie vermitteln möchte, neue Übungsformen einbringt, eine ganz andere Ansprache hat.

Nach dem Gewinn des Confed Cups mit der brasilianischen Nationalelf blieben mir nur etwas mehr als zwei Wochen Urlaub – aber gut, das ist eben das Los als Nationalspieler. Klar hätte ich mich noch gerne weiter erholt und mehr Zeit mit meiner Familie in Salvador verbracht. Aber andererseits war ich auch wahnsinnig neugierig auf all die Neuerungen und Veränderungen beim FC Bayern.

Wenn wir in München sind, stehe ich meist recht früh auf wegen der Kinder, frühstücke mit ihnen und meiner Frau Jocelina und bringe Sophia und Diogo in den Kindergarten. Ich verbringe morgens so viel Zeit wie möglich mit meinen Lieben, während viele unserer jungen Spieler oft in der Kantine an der Säbener Straße frühstücken. Das ist auch ganz gut so, denn dann essen sie wenigstens etwas Vernünftiges.

Wenn für zehn Uhr Training angesetzt ist, müssen wir mindestens eine Stunde vorher an der Säbener Straße sein. Und so kam ich voller Vorfreude am 18. Juli zum Trainingsgelände. In unserer Kabine sitze ich in dieser Saison zwischen Toni Kroos und Javi Martínez, mit dem ich mich auf Spanisch unterhalte. Toni ist oft noch recht müde in der Früh, wirkt dann etwas schläfrig, wenn er hereinschlurft und »Guten Morgen« nuschelt. Er kommt immer erst langsam auf Touren, aber draußen auf dem Platz im Training explodiert er dann plötzlich. Wir unterhalten uns sehr viel, er ist ein richtig guter Typ. Ich mag ihn.

Als ich 2012 zu Bayern kam, war nur ein Platz in der Kabine frei. Also bekam ich den Spind zwischen dem Ukrainer Anatoliy Tymoshchuk und Toni Kroos. Im Bus sitze ich immer neben meinem Landsmann Rafinha, seit dem ersten Tag. Da hat jeder seinen festen Platz. Dass da einer mal woanders sitzt – ausgeschlossen!

Als ich im Juli 2013 in die Kabine kam und meine Jungs seit Ende Mai zum ersten Mal wiedersah, gratulierten sie mir erst einmal zum Sieg beim

Confed Cup. Aber mir war auch klar: Was hilft mir dieser Titel jetzt unter Pep Guardiola? Nichts. Wenn du bei Bayern spielst und einen Erfolg gefeiert hast, ist das schnell Vergangenheit. Du hast keine Zeit, lange zu feiern, lange nachzudenken, es geht immer weiter. Das lernst du schnell, ich habe das von meinem ersten Tag an bei Bayern gespürt. Es geht immer nur um das nächste Training, das nächste Spiel. Da musst du dich zeigen, dich beweisen.

Als ich am ersten Tag nach dem Urlaub in der Kantine saß und eine Kleinigkeit aß, setzte sich Pep plötzlich zu mir und plauderte in sehr ordentlichem Deutsch drauflos: »Na, wie geht's? Wie waren die Ferien, gut erholt?« Das hat mich sehr gefreut, die erste Kontaktaufnahme war sehr angenehm. Ich hatte sofort das Gefühl, dass wir uns gut verstehen würden, keine Probleme haben würden. Danach haben wir uns auf Spanisch unterhalten. Dass er bereits so bemerkenswert gut Deutsch konnte, hat mich sehr überrascht. Aber für gewisse Details war und ist es natürlich besser, auf Spanisch auszuweichen. Generell will Guardiola lieber Deutsch sprechen, selbst mit seinen spanischen Landsleuten Martínez und Thiago. Er möchte, dass wir alle auf dem Trainingsplatz seine Kommandos verstehen. Das funktioniert auch, kein Problem. Nur wenn es mal schnell gehen muss oder in der Halbzeitpause hektisch wird, verfällt er ins Englische. No problem – Hauptsache, die Message kommt an.

Normalerweise ist unsere Kabinensprache Deutsch, aber hier und da werden auch mal andere Sprachen gesprochen, das gibt dann ein schönes Durcheinander. Mit Franck wechsle ich zwischendurch ein paar Worte auf Französisch. Mit Rafinha unterhalte ich mich manchmal auf Portugiesisch, mit Javi, Thiago und Claudio Pizarro auf Spanisch. Nur wenn Basti Schweinsteiger, Philipp Lahm und Thomas Müller auf Bayerisch loslegen, verstehe ich nicht mehr so viel. Außer: Mia san mia – unser Vereinsmotto.

Da die Mannschaft sich schon seit drei Wochen im Aufbautraining befand, musste ich die körperlichen Defizite nach meinem Urlaub aufholen. Im Rückblick muss ich zugeben, dass mich der Confed Cup im Anschluss an meine erste Bayern-Saison doch ziemlich erschöpft hat. Ich hatte nur zwei Wochen frei und danach keine komplette Vorbereitung. Es war also keine Überraschung, dass ich etwas Zeit brauchte, um in Bestform zu kommen. Nach etwas mehr als einer Woche und mit nur wenigen Einheiten in den Beinen stand ich plötzlich schon wieder in einem Pflichtspiel auf dem Platz – und das als Stürmer! Pep schickte mich in der Schlussphase des DFL-Supercups am 27. Juli in Dortmund in den Angriff. Doch ich konnte auch nichts mehr retten, wir verloren mit 2 : 4. Dieser Titel war also schon mal weg. Es war übrigens das erste und bisher einzige Finale, das ich mit Bayern verloren habe. Hoffentlich bleibt das noch lange, lange Zeit so.

Am ersten Spieltag in der Bundesliga unterlief mir ein Eigentor – und das auch noch gegen meinen Exverein Borussia Mönchengladbach. Doch wir gewannen den Heimauftakt trotzdem mit 3 : 1. War ich froh! Das wäre sonst ein sehr unglücklicher Ligastart für mich gewesen. Meine ideale körperliche Frische konnte ich in der gesamten Hinrunde nicht erlangen, ich habe darum gekämpft, aber es war ganz, ganz schwer, mein Level von 100 Prozent Fitness zu erreichen. Jetzt erst merkte ich, wie intensiv die vorherige Saison gewesen war: all die Wettbewerbe mit dem FC Bayern, darüber hinaus musste ich jede Nominierung der Nationalmannschaft wahrnehmen, um meinen Platz in der Seleção zu verteidigen. 50-mal hatte ich für Bayern und das Nationalteam auf dem Platz gestanden, davon 46-mal von Beginn an, ausgewechselt wurde ich nie. Kurzum: Von der Anzahl der Spiele und Reisen her war es mein anstrengendstes Karrierejahr gewesen. Nicht unbedingt die besten Voraussetzungen für meine zweite Bayern-Saison, meine erste unter Pep.

Und so war die erste Zeit unter Guardiola recht wechselhaft für mich. Trotz mangelhafter Form konnte ich mithelfen, Ende des Monats unseren nächsten offiziellen Titel, den europäischen Supercup, zu gewinnen. Nach einem dramatischen Spiel samt Elfmeterschießen gegen den FC Chelsea. Mit der Vorgeschichte des verlorenen Champions-League-Finales von 2012 war das für uns natürlich eine gewisse Genugtuung. Man sieht sich ja immer zweimal im Leben. Bei der kleinen, aber feinen Kabinenparty in Prag meinten ein paar unserer Jungs zu mir: »Hey, Dante! Nun wird's Zeit, wir haben einen weiteren Pokal gewonnen. Du musst deinen Song umtexten.« Ich hatte tatsächlich schon einmal drüber nachgedacht, mir überlegt, wie der Songtext nun lauten könnte, und leise vor mich hingesungen: »Wir gewinnen die Meisterschaft, wir gewinnen die Champions League, Supercup und Po-kal, Supercup und Po-kal!« Mit langem »a« am Ende. Das war gar nicht so schlecht, aber ich habe es dann doch lieber sein lassen.

Richtig traurig war ich, als mein Kumpel Luiz Gustavo uns Mitte August verließ. Weil es für ihn unter Pep sehr schwer geworden wäre, sich einen Stammplatz zu sichern, wechselte er zum VfL Wolfsburg. Dort konnte er sich als Führungsspieler der ersten Elf perfekt auf die WM 2014 in Brasilien vorbereiten.

Für mich galt es nun, meine Form aus der Triplesaison zu bestätigen und mich auch unter Pep Guardiola zu verbessern. Das war und ist mein Anspruch: weiter an mir zu arbeiten, mich weiterzuentwickeln und mit der Mannschaft Erfolg zu haben. Weil ich mich körperlich nicht auf dem höchsten Level sah, musste ich meine Leistung vor allem über den Kopf steuern. Jeder Zweikampf, jede Balleroberung, jeder Pass zum Mitspieler, das Aufbauspiel – da musste alles sitzen. Und das funktioniert nur, wenn du an dich und deine Stärken glaubst. Spielst du bei Bayern, musst du zusätzlich mit diesem ganz besonderen Druck umgehen können, der andererseits aber auch eine Faszination ausmacht. Jeder will unbedingt den großen FC Bayern schlagen, besonders als Titelverteidiger – ob in der Bundesliga oder in der Champions League.

Unsere Mannschaft zeigte in der Hinrunde großen Charakter. Nach der Supercup-Niederlage gegen Dortmund haben wir bis kurz vor Weihnachten kein Spiel mehr verloren, in der Bundesliga lediglich zweimal Unentschieden gespielt und sind souverän durch unsere Vorrundengruppe der Champions League mit den Gegnern Manchester City, Viktoria Pilsen und ZSKA Moskau gerauscht. Das Spiel Mitte November in Moskau war ein sehr gutes Beispiel für unseren Teamgeist. Wenige Tage zuvor hatten wir Borussia Dortmund in deren Stadion mit 3 : 0 bezwungen, und nun reisten wir nach Russland. Dort angekommen, erlebten wir einen plötzlichen Wintereinbruch, standen ständig mit unserem Bus im Stau, das Abschlusstraining musste sogar abgesagt werden, und am Abend des Spiels setzte auch noch Schneefall ein. Das Stadion glich eher einer Zweitligaarena, war wegen vorheriger Krawalle zum Teil gesperrt. Eine trostlose Kulisse und ein schwieriges Spiel bei minus sieben Grad. Und trotzdem sagten wir uns: Männer, wir müssen alles geben und auch hier gewinnen. Dass wir uns immer wieder neu für jedes Spiel motivieren können, egal, wie angenehm oder unangenehm die Umstände sein mögen, zeichnet uns aus.

Unsere Offensive war phänomenal in meinem zweiten Bayern-Jahr, da konnte Pep aufstellen, wen er wollte. Ob die Stürmer Mario Mandžukić, Claudio Pizarro oder unsere Flügelspieler Franck Ribéry, Arjen Robben und Xherdan Shaqiri sowie Thomas Müller und Mario Götze – ach, ich könnte die ganze Mannschaft aufzählen. Schon beim Achtelfinalhinspiel in London gegen den FC Arsenal konnten wir die 100-Tore-Marke knacken, im 36. Pflichtspiel. Gut für mich allerdings, dass man im Fußball sagt: Die Offensive gewinnt Spiele, die Defensive Meisterschaften.

Unter Pep Guardiola hat sich unser Spiel weiterentwickelt, es ist aber auch um einiges riskanter geworden, denn Pep liebt das Risiko. In meiner gesamten Karriere habe ich als Innenverteidiger der Viererkette noch nie so offensiv gestanden. Nach einem Ballgewinn sollen wir Abwehrspieler sofort möglichst nahe an die Mittellinie rücken – das nennt man: hoch stehen. Was einerseits die Räume im Mittelfeld kleiner und enger macht und somit den Druck auf den Gegner erhöht, da man nach einem Ballverlust schnell wieder attackieren kann. Andererseits birgt es auch ein Risiko: Spielt der Gegner einen langen Konterball in unsere Hälfte, müssen wir verflucht schnell sein und sehen uns für einen kurzen Moment einer Gleichzahl oder gar Überzahl an Gegnern gegenüber.

Dieses System erfordert höchste Konzentration – im Spiel wie im Training. Du musst immer hellwach sein, jeden Spielzug in Gedanken mitspielen, kannst nie kurz abschalten. Wenn du einen Fehler machst, sieht es der Trainer sofort. Wir können ihm da nichts vormachen: Pep speichert alles, kann das Spiel nach Schlusspfiff komplett in seine Einzelteile zerlegen und en detail wiedergeben.

Wenn wir trainieren, unterbricht er bei Fehlern sofort und erklärt uns, was wir korrigieren, was wir besser machen müssen. Er hat immer einen Plan B oder C für jeden Spielzug im Kopf. Wenn die erste Idee nicht klappt, sollen wir Spieler Alternativlösungen parat haben. Ganz wichtig ist ihm: einfach spielen, den Ball direkt passen, nur ein, zwei Kontakte, zack, zack. Er sagt uns immer wieder: »Wenn es eine Chance auf einen kurzen, schnellen Pass gibt, spielt ihn – und nicht den langen, riskanten Ball.«

Schon unter Lucien Favre in Mönchengladbach hatte ich gelernt, den Torwart als einen Feldspieler anzusehen, den Ball auch zu ihm zurückzuspielen. Zuvor hatte ich mich das nie getraut und hatte den Torwart nur als den Spieler wahrgenommen, der die Bälle halten muss. Als elfter Feldspieler aber hat der Torhüter den Vorteil, dass man bei brenzligen Situationen vor dem eigenen Strafraum eine Zwei-gegen-eins-Situation schaffen kann.

Jupp Heynckes war in puncto Risiko ganz anders als Pep. Er wollte nicht, dass wir in der Abwehr zu riskant spielen. Zu mir hat er immer gesagt: »Dante, spiel kompromisslos von hinten heraus! Geh kein unnötiges Risiko ein!« Bei ihm galt stets: Safety first, lieber sicher spielen. Das ist ein anderes Konzept, aber auch damit hatten wir Erfolg. Jeder Trainer hat eben seinen eigenen Weg.

Ich denke, ich habe mich in der ersten Saison unter Pep wieder ein Stück weit verbessert, spiele besser als in meinem ersten Jahr bei Bayern, weil ich gewisse Fehler abstellen konnte. Das ist Guardiolas Verdienst. Wenn du als Spieler gegenüber Neuem offen bist, kannst du von ihm nur profitieren: Ich wollte seine Philosophie rasch begreifen und daraus lernen. Seine Ansichten und die Spielidee sind sehr speziell – aber gleichzeitig auch einfach. Während seiner Profikarriere hat Guardiola im defensiven Mittelfeld gespielt, dabei sehr klar und simpel im Spielaufbau agiert. Darin liegt die Kunst, das Einfache ist das Schwierige. Wie bei Philipp Lahm. Er spielt auch einfach, verliert keinen Ball, agiert immer im richtigen Tempo. Meist fehlerlos. Der Kerl ist unglaublich.

Es kommt auch vor, so wie während der Klub-WM in Agadir, dass Pep einen in einem Training zur Seite nimmt und anfängt zu reden. Das kann dann schon mal 25 Minuten dauern, ist aber keine Standpauke und schon gar kein Zoff, wie manche Medien behauptet haben. Es ist ein ganz normales Gespräch zwischen Trainer und Spieler, dabei will er vermitteln und erklären, was er verlangt. Er hat nun mal sehr hohe Ansprüche. Und weil Guardiola ein Südeuropäer ist, verschränkt er nicht die Arme hinter dem Rücken, sondern erklärt eben mit Hand und Fuß, meist auf Deutsch, manchmal mit ein paar Worten Englisch dazwischen, dann wieder Spanisch. Da ist er völlig auf die Sache fixiert, emotional dabei. Dabei spielt es in dem Moment für ihn keine Rolle, ob Kameras an der Seitenlinie alles filmen. Da sind wir Spieler mit ihm auf einer Linie.

Normalerweise lernst du nur aus deinen Fehlern in den Spielen, die du verlierst. Aber unter Pep habe ich das Gefühl, dass wir selbst aus Siegen immer wieder etwas ziehen können. So wie etwa Ende Januar, als wir das Auswärtsspiel in Stuttgart nach einem 0:1-Rückstand noch mit 2 : 1 gewonnen haben. Danach war Guardiola sehr zufrieden: weil wir Charakter und Persönlichkeit gezeigt hatten. Und weil wir weiter unseren Fußball gespielt hatten, an unserer Philosophie festgehalten hatten. In schwierigen Momenten zeigt sich die Qualität der Mannschaft. Wenn es läuft, dann läuft es. Etwa wenn wir ein schnelles Tor machen, der Gegner danach etwas mehr riskiert. Dann legen wir das zweite Tor nach – und bamm, schon ist das Spiel tot, gewonnen. Denn danach ist es einfach, weitere Tore nachzulegen.

Die Besprechung vor Anpfiff in der Kabine dauert meist nicht lange. Mit klaren Worten geht Pep auf die Aufstellung des Gegners ein, weist uns auf die Stärken der Gegenspieler hin und erläutert, was während der Partie alles passieren könnte. Das Erstaunliche ist: Er hat meist recht. Das hilft einem, auf gewisse Situationen vorbereitet zu sein. Wenn wir an das glauben, was er uns sagt, können wir alles schaffen, alle Spiele, alle Titel gewinnen. Der Schlüssel zu seinem Erfolg ist, dass alle, wirklich alle aus der Mannschaft und dem Trainerstab, auf ihn und seinen Kurs, den er vorgibt, vertrauen.

Nach dem Spiel spricht Pep in der Kabine auch nicht viel. Nur Details, kleine Verbesserungen will er schnell loswerden. Sonst lässt er uns in Ruhe und legt Wert darauf, dass wir uns erholen. Die Anspannung, die vor dem Spiel herrschte, soll einer gewissen Lockerheit weichen. Haben wir gewonnen, möchte er, dass wir uns freuen, dass wir glücklich sind, lachen und quatschen. Einmal, kurz nach Saisonbeginn, hat er uns gefragt: »Hey, Männer, was ist los? Ihr habt gewonnen – also warum läuft hier keine Musik?« Bei aller Konzentration auf die Arbeit kann er auch mal den Entertainer geben, lustig sein, herzhaft lachen. Ein Trainer muss sicher nicht jeden Spaß mitmachen, sollte aber durchaus Verständnis haben für die Gags der Spieler untereinander.

Darüber hinaus ist Pep ein großer Motivator. Er findet immer die richtigen Worte, genau das, was wir hören müssen. Ich weiß nicht, wie er das immer hinkriegt – das ist eine sehr spezielle Gabe. Wenn er vor einem Spiel zu uns spricht, machte er uns so heiß auf das Spiel, dass wir am liebsten sofort auf den Platz rennen würden. Ein Beispiel: Vor dem Finale der Klub-WM im Dezember in Marrakesch gegen Raja Casablanca ließ der Trainer ein Video zusammenschneiden. Wir bekamen es in der Kabine nach dem Aufwärmen gezeigt – fünf Minuten bevor es rausging. Wir waren überrascht, so etwas hatte er zuvor noch nie gemacht. Zunächst haben wir uns gewundert, weil wir Bilder aus Borissow zu sehen bekamen – von unserer 1:3-Niederlage in der Gruppenphase der Champions League aus dem Oktober 2012. Doch dann folgten positive Szenen, schön mit Musik unterlegt. Ein kurzer Abriss unseres gesamten Weges der Saison 2012/13 inklusive des Finales gegen Dortmund in London. Und Pep sagte: »Jungs, wegen dieses Titels seid ihr hier! Und jetzt holt euch die Klub-Weltmeisterschaft! Schreibt Geschichte! Macht euch noch größer!« Viele von uns waren gerührt, manche hatten sogar feuchte Augen. Nach diesem Video waren wir alle total heiß auf das Spiel. Das war stark, eine Superidee. Pep hat das schon einmal beim FC Barcelona gemacht vor dem Champions-League-Finale 2009 gegen Manchester United. Und Barca hat gewonnen.

Dabei musste ich eigentlich gar nicht groß motiviert werden. Denn erstens bedeutet uns Südamerikanern diese Klub-WM mit den besten Vereinsmannschaften aller Kontinente sehr viel, weil wir sonst keine Möglichkeit haben, uns mit den europäischen Teams zu messen. Bei uns in Brasilien betrachten die Leute dieses Turnier als eine richtige Weltmeisterschaft und es geht dabei um sehr viel Prestige. Zum anderen war da die Kritik von Bayern-Legende Franz Beckenbauer, unserem Ehrenpräsidenten. Im Halbfinale der Klub-WM, das wir 2 : 0 gegen den chinesischen Meister Guangzhou Evergrande gewannen, wurde ich geschont, blieb 90 Minuten auf der Bank. Anschließend sagte Beckenbauer im ARD-Interview: »Die Pause schadet ihm nicht. Er hat letzte Saison viel besser und konstanter gespielt, jetzt macht er viele, viele Fehler. Vielleicht tut ihm die Winterpause ganz gut, sich zu regenerieren.«

Und was sollte ich sagen? Er hatte ja recht, in der Hinrunde hatte ich mehr Fehler gemacht als letzte Saison. Meine körperliche Fitness war eben nicht so da. Was immer Franz Beckenbauer über mich sagt – es ist eine Ehre für mich! Er ist eine Klublegende. Ich bin kein Spieler, der nach Kritik sauer ist. Du musst das als Spieler akzeptieren. Natürlich beschäftigt einen das, aber man kann doch auch Motivation daraus ziehen.

Dann gab es noch einen dritten Grund, in diesem Speil besonders motiviert zu sein: meinen ganz persönlichen Finaltraum. In der Nacht vor dem Endspiel gegen Casablanca habe ich geträumt, dass ich ein Tor erzielen würde. Das Aberwitzige an der Geschichte war, dass nicht nur ich diesen Traum hatte. Zwei Freunde schrieben mir per SMS, dass sie das ebenfalls geträumt hätten. Und dann war da noch Claudio Pizarro. Am Nachmittag im Hotel hat er sich mit einem Kaffee zu mir gesetzt und gesagt: »Dante, ich fühle, dass du ein Tor machst heute. Wenn es klappt, kommst du zu mir gelaufen, Junge, und bedankst dich gefälligst!« Wir haben dann laut gelacht. Als ich gegen Casablanca dann tatsächlich nach sieben Minuten getroffen habe, bin ich sofort zu Claudio gelaufen, der auf der Ersatzbank saß, und habe ihm zugerufen: »Hier bin ich! Das ist für dich!« Nur ein Detail hat nicht ganz gestimmt: Im Traum habe ich ein Kopfballtor erzielt, im Spiel habe ich mit dem rechten Fuß getroffen – auch gut!

Thiago erhöhte nach 22 Minuten mit einem wunderbaren Schlenzer noch auf 2 : 0. Das Spiel war gewonnen, Klub-Weltmeister, wieder ein bedeutender Moment in meiner Karriere. Schon als Kinder träumen wir in Brasilien von diesem Titel. Ein geniales Gefühl. Ich nahm den Pokal mit aus der Kabine in den Bus, hatte ihn auch auf dem Weg zu unserer Siegerparty dabei. Dort, im Hotel »Four Seasons«, waren alle unsere Pokale, die wir seit Mai 2013 gewonnen hatten, auf einer Bühne aufgebaut. Da wurde mir so richtig bewusst, was ich in diesem Jahr alles erreicht hatte: das Triple aus Meisterschaft, DFB-Pokal und Champions League, dazu den UEFA-Supercup und nun die Klub-WM. Mit Brasilien zudem den Confed Cup. Es war das unglaublichste Jahr meiner bisherigen Karriere.

Als ich meinen Kritiker und Motivator Franz Beckenbauer auf unserem Siegerbankett im Mannschaftshotel persönlich traf, begrüßten wir uns herzlich und er gratulierte mir zu meinem Tor und unserem Titel.

Unseren zweiwöchigen Winterurlaub habe ich natürlich wieder dazu genutzt, nach Salvador zu fahren. Im Januar 2014 legten wir dann im Trainingslager von Doha die körperliche Basis für die Rückrunde. Für mich war das optimal, weil ich anders als im Sommer nun eine richtige Vorbereitung mit der Mannschaft absolvieren konnte. Mir ging es nun auch entschieden besser – den Beinen und dem Kopf.

In der Rückrunde machten wir dort weiter, wo wir kurz vor Weihnachten aufgehört hatten. Wir ließen einfach nicht nach, gingen Spiel für Spiel konzentriert an – egal, in welchem Wettbewerb. Der Konkurrenzkampf innerhalb des Teams war noch größer geworden, da die im Herbst lange verletzten Mario Götze und Thiago wieder fit waren. Im Februar machte ich dann innerhalb von vier Spielen drei Kopfballtore. Erst beim 5 : 0 in der Bundesliga gegen Frankfurt, dann beim 5 : 0 im DFB-Pokal-Viertelfinale in Hamburg und kurz darauf beim 4 : 0 in der Liga gegen Freiburg. »Ich bin ein Kopfballungeheuer«, schrieb ich daher in meinem Facebook-Profil und Twitter-Account. Dass ich plötzlich zum Torjäger mutiert war, nahmen viele Kollegen natürlich zum Anlass, mich ein wenig aufzuziehen. Dennoch war ich stolz, denn in den eineinhalb Jahren zuvor waren mir insgesamt nur zwei Treffer für Bayern gelungen. Bereits Ende März wurden wir durch ein 3:1 bei Hertha BSC in Berlin wieder Meister. Und das sieben Spieltage vor Schluss – noch früher als vorherige Saison. Ein neuer Rekord. Und für mich war der Ort des Spiels, das uns uneinholbar machte, ein ganz besonderer: das Berliner Olympiastadion. Nicht mal ein Jahr zuvor hatte ich ja auf das Pokalfinale verzichten müssen wegen der Abstellung für die Nationalelf. Nun feierte ich hier meinen nächsten Titel.

Unter Guardiola war ich neben unserem Torhüter Manuel Neuer, David Alaba, Philipp Lahm und Toni Kroos einer der fünf Spieler, die auf die meisten Einsatzminuten kamen. Nur einmal hatte ich verletzt gefehlt: Im Oktober 2013 erlitt ich im Heimspiel gegen Mainz bei einem unglücklichen Zweikampf eine Fleischwunde am Rist. Da ich kaum Schmerzen verspürte, wollte ich eigentlich weiterspielen, doch weil der Schnitt recht tief war, nahm mich unser Vereinsarzt Hans-Wilhelm Müller-Wohlfahrt aus dem Spiel. In der Kabine musste die Stelle mit fünf Stichen genäht werden – was aber nicht weiter schlimm war. Wegen der Wundheilung musste ich danach jedoch zwei Spiele pausieren.

Ein bisschen Unruhe gab es im Januar, als in Brasilien Gerüchte aufkamen, Manchester United wolle mich verpflichten, und das noch während der Transferperiode im Winter, die bis 31. Januar läuft. Obwohl ich nicht wusste, warum es plötzlich so viele Spekulationen gab, war ich auch stolz. Denn für einen Spieler ist es natürlich auch eine Anerkennung, wenn der eigene Name in Verbindung mit solch einem großen Verein genannt wird. Doch das Interesse wurde nie konkret und es gab gar kein Angebot. Außerdem war und bin ich froh und glücklich, beim FC Bayern zu sein, beim aktuell besten Verein der Welt. Es hätte gar keinen Grund gegeben zu wechseln, mein Vertrag ist mittlerweile ja auch bis 2017 verlängert. Nur wenn die Bayern-Bosse mich loswerden wollten, würde ich meine Tasche packen.

Aber ich fühle mich wohl beim FC Bayern, da ist alles perfekt. Als Spieler hast du in München alles, was du brauchst. Außerdem habe ich hier sechs Titel gewonnen und bin Nationalspieler geworden. Daher möchte ich möglichst lange bei Bayern bleiben, auch wenn ich woanders vielleicht mehr verdienen könnte. Aber Geld ist nicht meine oberste Priorität im Leben. Wir Spieler sind sowieso so privilegiert, diesen tollen Beruf ausüben zu können, gut zu verdienen und uns nahezu alles kaufen zu können, wovon wir immer geträumt haben, und darüber hinaus unsere Familien unterstützen zu können. Natürlich ist das Gehalt wichtig, aber mein oberstes Ziel ist es, glücklich zu sein. Wenn man viel Geld hat, aber nicht happy ist, ist es auch blöd. Oder etwa nicht?

Ein wichtiges Argument, auch weiterhin bei Bayern spielen zu wollen, ist zudem meine Familie, denn meine Frau und meine Kinder fühlen sich in München sehr wohl und wollen gerne bleiben. Also muss ich ständig gute Leistungen bringen, um diesen Wunsch zu erfüllen. Wenn mir jemand anbieten würde, in diesem Verein irgendwann meine Karriere zu beenden, würde ich sofort einen Kugelschreiber zücken und unterschreiben. Der FC Bayern ist das Beste, was mir passieren konnte. Mehr noch: Es war die beste Entscheidung meines Lebens!

11.

»Tudo bem« in Brasilien?

Daumen hoch und dazu smile! Ein Lächeln, take it easy. Diese Geste ist ein Ritual, zur Begrüßung, zum Abschied – immer und überall. International einsetzbar, über alle Sprachbarrieren hinweg. Wir Brasilianer lieben diesen Daumen. Und was wir noch mehr lieben, sind die zwei Worte, die wir uns in dem Moment gegenseitig zurufen: »Tudo bem!«, also: alles klar! Ausgesprochen wird die Allzweckwaffe unserer Kommunikation etwa so: »Tudu beng!«

Begegnen sich zwei Brasilianer, sagt der eine: »Tudo bem!« Der andere nickt und antwortet, auch wenn nicht alles paletti ist: »Tudo bem!« Manche kürzen ab, sagen nur: »Tudo.« Wenn wirklich alles passt, ist die Antwort auch gerne: »Ótimo«, alles bestens!

Dieses Begrüßungsritual sollten eigentlich alle Fans draufhaben, wenn sie Brasilien 2014 während der Weltmeisterschaft besuchen, denn der »Tudo bem«-Türöffner funktioniert beinahe in jeder Situation. Mehr als 240 Millionen Menschen weltweit sprechen Portugiesisch, ein paar Brocken zu beherrschen kann also nicht nur in Brasilien ganz nützlich sein.

Jeder Fußballfan kennt den Begriff »Seleção«. Heißt übersetzt »Auswahl« und steht für unsere Nationalmannschaft. Aufgrund unserer

Trikots haben wir noch zwei weitere Spitznamen: Wir sind die »Verde-Amarelas«, die Grüngelben, oder die »Canarinhos«, die kleinen Kanarienvögel. Wenn es gut läuft, wenn unser Angriffsspiel funktioniert, reden die Leute vom »Jogo bonito«, vom schönen Spiel unserer Seleção.

Im Sommer 2014 sollen wir »Canarinhos« hoch hinaus, zum größtmöglichen Triumph fliegen. Der Auftrag lautet ganz klar: Weltmeister im eigenen Land werden. Es geht auch darum, die Schmach von 1950 vergessen zu machen, als Uruguay uns im letzten Spiel der WM-Endrunde den sicher geglaubten WM-Titel durch einen 2:1-Sieg wegschnappte und die Party im Maracanã von Rio de Janeiro verdarb. Weltmeister im eigenen Land – die Deutschen haben das 1974 geschafft. Franz Beckenbauer hat mir einmal erzählt, wie gut sich das damals angefühlt hat.

Also muss er nun unbedingt her, der sechste Stern auf unserem Trikot für den sechsten WM-Titel. Und weil wir Brasilianer alles und allem einen Namen geben, gibt es die Bezeichnung für diesen möglichen Triumph schon: die »Hexacampeao«, der sechste Titel. Die »Pentacampeao«, also den fünften Titel, haben wir 2002 in Japan/Südkorea gefeiert. Zuvor wurden wir 1958 in Schweden, 1962 in Chile, 1970 in Mexiko sowie 1994 in den USA Weltmeister.

Bin ich in meiner Heimat, werde ich ständig auf die »Hexacampeao« angesprochen. Die Leute sagen dann: »Ihr müsst Weltmeister werden!«, und ich antworte: »Klar. Wir gewinnen das Ding.« Dazu: Daumen hoch!

Ich bin mir sicher, dass wir es schaffen können. Aber mit der Seleção ist es so ähnlich wie beim FC Bayern: Du bist Favorit und jeder erwartet von dir Siege und Titel. Am besten ist es, nicht allzu viel darüber zu reden, sondern stattdessen zu arbeiten. Für die Fans und für die Medien wäre ein zweiter Platz – gerade nach unserem überzeugenden Sieg im Confed Cup 2013 – eine Niederlage und eine gewaltige Enttäuschung. Beim FC Bayern haben wir ja auch immer Druck, sind im Grunde in jeder Partie der Favorit. Aber das ist nichts im Vergleich zu dem Druck, der in Brasilien in Bezug auf uns und diese WM herrscht.

Mit dieser Last muss man richtig umgehen können. Im Laufe meiner Karriere habe ich stets versucht, Druck in positive Energie umzuwandeln. Bei Druck bin ich ganz gelassen und ruhig. Das findet ja alles im Kopf statt, und ich versuche, diese Gedanken gar nicht erst an mich heranzulassen, sondern an meine und die Stärken der Mannschaft zu denken. Es ist doch so: Als brasilianische Nationalelf haben wir bei der WM-Endrunde eine große Verantwortung. Das kann einen belasten, aber auch beflügeln, wenn man seine Gedanken richtig sortiert. Für mich ist das keine so neue Situation, denn meine Erfahrungen beim FC Bayern haben mich perfekt auf meine Zeit in der Nationalelf vorbereitet.

Für mich persönlich wäre allein schon die Nominierung für die WM wie ein Titel. Ich wäre dann einer von 23 auserwählten brasilianischen Fußballprofis, die ihr Land beim größten Sportereignis der Welt repräsentieren dürfen. Wer hätte vor fünf Jahren, als ich in Lüttich bei Standard kickte und in meiner Heimat ein eher unbekannter Fußballer war, schon gedacht, dass ich eines Tages so weit kommen würde? Für mich ist das alles ein Traum, der nur durch ein paar Einsätze bei der WM-Endrunde getoppt werden könnte.

Wenn ich wie beim 5:0-Testspielsieg im März 2014 in Südafrika ein paar Tage im Kreise der Nationalelf verbringe, muss ich hin und wieder daran denken, wie wir zu Hause in Salvador die WM 1994 verfolgt haben. Ich war damals zehn Jahre alt und wir waren alle richtige Fans. Wenn die Spiele der Seleção im Fernsehen liefen, trugen Mama, Oma, Opa, die Onkel und Cousins simple weiße T-Shirts mit dem Aufdruck »Brasil«. Ein echtes Trikot konnten wir uns nicht leisten, aber das war uns egal. Vor allem, weil Brasilien damals Weltmeister wurde. Was haben wir mit Romário, Bebeto, Mazinho, Raí und Torwart Taffarel gezittert und schließlich, nach dem Sieg über Italien im Elfmeterschießen des Endspiels, gejubelt. 20 Jahre ist das nun schon her.

Mit 18 Jahren konnte ich mir von meinem Gehalt bei EC Juventude dann endlich ein Originaltrikot kaufen. Mein erstes Dress der Seleção! Ich habe das Trikot tatsächlich auch getragen, aber nicht, um darin Fußball zu spielen. Nein, dafür war es zu wertvoll, es sollte ja nicht kaputtgehen. Ich habe es nur hin und wieder zu Hause übergestreift, wenn ich allein war, und dabei natürlich immer gedacht: Wie muss sich das wohl anfühlen, wenn man das Trikot wirklich tragen darf? In einem richtigen Länderspiel? Wenn ich an diese Weltmeisterschaft denke, an der ich hoffentlich teilnehmen darf, und auf meine Anfänge, meine Jugend zurückblicke, dann kann ich es manchmal immer noch nicht fassen. Was ist das für eine Chance! Und was für ein Glück! Die letzte WM in meiner Heimat fand 1950 statt, 64 Jahre später steigt nun also die zweite Auflage. Wenn man bedenkt, dass ein Profi zehn, vielleicht 15 gute Jahre in seiner Karriere hat, dann ist es schon ein glücklicher Zufall, dass dieses Turnier für mich genau in diesen Zeitraum fällt. Als Brasilien 2007 vom Weltverband FIFA als Ausrichter ausgewählt wurde, spielte ich in Belgien. Hätte mir damals einer gesagt, dass ich 2014 womöglich an der WM teilnehmen würde, hätte ich ihn für verrückt erklärt.

Jeder Spieler, der zum ersten Mal im Kader der Nationalelf ist und vor dem Debüt in der Seleção steht, muss beim Abendessen vor versammelter Mannschaft ein Lied singen. Das ist eine gute alte Tradition, kann aber zu einer ziemlich peinlichen Nummer ausarten. Das hat sogar mich im Februar 2013 in London einiges an Überwindung gekostet, obwohl ich ja eine besondere Beziehung zur Musik habe. Doch da musste ich durch. Ich habe mich also auf einen Stuhl gestellt, eine Gabel als Mikrofonattrappe verwendet und dann losgeträllert. »Pam-pam, ram-ram, pam-pam.« Den Hit von Edcity aus Bahia, zu dem ich nach meinem ersten Tor für Bayern ein halbes Jahr zuvor an der Seitenlinie getanzt hatte. Meine Mitspieler lachten sich kaputt, wedelten mit ihren Servietten und viele dokumentierten meinen Auftritt per Handykamera. Was für ein Spaß. Und damit war auch meine schüchterne Zurückhaltung als Neuling bei der Nationalelf wie weggewischt.

Seit meinem Debüt gegen England bin ich zu jedem Spiel der brasilianischen Nationalelf eingeladen worden, habe keine Nominierung verpasst. Elf Länderspiele, davon fünf von Beginn an – das ist eine gute Quote für einen Frischling in der Seleção. Vor allem, weil ich weiß, wie groß die Konkurrenz gerade auf meiner Position in der Abwehr ist. Wir haben mit Thiago Silva von Paris St.-Germain und David Luiz vom FC Chelsea zwei exzellente Innenverteidiger. Die beiden gehören normalerweise zur Stammbesetzung. Also ist mir klar, dass ich beim FC Bayern stets hart arbeiten und meine Chancen im Nationalteam nutzen muss, um mein großes Ziel zu erreichen.

Meine gesamte Familie, alle meine Freunde und meine Mitspieler bei Bayern wissen, dass diese Weltmeisterschaft mein ganz, ganz großer Traum ist. Meine Frau Jocelina erzählt immer wieder gerne die Geschichte aus dem Sommer 2013: »Wie sonst üblich wurde auch während des Confed Cup die Busfahrt unserer Nationalelf zum jeweiligen Stadion live im Fernsehen übertragen. Schon früher haben wir das immer angeschaut und diesmal fiel es der ganzen Familie plötzlich wie Schuppen von den Augen: Oh Gott, da sitzt ja jetzt Dante im Bus! Wir konnten es kaum glauben!«

Vor Beginn der Saison, die in die WM-Endrunde mündet, habe ich zu Jocelina gesagt: »Das wird nun mein wichtigstes Jahr – trotz der ersten Bayern-Saison, trotz des großen Triumphs mit dem Triple. Mir ist aber auch klar, dass ich nun leider wegen all der Reisen zu den Testspielen der Seleção noch weniger Zeit für die Familie haben werde.« Sie hat nur genickt. Aber sie freut sich auch für mich, weil sie weiß, was wir alles gemeinsam durchgemacht haben. Und sie hat ja immer miterlebt, wie ich mich selbst im Urlaub zu Hause – so wie auch in der Winterpause 2013/14 – fit gehalten habe. Am Strand mache ich dann mit einem Personal Trainer Fitness- und Stabilisationseinheiten, gehe joggen. Man darf zwar rasten, aber keinesfalls rosten.

Dort, wo ich zu Hause immer trainiere, barfuß im Sand, ist es wundervoll. Diese Strände von Bahia sollten die deutschen Fans unbedingt besuchen, wenn sie zur Weltmeisterschaft nach Salvador kommen. Dass die DFB-Elf ihr erstes Vorrundenspiel gegen Portugal im Stadion Fonte de Nova austrägt, nur vier Kilometer von meinem Zuhause entfernt, freut mich sehr. Seit der Auslosung der WM-Vorrunde im Dezember 2013 werde ich von allen Seiten alles Mögliche gefragt. Meine brasilianischen Freunde und Verwandten wollen wissen: Was mögen die Deutschen gern, was essen sie am liebsten? Was können wir ihnen bieten, damit sie sich bei uns wohlfühlen? Und andersherum fragen mich viele Deutsche: Wie sind die Menschen in Bahia? Was ist typisch für die Region?

Ich finde, die Deutschen passen gut dort hin. Und daher bin ich mir sicher, dass sie von Brasilien nicht enttäuscht sein und die Fans ihren Aufenthalt richtig genießen werden. Und das nicht allein wegen der angenehmen Temperaturen, wegen des tropischen Klimas in unserem Winter, im Juni, Juli.

Viele Besucher dürfte Salvador ein wenig an die portugiesische Hauptstadt Lissabon erinnern. Klar, Brasilien war ja auch einst eine von Portugals Kolonien. In meiner Heimatstadt gibt es wie in Lissabon eine Oberstadt, »Cidade Alta«, und eine Unterstadt, die »Cidade Baixa« – miteinander verbunden durch einige Aufzüge. Mit dem Schnellaufzug Elevador Lacerda kommt man vom Hafen aus am besten zum Pelourinho: Der frühere Sklavenmarkt ist der wohl bekannteste Platz Brasiliens. Hierher bin ich als Kind oft mit meinen Eltern gekommen, wir haben frischen Kokosnusssaft getrunken und die Touristen beobachtet. Ich liebe diesen Platz mit all den Cafés und kleinen Restaurants sowie den bunten Kolonialbauten und dem Kopfsteinpflaster. Als das Wahrzeichen Salvadors wurde der Pelourinho 1985 sogar zum Weltkulturerbe der UNESCO ernannt. Auf einer Seite des Platzes steht die Kirche Nossa Senhora do Rosário dos Pretos. Für die Katholiken ist dieses wunderschöne Bauwerk das wichtigste Glaubenszentrum Bahias. Bei uns heißt es übrigens, Salvador sei die Stadt der 365 Kirchen, für jeden Tag eine. Das stimmt zwar nicht so ganz, ist aber eine schöne Geschichte.

Wenn mich meine Mitspieler beim FC Bayern oder andere Deutsche über die Menschen in Bahia ausfragen, dann betone ich immer besonders deren Lebensfreude. Wir nehmen die Dinge nicht so schrecklich ernst. Die Leute bei uns sind sehr freundlich und offen, fröhlich und locker, wollen einfach Spaß haben. Wer zu Besuch kommt, kann vor allem zwei Dinge genießen: die Strände und das Essen. Die Strände sind wunderschön und meist sehr ruhig. Am ehesten würde ich die Route von Barra nach Ondina empfehlen. Ein Traum dort, einfach super!

Und unsere Küche ist sehr vielfältig, geschmacklich oft ein Mix aus süß und scharf. Als Europäer sollte man an den ersten Tagen nach der Ankunft in Brasilien jedoch vielleicht etwas aufpassen, denn der Magen muss sich erst an unser Essen gewöhnen. Mein absolutes Lieblingsgericht heißt Arrumadinho Churrasco. Das ist getrocknetes und dann gegrilltes Fleisch am Spieß mit Bohnen, Tomaten, Zwiebeln, Koriander und Maniokmehl. Dazu wird geschmolzene Butter in Flaschen gereicht. Sehr beliebt und typisch für Bahia ist der eher schwere Fischeintopf Moqueca mit Kokosmilch oder Vatapá, ein Püree aus Fisch, eingeweichtem Brot, Kokosmilch und Nüssen. Acarajé sind kleine frittierte Teigbällchen, die aus gemahlenen Bohnen und Shrimps gemacht werden, ausgebacken im Palmöl Dendé, gefüllt mit Zwiebeln, Tomaten, serviert mit Paprikasoße. Vorsicht, scharf! Dieses Gericht wird vor allem an Straßenständen von Baianas verkauft. Die Baianas sind meist schwarze Frauen, die weiße Baumwollkleider tragen und sich ein weißes Tuch um den Kopf wickeln. Der Fußball-Weltverband FIFA wollte den Verkauf unseres bahianischen Lieblingssnacks Acarajé in Stadionnähe während der WM-Endrunde verbieten, weil es ja eigene Sponsoren auf dem Fast-Food-Gebiet gebe. Das sorgte vielleicht für einen Aufstand bei der Acarajé-Vereinigung – zum Glück mit Erfolg, die FIFA zog daraufhin ihr geplantes Verbot wieder zurück. Gut so!

Das Fisch-Vatapá wird traditionell an Weihnachten serviert. Herrlich! Da findet immer ein riesiges Familienfest statt. Alle, wirklich alle, kommen zusammen, bei uns sind das rund 50 Leute. Wir essen, trinken, lachen. Dann erlaube auch ich mir mal ein Glas Rotwein oder ein schönes kühles brasilianisches Bier – »Saúde!« Prost!

Wenn unsere Familie Weihnachten feiert, wird es auch richtig laut. Man sollte sich im Leben darüber klar werden, was einem wichtig ist und was einen glücklich und zufrieden macht. Bei mir gehört eine lebhafte Familie mit viel guter Laune definitiv dazu.

Bei aller Lebensfreude und Fröhlichkeit hat Salvador natürlich auch seine Schattenseiten. Der Verkehr etwa, jeden Tag diese Staus! Da wir keine U-Bahn haben, fahren die meisten mit dem Auto oder mit den lokalen Bussen. Aber der Verkehr bei uns ist längst nicht so schlimm wie zum Beispiel in Rio de Janeiro oder São Paulo. Dort ist es die reinste Katastrophe. Das größte Problem Brasiliens aber ist natürlich die Kriminalität. An der Peripherie der Großstädte wuchern die Favelas, die Armensiedlungen. Die Schere zwischen Arm und Reich klafft im ganzen Land bedauerlicherweise sehr weit auseinander. Arm zu sein bedeutet bei uns meist: richtig arm. In manchen Slums haben selbst kinderreiche Familien für den Lebensunterhalt aller monatlich nur umgerechnet rund 100 Euro zur Verfügung.

Natürlich kommt es dadurch zu Gewalt und Verbrechen. Leider ist die Mordrate in Brasilien weltweit eine der höchsten. Bei uns in Bahia lebt es sich zum Glück etwas ungefährlicher als in den großen Metropolen, die Zahl der Überfälle fällt geringer aus. Ich habe ja einen Großteil meines Lebens in Salvador verbracht und mir ist nicht einmal etwas passiert. Vielleicht habe ich aber auch einfach einen Schutzengel.

Rassismus ist erfreulicherweise in meiner Heimat kein großes Thema. Mehr als neun von zehn Baianos sind dunkler Hautfarbe, landesweit knapp acht Prozent.

Bei den sozialen Unruhen in letzter Zeit waren alle vereint, egal welcher Hautfarbe oder Religion. Als rund 200 000 Menschen vor und während des Confed Cups 2013 in mehreren Städten auf die Straßen gingen und demonstrierten, war die Regierung der Adressat der Proteste. Kritisiert wurden die zu hohen Kosten für unsere WM 2014, für die Stadien, die dafür notwendige Infrastruktur und die in vielen Fällen damit verbundene Korruption. Mit den Olympischen Spielen 2016 in Rio de Janeiro wird es ähnlich laufen. Die Leute wollten mit den Demonstrationen der ganzen Welt zeigen, wo die Missstände in Brasilien liegen. Durch das weltweit übertragene Turnier ein Jahr vor der Weltmeisterschaft war ihnen natürlich die größtmögliche Aufmerksamkeit garantiert.

Unser Land ist großartig, aber nicht perfekt. Es ging den Menschen um mehr soziale Gerechtigkeit, sie wollten eine Verbesserung ihrer Lebensumstände, forderten bessere Bildungsmöglichkeiten und mehr Gelder für öffentliche Einrichtungen wie Kindergärten, Schulen und Krankenhäuser. Das ist eine legitime, gerechtfertigte Forderung. Auch ich bin der Meinung, dass wir alle zusammen unser Land verbessern müssen. Es gibt keine andere Lösung. Wir Brasilianer sind doch Patrioten und lieben unser Land.

Natürlich haben die Demonstrationen auch uns Nationalspieler berührt, das zum Teil gewalttätige Ausmaß der Proteste hat uns zudem sehr betroffen gemacht. Unser Nationaltrainer Scolari hat da von Anfang an klar Stellung bezogen: »In einer Demokratie ist es normal, dass man diese Demonstrationen akzeptiert und dass sie von der Regierung wahrgenommen werden. Wir wünschen uns, dass sie weiter friedlich sind.« Uns Spielern gegenüber machte er klar, dass wir »alle Freiheit« hätten, unsere Meinung kundzutun, denn »die Seleção ist das Volk«. Auf meinem

Twitter-Account veröffentlichte ich während des Confed Cups im Juni 2013 dieses Statement: »Lasst uns zusammen marschieren, Brasilien. Ich liebe mein Volk und werde euch immer unterstützen!« Auf einer Pressekonferenz sagte ich, dass »wir Nationalspieler die Forderungen der Bevölkerung nach besserer Bildung, besseren Krankenhäusern und höherer Lebensqualität natürlich unterstützen«. Alles aber muss gewaltfrei ablaufen, das ist doch selbstverständlich: Randalierer, die nicht friedlich für ihre Rechte kämpfen, sollten bestraft werden.

Wir sind Profifußballer, aber es ist nicht so, dass wir nur an Fußball denken. Wir sehen auch, wie schwierig das Leben für viele Brasilianer ist und wo die sozialen Brennpunkte liegen. Durch unsere Familien, Angehörigen und Freunde bekommen wir selbstverständlich mit, wie eklatant die Diskrepanz zwischen Arm und Reich ist. Viele von uns Spielern kommen selbst aus sehr armen Verhältnissen. Daher haben wir den Demonstranten recht gegeben, haben ihnen gesagt: Wir verstehen euch.

Es kann natürlich gut sein, dass es während der Weltmeisterschaft erneut Demonstrationen geben wird. Schließlich leben wir in einer Demokratie. Aber ich hoffe, dass dann alles friedlich abläuft. Proteste in Krisenländern gibt es ja überall auf der Welt, auch in Europa, in Griechenland, Spanien, Frankreich und Portugal.

Wir sollten allerdings auch die schönen Seiten dieses Turniers im Blick behalten. Es ist doch super für unser Land, dass die Weltmeisterschaft bei uns stattfindet. Die meisten Leute, mit denen ich gesprochen habe, fiebern ihr entgegen und freuen sich auf tollen Sport. Ich hoffe, dass wir eine klasse WM ausrichten werden und dass alle Einheimischen und die Touristen, die kommen, zufrieden sein werden. Brasilien ist doch das

Heimatland des Fußballs. Nun wollen wir uns von unserer besten Seite zeigen und der Welt beweisen, wie gastfreundlich wir sind, dass wir tolle Städte und Strände haben. Ich bin mir auch sicher, dass alles rechtzeitig fertig sein wird – manches vielleicht erst auf den letzten Drücker und zum Teil nur provisorisch. Aber so sind wir eben. Ein wenig Sorgen mache ich mir allerdings wegen all der Reisen während des Turniers. Das könnte zum Problem werden, da unser Land riesig ist, flächenmäßig 24-mal so groß wie Deutschland. Das wird schwierig für die ausländischen Fans, wir haben ja kein Bahnsystem, nur Busse. Von Salvador nach São Paulo dauert es mit dem Bus zum Beispiel 36 Stunden, mit dem Auto ähnlich lange. Die Inlandsflüge könnten vergriffen sein oder sehr, sehr teuer werden.

Als ich im Frühjahr 2014 einmal gefragt wurde, welche drei Wünsche ich für die WM hätte, habe ich geantwortet: »Erstens: dass alle gesund bleiben, die Spieler und die Fans. Zweitens: dass es zum Finale Brasilien gegen Deutschland kommt. Und drittens: dass Brasilien gewinnt!«

Wenn das nur so einfach wäre! Deutschland gehört zu den besten Mannschaften der Welt, das Team hat sehr viel Qualität, eine unglaubliche Auswahl an Topspielern. Das sehe ich ja jeden Tag beim FC Bayern im Training. Allein Torwart Manuel Neuer – ein Riese! Dann mein Kollege in der Innenverteidigung, Jérôme Boateng, dazu die Mittelfeldexperten Philipp Lahm, Bastian Schweinsteiger, Toni Kroos sowie vorne Thomas Müller und Mario Götze. Allein dieser Super-Mario! Ich habe ihn schon »Götzinho« getauft, weil er mich mit seiner Technik an einen Brasilianer erinnert. Was das Spielerische betrifft, sind Götze, Reus und Özil die Samba-Kicker im DFB-Mittelfeld. Und Basti – diesen Spaß wird er mir verzeihen – tanzt wie ein Brasilianer!

Für mich ist Deutschland aber nur einer der großen Favoriten auf den Weltmeistertitel im Sommer, zusammen mit uns, den Spaniern und den Argentiniern. Gerade die DFB-Elf und Titelverteidiger Spanien sind sehr stark, auch wenn wir die Spanier im Finale des Confed Cups 2013 mit 3 : 0 bezwungen haben. Der Vorteil der Spanier und der Deutschen ist: Beide Mannschaften spielen schon sehr lange zusammen, sie kennen sich gut, harmonieren prächtig auf dem Platz. Selbst wir, die Seleção, können uns von deren Spielweise noch etwas abgucken, können wie die Spanier und die Deutschen noch dominanter und souveräner spielen, dem Spiel unseren Stempel aufdrücken. Aber wir arbeiten daran.

Denn nur auf die Statistik und das Klima sollten wir uns nicht verlassen. Aber Folgendes klingt aus unserer Sicht doch ganz gut: Bei sechs von 19 WM-Endrunden wurde der Ausrichter auch Weltmeister. Es ging los 1930 mit unserem Nachbarn Uruguay, 1934 folgte Italien, nach dem Zweiten Weltkrieg 1966 England, 1974 Deutschland, 1978 Argentinien und zuletzt 1998 Frankreich. Also: Was Uruguay und Argentinien bei ihrer Heim-WM auf südamerikanischem Boden gelungen ist, hoffen wir nun auch zu schaffen!

Vielleicht hilft uns ja auch der Faktor Klima. Denn das ist Statistik Nummer zwei: Bislang ist es in der WM-Historie noch keiner europäischen Mannschaft gelungen, in Südamerika den Titel zu gewinnen. Doch ich denke, dass das Klima heutzutage kein großes Problem mehr darstellt, dafür sind die Mannschaften zu professionell geführt. Reiseplanung, medizinische Versorgung, Regeneration, Ernährung – das ist alles top. Die Teams akklimatisieren sich heute viel schneller und besser, egal, auf welchem Kontinent sie spielen müssen. Außerdem ist ja während der Weltmeisterschaft bei uns Winter. In Bahia herrscht dann eine angenehme

Durchschnittstemperatur zwischen 22 und 28 Grad. Extrem schwül-heiß und luftfeucht ist es nur in Manaus, das mitten im Amazonasgebiet liegt, und im Norden Brasiliens in Recife oder Fortaleza.

Daher muss ich auch den DFB-Verantwortlichen zu ihrer Wahl des WM-Quartiers gratulieren. Die Deutschen sind in Porto Seguro, das liegt südlich von Salvador, eine tolle Ecke des Landes. Porto Seguro heißt auf Portugiesisch »sicherer Hafen«. Sie haben dort viel Natur um sich, können zwischen den Spielen gut entspannen. Wir sind mit der Seleção während des Turniers in Rio de Janeiro untergebracht, in einer wunderschönen Sportschule mit allen Annehmlichkeiten inklusive Restaurant. Sportschule klingt zunächst vielleicht etwas negativ, aber es ist doch die bessere Alternative zu einem Hotel. Denn wir haben die Sportschule exklusiv für uns, dort wohnen während des Turniers keine anderen Gäste. Das ganze Gelände ist abgeriegelt. In der Zeit der WM könnten wir Nationalspieler sowieso nicht rausgehen, in ein Restaurant oder zum Shopping. Zu viele Fans würden uns erkennen, wir hätten keine Ruhe.

Und wenn man so ein großes Ziel vor Augen hat wie wir – den Weltmeistertitel im eigenen Land –, dann muss man eben für ein paar Wochen auch ein wenig zurückstecken. Macht doch auch nichts, alles gut.

»Tudo bem?« »Tudo bem!«

12.
Meine Zukunft als Trainer

Die Zeit rast, sagt man in Deutschland. Stimmt, speziell im Fußballgeschäft geht alles so schnell. Alle drei, vier Tage hast du als Profi ein Spiel, bist ständig unterwegs. Training, Spiel, Auslaufen, Training, mal ein freier Tag, dann wieder Abschlusstraining vor einem Match – und schon ist wieder Spieltag. Dazu kommen all die Reisen. Als Fußballer bist du den stetig wiederkehrenden Ablauf gewohnt: Flughafen, Mannschaftsbus, Hotel. Und dann essen, schlafen, trainieren, ausruhen, essen, schlafen und so weiter. Natürlich bin auch ich manchmal müde und sehne mich nach Urlaub, den wir Profis ja nur in der Sommer- und Winterpause machen können. Dennoch habe ich immer Lust aufs Training, auf die Spiele, einfach jeden Tag Bock auf Fußball. Weil ich weiß: Ich muss das alles bis zum Ende genießen. Denn wenn es einmal vorbei ist, ist es vorbei. Und so viele Jahre als Aktiver bleiben mir mit Anfang 30 nicht mehr. Mein Ziel ist es, am Ende meiner Karriere bilanzieren zu können: Ich habe meine Zeit genossen. Um dann auch sagen zu können, dass der richtige Zeitpunkt gekommen ist, um Schluss zu machen.

Ab diesem Moment will ich mich meiner Familie widmen – nicht nur halb wie bisher. Nein, voll und ganz. Ich konnte in den vergangenen zehn Jahren sehr wenig Zeit mit meinen Eltern, Großeltern, Geschwistern und all den anderen Verwandten in Brasilien verbringen. Ich vermisse sie sehr. Daher kann ich mir auch gut vorstellen, mit meiner Frau und den Kindern nach meiner Zeit als Aktiver erst einmal zurück in die Heimat zu gehen. Natürlich werde ich als Fußballrentner nicht nur faul rumhängen, sondern arbeiten. Doch an erster Stelle steht zunächst die Familie, besonders Jocelina, die all die Jahre viel entbehren musste.

Außerdem will ich endlich Dinge genießen, für die im Leben eines Profis kein Raum ist. Vor mehr als elf Jahren war ich zum Beispiel zuletzt beim Karneval von Salvador. Ein riesiges, buntes Fest über Tage. Die Kostüme, die Samba, das Tanzen, das Essen – ein Traum. Aber so ist das Leben, das ist der Preis dafür, Profi zu sein. Ein winziger negativer Aspekt. Denn Fußballspieler zu werden, davon habe ich von Kindertagen an geträumt, als ich in Socken mit meinen Kumpels auf den staubigen Bolzplätzen unserer Nachbarschaft gekickt habe. Die Welt des Profifußballs war weit, weit weg. Meine Vorbilder bewunderte ich stets im Fernsehen. Daher bin sehr dankbar, dass mein Weg so verlaufen ist und dass ich das alles erleben darf. Den Karneval in Salvador wird es noch geben, wenn ich über 40 bin. Und ich kann ja dann den Rest meines Lebens jedes Jahr Karneval feiern! Doch vorher will ich meine letzten Karrierejahre genießen. Jeden Tag, jedes Training, jedes Spiel. Auch wenn die Abläufe manchmal monoton sind, gilt eine Fußballweisheit: Jedes Match ist anders! Und genau das ist der Reiz des Spiels. Und der lässt mich nicht mehr los.

Später würde ich gerne einmal Trainer werden. Als Jobeinstieg kann ich mir gut vorstellen, zunächst eine Jugendmannschaft zu übernehmen. Aber mittelfristig will ich im Profibereich arbeiten und möchte erleben, wie sich das für einen Trainer auf diesem Niveau anfühlt. Wie geht man mit der Verantwortung um? Wie stark ist der Druck vor einem großen

Spiel? Denn als Trainer musst du ständig die richtigen Entscheidungen treffen, die richtige Taktik, die richtige Strategie und die richtigen Spieler wählen. Das alles will ich einmal hautnah mitbekommen. Oft denke ich, wie schlimm es wohl gerade für unseren Coach da draußen an der Seitenlinie sein muss. Gerade dann, wenn etwas schiefgeht oder etwas Unvorhergesehenes passiert.

Und im Idealfall: Wie fühlt sich das wohl an, wenn dein Plan aufgeht? Es muss ein ganz tiefes Gefühl der Zufriedenheit sein, das man als Spieler vielleicht gar nicht so kennt: Du hast das Spiel gewonnen, den Gegner besiegt. Aber mehr noch: Du hast den gegnerischen Trainer überlistet, weil du ihn geknackt hast, weil dein Konzept aufgegangen ist.

Meiner Ansicht nach ist es viel schwieriger, Spiele von draußen mitzuerleben. Das geht mir ja jetzt schon so, wenn ich mal eine Partie des FC Bayern oder der Seleção von der Bank oder der Tribüne aus sehen muss – oder gar zu Hause. Das ist für mich noch schlimmer: Ich halte das dann kaum aus, bin total hibbelig und nervös.

Ich freue mich jetzt schon darauf, wenn ich später als Coach den Spielern vor einem Match in der Kabine in die Augen schauen und sie motivieren kann. Wenn ich dann die Entscheidungen treffen muss. Die Kommunikation ist dabei schon mal kein Problem. Dank der fünf Sprachen, die ich spreche, kann ich in Brasilien arbeiten, in Portugal, Spanien, Frankreich und natürlich auch in Deutschland. Das ist zumindest schon mal kein Nachteil. Und gerade ich weiß, wie wichtig es ist, dass du als Spieler die Ansprachen des Trainers verstehst, dass der Coach mit dir in den Einzelgesprächen ins Detail gehen kann, ohne dass man einen Dolmetscher braucht. Die Sprache ist einer der Schlüssel zum Erfolg. Deshalb wollte ich auf meinen Europastationen auch immer so schnell wie möglich die Landessprache lernen. Außerdem bin ich jemand, der gern viel redet, mit den Trainern, den anderen Spielern, aber auch mit den Verantwortlichen.

Die Kommunikation ist aber nur ein Aspekt, der einen guten Trainer ausmacht. Das Gesamtpaket muss stimmen. Natürlich muss auch ich dafür später einmal auf die Schulbank wie alle anderen, die den Trainerschein machen. Was mich aber hoffnungsvoll für meine künftige Aufgabe stimmt: Ich hatte die besten Lehrmeister. Es wäre ja geradezu fahrlässig, wenn ich sämtliche Erfahrungen, die ich in meiner Karriere mit all den unterschiedlichen Trainern gesammelt habe, nicht nutzen würde. Ich hoffe, ich habe mir von allen nur die besten Seiten abgeschaut. Ob von Michel Preud'homme, Lucien Favre, Jupp Heynckes oder Pep Guardiola. Und natürlich von unserem Nationaltrainer Luiz Felipe Scolari. Diese fünf haben mich am meisten geprägt, auch wenn da noch andere waren. Ricardo Gomes etwa, mein Förderer in der Jugend, der mich von der Position im zentralen Mittelfeld in die Innenverteidigung versetzt hat. Eine wegweisende Entscheidung – und keine so schlechte. Die Liste meiner weiteren Trainer ist lang. Da ist Claude Puel, mein erster Coach in Europa, beim OSC Lille, der im Rückblick über mich gesagt hat: »Es ist erstaunlich, Dante heutzutage auf einem derartig hohen Niveau spielen zu sehen. Damals hatte er etliche Defizite, vor allem im Bereich der Schnelligkeit.«

Dann gab es noch Dante Brogno und Jacky Mathijssen, unter denen ich bei Sporting Charleroi gearbeitet habe. Zudem Preud'hommes Nachfolger bei Standard Lüttich, László Bölöni, auch er hat mich auf ein besseres Level gehoben und später gemeint: »Ich habe nicht geglaubt, dass er je ein so hohes Niveau erreichen würde, obwohl er damals schon gute Fähigkeiten beim Stellungsspiel und beim Spielaufbau zeigte. Er hat sich in mehreren Stufen entwickelt. Es ist selten, dass jemand so große Fortschritte nach seinem 25. Lebensjahr macht.«

Hans Meyer war es, der mich in die Bundesliga zu Borussia Mönchengladbach geholt hat, auf ihn folgten Michael Frontzeck und eben Favre.

Lucien Favre hat mir gezeigt, wie ich meine Spielweise vereinfachen konnte. Was ich an ihm generell immer bewundert habe, war sein taktisches Genie. Das Umschalten von Defensive auf Offensive und umgekehrt, das Stellungsspiel, die Laufwege – da macht ihm kaum einer was vor.

Heynckes wiederum, mit dem ich zum Glück dieses eine Jahr ab Sommer 2012, unser Triplejahr, zusammenarbeiten konnte, habe ich die Gelassenheit in meinem Spiel zu verdanken. Dank Jupp bin ich im Spielaufbau noch ein Stückchen sicherer geworden. Er hat mir die notwendige Ruhe am Ball vermitteln können. Von ihm habe ich auch die Erfahrung, dass ein Trainer einem Profi jederzeit etwas Neues beibringen kann.

Und Pep? Er ist für mich die perfekte Mischung. Was die Mannschaftsführung betrifft, ähnelt seine Arbeit der von Favre. Von Guardiola habe ich lernen können, wie wichtig insbesondere die psychologische Ebene ist, da ist er sehr stark. Er spürt genau, was in der Mannschaft los ist, und weiß instinktiv, wie er darauf reagieren muss. Wenn er merkt, dass bei einem Profi ein paar Prozent an Engagement im Training fehlen, findet er die richtigen Worte, um ihn wieder anzustacheln. Wenn die Botschaft aber auch dann noch nicht angekommen ist, dann muss derjenige auf die Ersatzbank oder wird für eine Partie ganz aus dem Kader gestrichen. So wie das ja Mario Mandžukić zum Auftakt der Rückrunde im Januar 2013 vor der Partie bei Borussia Mönchengladbach widerfuhr. Das ist eine viel härtere und nachhaltigere Maßnahme als eine Geldstrafe. Wenn du fit bist, zum Stammkader gehörst und dann nicht dabei sein darfst, weil du dich hast hängen lassen, ist das die größte Strafe. Und gleichzeitig das passende Signal an den Rest der Mannschaft.

Einer der Trainer, dem ich am meisten zu verdanken habe, ist Michel Preud'homme, der ehemalige belgische Nationaltorwart. Er ist so etwas wie mein Trainerpapa. Seit ich in München unter Pep trainieren darf, muss ich oft an Michel denken, weil es so viele Ähnlichkeiten zwischen den beiden gibt, vor allem in Sachen Mannschaftsführung. Zum einen der enge, kurze Draht zu den Spielern, da beide noch selbst wie Profis denken. Zweitens dieses konkrete Vermitteln der Aufgaben, gepaart mit dem Riecher für die richtige Wortwahl in der jeweiligen Situation. Wie Pep spricht Michel viele Sprachen. Und drittens beherrschen beide die unterschiedlichsten Varianten der Ansprache: mal aggressiv, fordernd, belehrend, mal motivierend und schließlich auch mal ruhig und lustig-locker, kumpelhaft.

Von all meinen Trainern habe ich also etwas mitgenommen und dies in meinem Kopf abgespeichert. Als Spieler versuche ich, stets genau zuzuhören und hinzuschauen. Aber ich habe mir nie Notizen gemacht oder bestimmte Trainingsinhalte aufgeschrieben, wie das manche Profis während ihrer Karriere machen. Einfach aus dem Grund, weil ich noch ein paar Jahre spielen möchte. Was das damit zu tun hat? Es kann doch gut sein, dass in den nächsten Jahren ganz neue Dinge im Fußball aufkommen. Das können Innovationen sein in Trainingslehre und Taktik, von denen wir heute noch keine Ahnung haben. Pep Guardiola hat den Fußball in zwei, drei Jahren revolutioniert, ab 2008 den perfekten FC Barcelona konstruiert. Alle Experten haben damals gedacht, dass diese Barça-Mannschaft mittelfristig nicht zu schlagen sein würde. Na ja, und dann kamen das 0 : 4 und 0 : 3 gegen uns im Halbfinale der Champions League 2012/13. Im Fußball ist eben doch alles eine Zeiterscheinung.

Da ich nun schon zur Ü-30-Abteilung gehöre, sehe ich es als meine Aufgabe an, ein Vorbild für jüngere Spieler zu sein. Ich versuche auch, den Jungen zu vermitteln, dass zwei Dinge im Laufe einer Karriere ganz entscheidend sind: Du musst hart arbeiten und immer an dich glauben. Wenn diese beiden Dinge stimmen, steht jedem Talent die Tür zu einer großen Karriere offen. Denn selbst die Spieler mit der größten Gabe, mit den fantastischsten Fähigkeiten müssen hart arbeiten. Manche wollen das nicht glauben, verlassen sich nur auf ihr Talent. Aber die Realität im Fußballgeschäft ist: Du musst dich täglich neu beweisen. Und deshalb ist es eminent wichtig, stets aus seinen Fehlern zu lernen. Ich habe keine Angst vor Fehlern, ebenso wenig wie vor der Kritik des Trainers, die darauf folgt. Im Gegenteil. Denn ich weiß: Wenn ich daraus die richtigen Lehren ziehe, bringt es mich wieder weiter.

Das ist im Leben doch genauso. Im Fußball ist der Umgang damit jedoch schwieriger, weil du als Spieler im Fokus der Öffentlichkeit stehst. Jeder Patzer wird im Fernsehen und dann in den Medien zerlegt und Fehler werden nur schwer verziehen. Das beste Gegenmittel dafür ist, sich möglichst nicht zu viele Gedanken darüber zu machen. Man muss immer nach vorne schauen und sich klarmachen, dass auch die besten Spieler Fehler machen.

Auf meiner Homepage www.dante-bonfim.de habe ich unter der Rubrik »Meine Philosophie« sieben Tipps zusammengestellt. Als Ratgeber für junge Fußballer, die eine Karriere im Profibereich anstreben.

1. Denke positiv! Ich bin ein sehr positiver Mensch, der jederzeit an sich glaubt und für seine Ziele kämpft. Meine Einstellung hat mir vor allem in schweren Phasen meiner Karriere geholfen.
2. Kämpfe für deine Ziele! Nach meiner Verletzung in Salvador absolvierte ich viele Probetrainings in ganz Brasilien. Teilweise war ich 50 Stunden mit dem Bus unterwegs. Das war eine hohe psychische Belastung, doch ich wollte mich unbedingt beweisen. Daher habe ich hart an mir gearbeitet und mich wieder zurückgekämpft.
3. Sei willensstark! Ohne meinen starken Willen hätte ich es niemals zu einem der besten Fußballvereine weltweit geschafft. Willensstärke zahlt sich aus.
4. Gehe Risiken ein! Mein Wechsel zum damaligen Tabellenletzten Borussia Mönchengladbach war mit dem Risiko verbunden, aus der Bundesliga abzusteigen. Für mich war das aber gar kein Thema, weil ich an unsere Stärken geglaubt habe. Wir haben dann auch den Klassenerhalt geschafft und uns 2012 sogar für die Champions League qualifiziert. Risiko wird also durchaus belohnt!
5. Tausch dich aus! Teile deine Erfahrungen mit anderen. Triff Menschen und rede mit ihnen. Dazu ist es wichtig, neue Sprachen zu lernen. Ich spreche fünf Sprachen, weil ich mich überall auf der Welt verständigen können möchte, weil mir der Kontakt zu Menschen sehr wichtig ist. Das kommt mir auch auf dem Spielfeld zugute.
6. Vergiss nie, woher du kommst! Meine Familie und meine Freunde liegen mir sehr am Herzen und auch meine Heimat bedeutet mir viel. Meine Freude auf die Weltmeisterschaft 2014 in Brasilien ist nicht zuletzt auch deshalb riesig.
7. Zeig deine Zähne! Trotz Willensstärke und Kämpferherz heißt es: freundlich bleiben. Ich bin ein Mensch, der viel lacht und anderen grundsätzlich freundlich gegenübertritt.

Und was mir neben all diesen Punkten noch sehr wichtig ist: Wer als Fußballprofi gutes Geld in seiner Karriere verdient, sollte anderen von seinem Glück etwas abgeben. Für mich ist es das Größte, wenn ich Menschen in Not helfen kann, wenn ich Kinder glücklich machen kann. Deshalb gehen die Einnahmen meines Songs »Und Pokal auch!« an die Organisation SOS-Kinderdorf. Im Mai 2013 wurde ich in München zum Botschafter der SOS-Kinderdörfer weltweit ernannt. Eine große Ehre! Für mich ist es wirklich eine Herzensangelegenheit, zu helfen.

Das SOS-Kinderdorf in meiner Heimatstadt Salvador habe ich bereits mehrfach besucht, was mir jedes Mal sehr naheging. Es ist eines von 16 in ganz Brasilien. Darüber hinaus gibt es zwölf Jugendeinrichtungen, ein Berufsbildungszentrum und 16 Sozialzentren, die alle über eine Tagesbetreuung für Kinder aus der Nachbarschaft verfügen. Zu sehen, wie dort gearbeitet wird, war sehr interessant. Etliche Kinder in meiner Heimat brauchen so viel Hilfe wie möglich und ich möchte einen kleinen Teil dazu beitragen. Auch die Erlöse aus der Aktion »True winners care« meines Partners Johnson & Johnson gehen an SOS-Kinderdörfer in Brasilien. Im März 2014 wurde die Kampagne des Pharmakonzerns gestartet, dabei trete ich als Botschafter auf.

Weil ich selbst aus einfachen Verhältnissen komme und keine leichte Kindheit hatte, will ich nun Kindern helfen, die nicht auf der Sonnenseite des Lebens stehen. Denn Kinder sind das Wichtigste auf der Welt und ich fühle mich verpflichtet, den Bedürftigen etwas abzugeben von meinem Glück. Ich weiß, was es zum Beispiel für ein Kind bedeutet, endlich das Spielzeug zu bekommen, das es sich immer gewünscht hat. Auch meine Eltern konnten uns Kindern vieles nicht schenken, was wir uns sehnlichst gewünscht haben. Aber wir haben zusammengehalten, jeder war für den anderen da. So habe ich viel über den Wert von Familie und gegenseitige Hilfe gelernt.

Auf die SOS-Kinderdörfer bin ich 2010 aufmerksam geworden, als mich ein Gladbach-Fan bat, ein Trikot zu signieren, damit er es zugunsten des SOS-Kinderdorfs in Salvador versteigern konnte. Ausgerechnet Salvador! Ich beschloss, darüber mehr herauszufinden, und bin in meinem nächsten Heimaturlaub hingefahren und habe sofort entschieden, den Kindern und der Organisation zu helfen.

Die Unterstützung der SOS-Kinderdörfer in Brasilien ist wirklich notwendig. Meine Heimat ist das größte und bevölkerungsreichste Land Südamerikas mit einem krassen Unterschied zwischen Arm und Reich. Es gibt eine kleine und sehr wohlhabende Oberschicht, der eine Masse an Besitzlosen gegenübersteht. Und es sind meist die Kinder, die in den Favelas der Großstädte leiden. In den Elendsvierteln leben unzählige Kinder auf der Straße. Viele besuchen keine Schule und müssen stehlen, um zu überleben. Dadurch steigt natürlich ihre Gewaltbereitschaft und noch schlimmer: Sie geraten an Drogen oder müssen sich prostituieren. Schon in jungen Jahren erkranken daher viele Jugendliche an HIV. Die meisten haben ohne fremde Hilfe keine Chance, diesem Teufelskreis zu entkommen.

In Salvador habe ich mit Freunden schon öfter Kleidung, Spielzeug und Lebensmittel gesammelt und das dann alles einem örtlichen Waisenhaus gestiftet, in dem 80 Kinder leben. So kam ich auch auf die Idee, einen Teil unserer Möbel für einen guten Zweck zu versteigern, als ich im Sommer 2012 von Borussia Mönchengladbach zum FC Bayern gewechselt bin. Damals hatte ich bereits ein möbliertes Haus in München gefunden, daher brauchten wir die bisherigen Sachen nicht mehr. Ich habe die Aktion »Dantes großes Charity-Räumungs-Match« genannt und man konnte unter anderem mein Ehebett, das Kinderbett unserer Tochter Sophia, einen Esszimmertisch, zwei Ledersofas, eine Kommode und vier Lampen ersteigern. Ich wollte mit wenig Aufwand etwas Gutes tun und habe immerhin 2500 Euro eingenommen, die ich einer Kinderkrebsstation eines Krankenhauses in Mönchengladbach gespendet habe.

Wenn ich nach meinem Karriereende eines Tages mit meiner Familie nach Brasilien zurückgehe, könnte ich das erneut machen. Die Möbel per Container nach Brasilien zu verschiffen ist sowieso viel zu teuer. Doch vielleicht sollte ich die Sachen auch nur einlagern. Denn womöglich komme ich eines Tages zu Bayern München zurück. Als Coach. Wer weiß? Im Leben ist alles möglich. Dante als Bayern-Trainer?

Dann singe ich: »Und Trainer auch!«

Bildnachweis

Seite 1 bis 5, 6 unten, 13 unten, 14 und 15: privat

Seite 6 oben: Action Press/DEFODI LTD. & CO. KG

Seite 7 oben: Witters/Uwe Speck

Seite 7 unten: picture alliance / dpa

Seite 8: picture alliance / PROMEDIAFOTO

Seite 9 oben: picture alliance / AP Photo

Seite 9 unten: picture alliance / Augenklick/Rauchensteiner

Seite 10 oben: picture alliance / sampics / Stefan Matzke

Seite 10 unten: picture alliance / Süddeutsche Zeitung Photo

Seite 11 und 12 oben: picture alliance / sampics / Stefan Matzke

Seite 12 unten: picture alliance / dpa

Seite 13 oben: Getty Images Sport/Michael Regan

Seite 16: Tom Oldham for PUMA

192 Seiten
Preis: 16,99 Euro
ISBN 978-3-86883-408-6

ALEXIS MENUGE
FRANCK RIBÉRY

Die Geschichte von Franck Ribéry ist einzigartig. Den Beginn seines Lebens überschattet ein tragischer Autounfall. Er überlebt, ist aber durch die markante Narbe in seinem Gesicht gezeichnet. Von diesem Moment an muss er kämpfen – gegen die bösen Provokationen der anderen Kinder, gegen die Vorurteile auf dem Fußballplatz. Er spielt lange in unterklassigen Ligen, verdient sein Geld zusammen mit seinem Vater auf dem Bau. Doch dann sieht ihn der Trainer des FC Metz auf einem Video und ist begeistert – Ribéry wird mit 21 Jahren Fußballprofi in der 1. Französischen Liga. Im Juli 2007 landet er beim FC Bayern München, wo er schnell zum Publikumsliebling wird. Mit ihm sind die Bayern endgültig von der internationalen Spitze nicht mehr wegzudenken. Nach einer Affäre mit einer minderjährigen Prostituierten und einer skandalösen WM mit der französischen Nationalmannschaft macht Ribéry 2010 die schlimmste Phase seines Lebens durch. Drei Jahre später gilt er als einer der besten Spieler der Welt. Diese Biografie, geschrieben von einem langjährigen Weggefährten, verfolgt die Stationen dieses ungewöhnlichen Fußballerlebens und zeigt uns Franck Ribéry von seiner privaten Seite.

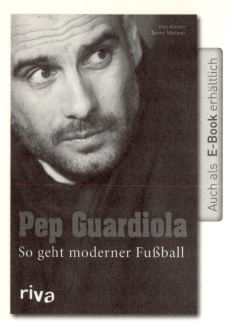

208 Seiten
Preis: 9,99 Euro
ISBN 978-3-86883-323-2

DINO REISNER
DANIEL MARTÍNEZ

PEP GUARDIOLA
So geht moderner Fußball

Es war eine Sensationsmeldung: Josep »Pep« Guardiola i Sala, wird ab Sommer 2013 in München Tika-Taka lehren. Damit ist der Führungsriege des Rekordmeisters ein echter Coup gelungen. Pep ist der Inbegriff des modernen Fußballs – als Spieler sowie als Trainer. Als Mittelfeldregisseur des legendären »Dreamteams« unter Cruyff hat er Anfang der 90er-Jahre bei Barça Titel für Titel geholt. Als Coach hat er das typische Kurzpassspiel veredelt und auf ein neues Erfolgsniveau gehoben. Mit Anfang 40 hat er alles erreicht: 2009 sogar das Sextuple – den Sieg in sechs verschiedenen Wettbewerben.

Was bedeutet die Verpflichtung konkret? Für die Bayern und für die Bundesliga? Was ist das Geheimnis seiner Fußball(lehrer)-kunst? Und kann er das System Barça auf Bayern übertragen, kann er aus einer fast unschlagbaren Mannschaft ein noch siegreicheres Team formen? Kurz: Kann Pep Jupp toppen? Dieses Buch ist die fachkundige Antwort auf die Fragen, die sich Fußballfans vereinsübergreifend stellen. Das deutsch-spanische Autoren-Duo hat die Perspektiven und Grenzen des Systems Guardiola faktenreich und akribisch ausgelotet. Zahlreiche, aktuelle O-Töne von Weggefährten und Experten ergänzen dieses spannende Buch.

riva

304 Seiten
Preis: 16,99 Euro
ISBN 978-3-86883-435-2

PATRICK STRASSER
GÜNTER KLEIN

HOENESS
Die Biografie

30 Jahre Manager des FC Bayern München, Nationalspieler, Wurstfabrikant, einziger Überlebender eines Flugzeugabsturzes und dann Beschuldigter in einer Steueraffäre, bei der es um Millionen geht: Uli Hoeneß' Biografie ist spannender als ein Krimi! Seit 1979 lenkte der damals jüngste Manager der Bundesliga die Geschicke des FC Bayern München, den er in der finanziellen Krise übernahm und bis heute zu größtem Ruhm und Erfolg führte. Als allseits respektierte Persönlichkeit, höchst erfolgreich, sozial engagiert und mit vielen Preisen bedacht, hätte Hoeneß als Held in die Geschichte eingehen können. Doch sein Image erlitt durch den Steuerskandal einen empfindlichen Schaden. Hoeneß' Selbstanzeige war ungültig und das Landgericht München verurteilte den Bayern-Präsidenten wegen Steuerhinterziehung zu einer Gefängnisstrafe von 3,5 Jahren. Anhand vieler Interviews und Gespräche zeichnen die Sportjournalisten Patrick Strasser und Günter Klein, die Hoeneß seit Jahren kennen und begleiten, dessen Lebensweg aus nächster Nähe bis in die Gegenwart nach.

Auch als E-Book erhältlich

200 Seiten
Preis: 19,99 Euro
ISBN 978-3-86883-421-5

MAURO BETING
ICH BIN NEYMAR
Gespräche zwischen Vater und Sohn

Der FC Barcelona feiert ihn als den »Nachfolger Pelés«, die Medien nennen ihn den nächsten Lionel Messi. Mit dem FC Santos gewann er dreimal die Staatsmeisterschaft von São Paulo, 2011 und 2012 wurde er zu Südamerikas Fußballer des Jahres gewählt. Seit 2013 spielt er für die brasilianische Nationalmannschaft. Neymar da Silva Santos Júnior ist ein Ausnahmetalent.

In dieser autorisierten Biografie berichtet Neymar von den wichtigsten Stationen seiner Karriere und seinen Zukunftsplänen, sein Vater erzählt von den Schwierigkeiten, der harten Arbeit und den Rückschlägen, die die Familie in der Welt des Profifußballs überstehen musste, aber auch vom Stolz auf seinen Sohn.

So entsteht ein faszinierender Dialog zwischen Vater und Sohn, der nicht nur intime Einblicke in das Leben und die Herkunft eines der bedeutendsten Fußballer unserer Zeit gibt, sondern auch die Dynamik einer Familie aufzeigt, die alles für den Sport geopfert hat.

288 Seiten
Preis: 24,99 Euro
ISBN 978-3-86883-386-7

DAVID BECKHAM
DAVID BECKHAM

In dieser exklusiven und hochwertig ausgestatteten Autobiografie erzählt David Beckham von den bedeutendsten Meilensteinen seiner Karriere: Er berichtet unter anderem von dem schmerzhaften und beschämenden Tag bei der Weltmeisterschaft 1998, als seine rote Karte im Spiel gegen Argentinien das Ausscheiden Englands begünstigt, und von dem Hass, der ihm daraufhin von den Medien und seinen Landsmännern entgegenschlägt, von der schwierigen Anfangszeit bei Real Madrid und von dem wehmütigen Augenblick seines Abschieds vom Fußball im Sommer 2013.

Mehr als 120 Fotografien, viele davon aus dem privaten Fotoalbum, runden diese faszinierende Autobiografie, die intime und emotionale Einblicke in das Leben eines außergewöhnlichen Fußballers gibt, ab. Ein Muss für alle Fußball- und Beckhamfans.

Wenn Sie **Interesse** an **unseren Büchern** haben,

z. B. als Geschenk für Ihre Kundenbindungsprojekte, fordern Sie unsere attraktiven Sonderkonditionen an.

Weitere Informationen erhalten Sie bei unserem Vertriebsteam unter +49 89 651285-154

oder schreiben Sie uns per E-Mail an: vertrieb@rivaverlag.de

riva